复杂信息任务界面的出错–认知机理

——由出错因子导入系统界面设计的新方式

吴晓莉　著

科 学 出 版 社

北　京

内 容 简 介

本书从导致任务失败的源头——对操作员产生的认知困难入手，展开令人困惑的复杂造成任务失败的根原因分析，解析出错-认知机理，提出一种由出错-认知到信息特征映射的设计优化方法。为人机交互研究学者、界面设计人员及广大读者提供一种由出错因子导入复杂信息任务界面设计的新方法。

本书既可作为从事信息系统开发、人机交互信息设计、人机交互设计等相关领域的研究者和设计者的业务参考用书，也可作为信息科学、工业设计、交互设计等相关专业的本科生和研究生的专题教材。

图书在版编目（CIP）数据

复杂信息任务界面的出错-认知机理/吴晓莉著. —北京：科学出版社，2017.10

ISBN 978-7-03-054694-4

Ⅰ. ①复… Ⅱ. ①吴… Ⅲ. ①信息系统-研究 Ⅳ. ①G202

中国版本图书馆 CIP 数据核字（2017）第 243869 号

责任编辑：惠 雪 曾佳佳 高慧元 / 责任校对：王萌萌
责任印制：赵 博 / 封面设计：许 瑞

科学出版社 出版
北京东黄城根北街 16 号
邮政编码：100717
http://www.sciencep.com
北京富资园科技发展有限公司印刷
科学出版社发行 各地新华书店经销
*
2017 年 10 月第 一 版 开本：720 × 1000 1/16
2025 年 3 月第三次印刷 印张：13 1/2
字数：270 000

定价：99.00 元

（如有印装质量问题，我社负责调换）

序

随着计算机技术和信息控制理论的快速发展，系统变得更加复杂和智能化。特别是交通枢纽监控、核电控制、环境监测、航空驾驶操纵等重大系统领域以计算机技术为依托，完全以数字化、智能化的信息系统进行运作、监管和决策。然而，不同于以信息收集、传递、存储、加工、维护和使用为主体的普通信息系统，这些人机一体化系统是复杂性的。作为大型系统的运行终端——人机交互界面，其承载的信息更具复杂性，也是人与系统交互的重要载体和媒介。

近年来，我领导的团队一直在研究复杂信息系统人机交互数字界面的科学设计问题。复杂信息系统的人机交互数字界面设计不是业界传统意义上的美化设计，而是由其独特的理论体系和科学设计方法来指导的。东南大学近十年来对复杂信息系统人机交互数字界面设计做了深入的理论研究并承担了大量实际设计项目，提出了相对应的关键设计理论和设计技术。吴晓莉博士在我的研究团队中共同探寻复杂信息任务界面设计的理论与方法。她通过博士阶段多年研究工作发现从操作失误的根源性入手，才是解决复杂信息系统人机交互数字界面设计问题的关键所在。

由于我国在该领域的专业设计起步较晚，尚缺乏提高复杂信息系统人机交互数字界面设计水平的针对性指导书籍。《复杂信息任务界面的出错-认知机理》一书的问世，将为解决上述问题提供出错因子、视觉认知和设计因素三者关联效应研究的分析思路和由出错因子到信息特征映射的系统界面设计方法指导。

该书是《复杂信息系统人机交互数字界面设计方法及应用》专著出版以来，又一本有关复杂信息系统人机交互数字界面设计方面的专业书籍。该书能够为复杂信息系统人机交互数字界面设计提供科学的理论方法和技术支撑，希望对从事人机交互设计、研究的学者有所帮助。

应作者之邀，特作此序。

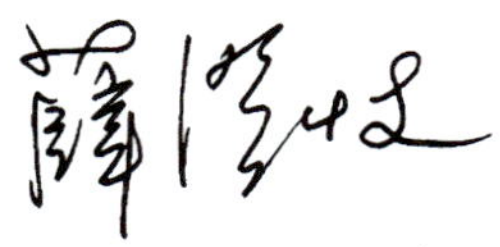

东南大学工业设计系主任、博士生导师

产品设计与可靠性研究所所长

2017 年 7 月

于东南大学

前　　言

当事物令人费解时，若复杂是由糟糕的设计而造成的，操作任务就会变得混乱、困惑、令人沮丧。随着计算机技术与信息化技术的快速发展，复杂信息系统中呈现的数字化、智能化特征的监控任务界面给操作员带来了“令人困惑”的复杂。然而，对于复杂信息任务界面，特别是大型生产监控、交通枢纽、核电、航空等复杂控制系统所呈现的信息交互界面，“令人困惑”的复杂所造成的操作失误、误读/误判、反馈不及时等行为可能会产生系统故障，甚至重大事故。

复杂信息系统最终以人机交互界面为终端，实现人与系统的信息交互。复杂信息系统的人机交互界面成为人与系统交互的重要载体和媒介，从某种意义上说，信息任务界面就是系统的窗户，系统的各方面信息都汇集于此，把系统内部的运作以信息的形式呈现，与外界交互。信息交互界面担负着整个系统的交互任务，系统略微的变化都要呈现在界面上，并成为人与系统沟通的唯一渠道。因此，信息任务界面已成为系统中的人（操作者）获取信息、知识推理、判断决策的重要手段和操作依据，其合理化设计对于保证大型系统的性能全面发挥和精准实施、维系大型系统的安全性和稳定性有着举足轻重的作用。

对于巨量、复杂的信息监控任务，操作员主要以眼（视觉搜索）和脑（认知加工）的过程进行信息的搜索、选择、判断和决策，分析操作失误的眼-脑认知过程，进行失误辨识，按照视觉搜索规律和认知加工行为才能合理、有效地呈现信息。因此，研究系统界面如何更有效地呈现任务信息，是否可以追溯到任务失败的源头——出错因子，建立任务失败源头（出错因子）与设计（信息特征）的联系，可以为系统界面的优化设计提供科学依据和理论基础。

本书共 7 章。第 1 章从导致任务失败的源头分析，提出由出错因子导入的复杂信息任务界面设计新思路；第 2、3 章从任务复杂性和信息复杂性角度对操作员产生的认知困难（复杂性困惑）角度，展开复杂信息造成任务失败的根原因分析；从而在第 4 章中建立不同出错因子的认知分层模型，解析任务失败的出错-认知机理；第 5 章提出了视觉行为和生理反应的出错因子实验分析方法，建立了出错-认知与界面信息的相关反应链；在第 6、7 章中，得到了一种由出错-认知到信息特征映射的设计优化方法，并应用于典型复杂信息系统的界面设计。

本书得到了国家自然科学基金青年科学基金“数字化信息交互界面的出错-认知机理与其设计因素之关联效应研究”（项目批准号：71601068）、工效学-津发联合基金（人类工效学学会）“数字化信息交互界面的出错-认知机理与视觉信息获取可靠性分析方法研究”（项目批准号：201705）、江苏高校哲学社会科学重点项目“信息化时代下媒体交互系统的设计策略研究”（项目批准号：2017ZDIXM023）、常州市科技计划“智能化控制系统人机交互过程中视觉信息获取的可靠性评估方法及应用”（项目批准号：CE20175032）和中央高校基本科研业务费“基于生理认知的复杂信息任务界面设计方法研究”（项目批准号：2015B22714）的资助，在此表示衷心的感谢。

本书从酝酿到出版经过了两年多的时间，这也是我在东南大学工业设计团队攻读博士学位期间学习成果的延续。在书稿付梓之际，感谢我的导师东南大学工业设计系主任薛澄岐教授对本书的关心与指导。希望本书能够填补人因工程研究领域在信息控制与工业设计交叉方面的空白，为复杂信息系统的任务界面优化领域提供帮助。

由于作者水平有限，书中难免会有不足之处，恳请广大读者批评指正。

吴晓莉

2017 年 6 月

于河海大学

目　　录

第1章 绪　　论

1.1 研 究 背 景

随着计算机技术与信息化技术的快速发展，航空航天战机、船舶驾驶操控、核电厂控制、战场指挥等复杂信息系统的人机交互界面已经从传统的模拟控制发展到数字化控制的视觉信息界面（visual information interface）。传统的模拟控制一般是监视和操作系统，而在数字化控制过程中，操作人员的角色从手动控制者转变成监控者和决策者，增加了操作者的视觉认知过程，这需要通过一系列认知行为来执行任务。而由于复杂系统视觉信息界面呈现出信息量大、信息关系复杂等特性，操作者进入复杂性认知，可能会由于操作失误、误读/误判、反馈不及时等认知困难导致任务失败，严重时会产生系统故障，甚至重大事故。因此，如何系统地进行复杂系统中人机交互信息界面设计是当前学术界和工程设计界研究的关键问题，亦是设计领域与工程领域交叉研究的空白点。特别是从任务失败的内在机理角度研究复杂信息界面的设计方法，还鲜有人深入，亟待加强。基于该问题的重要性以及相关研究匮乏的考虑，本书将从导致任务失败的源头——出错因子（error factor）角度，研究出错与认知之间的相互作用机理，建立一种由出错-认知机理到信息特征映射的复杂信息界面设计方法。

《适应性思维》一书中，歌德・吉戈伦尔（2002）这样阐述："只有人类头脑出现错误时，心理学家才会被叫来解释被错误缠绕的人类头脑是如何偏离逻辑和概率规则的。切尔诺贝利核电站爆炸、美国糟糕的外交政策以及多种多样的人类灾难均被与逻辑思维上的失误联系在一起。"那么，对复杂信息系统而言，只有从逻辑思维（界面信息的视觉认知）分析出错的内在机理（解释被错误缠绕的操作行为），才能将复杂错综的大量信息精准无误地呈现在视觉信息界面中。

1.1.1 导致任务失败的源头——出错因子

复杂信息系统的运行需要先进的硬件技术与科学的系统程序。据分析，系统的正常运行 99%在于设备的技术可靠性，那么 1%就在于系统界面的设计（信息呈现）可靠性。然而，操作员的任务决策 100%依靠监控任务界面的信息呈现准确性，可见，系统界面的人机交互设计尤为重要。"安全来自长期警惕，事故源于瞬间麻痹！”这是我国核电站、交通、煤矿等复杂系统的安全标语，目的在于关爱生命，预防事故。若从认知科学角度分析，人的意识做不到长期警惕，认知过程中很容易造成瞬间麻痹。若是事故都归于操作员、管理员的瞬间麻痹，忽略事故的源头——监控任务界面，灾难性事故只会频繁发生。例如，2010 年伊春 8·24 特大飞行事故，2011 年 7·23 动车追尾事故，2013 年韩亚航空爆炸，2013 年八宝煤矿五次爆炸和中国粮仓起火重大事故的分析报告均提及事故原因与信息监控系统的人为操作和判断失误有关。据统计，在 1988～1997 年全球发生的民用飞机解体事故中，因飞行员在驾驶过程中误读信息所造成的事故率为 70%。在我国，仅 2008 年全国共发生的 357321 起道路交通事故中，由驾驶过程中操作不当所导致的事故率为 27.6%。因此，研究复杂系统的视觉信息界面，需要追溯到界面任务失败的源头——出错因子，才能解决复杂信息呈现认知困难的根本问题。

1.1.2 视觉信息的认知困难问题

数字化、智能化的监控任务界面需要将系统抽象信息转化为操作者易识别、易理解的信息界面元素。当呈现信息复杂时，需要合理的导航设计以及信息层次的结构设计，才能实现信息交互的合理性。对于信息交互过程，相当于输入、变换、简化、加工、存储、恢复和使用信息的全过程，这正是认知加工过程。复杂监控任务界面中信息和任务的复杂性，有可能直接导致认知加工过程出现中断，甚至错误加工，从而产生信息的搜索、认读、辨识、判断选择等过程的失误，最终导致操作困难、系统故障、任务失败。而令操作困惑的根本原因是视觉信息呈现给操作者带来了认知困难。

因此，欲解决操作过程中的人因失误，需要从视觉信息的认知困难问题入手。导致任务失败的根本原因需要由认知加工过程的知觉、注意、记忆、思维等解释，研究出错与认知的关联性成为了本书研究的关键。本书将从任务复杂性和信息复杂性对操作员产生的认知困难（复杂性困惑）角度，展开监控任务界面造成任务失败的根原因分析，研究复杂信息系统监控任务界面出错因子的认知机理。

1.1.3 由出错因子导入界面设计的新方式

在工程技术领域，国内学者以“人因失误”“人为差错”等表述国际通用词汇 human error，该表述包含人、组织行为、管理等多方面系统中的失误类别，本书更倾向于操作者视觉认知过程产生的失误，将研究对象界定为出错因子。目前，在视觉信息界面领域还鲜有从出错因子角度展开的研究。特别是应用于复杂的航空、军事等多层级子系统复合显示的复杂系统，其出错因子多集中在执行监控、搜索等任务的视觉信息呈现中，研究其出错的内在机理是改善复杂系统视觉信息界面设计的重要切入点和降低认知困难的关键之匙。因此，信息界面中出错因子的认知机理已成为迫切需要解决的问题，也成为了本书的重要研究内容。由此产生了以下由出错因子导入的界面设计新方式。

（1）由于复杂系统所呈现的视觉信息界面不同于传统的模拟系统，以往成熟的人因失误模型已经不能完全适用于多层级复合显示的视觉信息界面出错因子分析，需要基于复杂系统所执行的监控任务提取出错因子，在前人提出的模型的基础上建立新的出错-认知模型。

（2）信息呈现的复杂性给操作员执行任务带来了新的困扰。这种困惑的复杂所产生的出错因子，需要从视觉认知角度分析视觉行为和生理反应机理，视觉搜索实验方法与眼动跟踪技术能够解析认知失误的行为和生理反应机理。

（3）出错-认知机理并不能直接应用于复杂信息界面的设计，需要将任务失败的源头（出错因子）与设计信息建立联系。解决这个问题需要寻找一种可以将出错-认知机理映射到信息界面设计因素上的方法，从而能够对复杂信息界面进行优化设计。这将建立一套由出错-认知到信息特征映射的复杂信息界面设计方法，为信息量大、信息结构关系错综复杂的任务界面进行信息呈现和界面布局优化，以达到系统性能的全面发挥和精准实施。

1.2 国内外研究现状

1.2.1 人因出错分析方法综述

在人因可靠性研究领域，工程科学中对人因出错的研究起源于第二次世界大战期间的武器系统领域。由于人的出错（human error）造成的重大事故相继发生，例如，1979 年美国发生的三哩岛事故，1986 年发生的“挑战者号”航天飞机爆炸事故以及苏联的切尔诺贝利事故，1988 年英国发生的派珀·阿尔法事故等。特别是三哩岛事故后，把灾难性事故的发生归因于人的出错，开始对出错展开广泛研究，发展了各种人因失误模型。Embrey、Swain、Kirwan、Hollnagel 等以传统人因观点为基础，试图用操作员基本行为成分来描述具有“失误”事件特征的操作员行为，PHEA、THERP、HRMS、HERA、CREAM、HEP 等成为典型的人因失误分析方法和模型。Embrey（1986）提出了预测性人误分析技术（PHEA），从计划失误、操作失误、检查失误、修补失误、交流失误、选择失误六个角度分析失误形成的过程，成为处理事故后操作员的人因可靠性的诊断模型。Swain 和 Guttmann（1983）提出了人因出错率预测技术（technique of human error rate prediction，THERP），应用于事故下的规则性失误分析，建造 HRC 事件树，进行定量评价，该方法广泛用于核电站、石化工业、大型武器系统等领域的风险评价之中。Kirwan（1997）在认知失误分析方法的技术上，着重关注人因失误发生的概率以及对系统或环境带来的严重后果，提出了新的认知行为模型。Hollnagel（1996，1998）从认知心理学角度提出了人因可靠性与失误分析方法（cognitive reliability and error analysis method，CREAM），该方法是第二代人因可靠性方法的典型代表。该方法采用分类方案，对人因事件的前因和后果之间的关系进行了系统化的归类，定义了后果和可能前因之间的联系，具有追溯和预测的双向分析功能，既可以对人因失误事件的根原因进行追溯，也可以对人因失误概率进行预测分析，是一种十分有效的人因出错分析方法。Hidekazu 和 Wei（1999）研究人为差错概率（HEP），建立了用户评估模型。

同时，在认知科学与工程应用研究领域，也不断涌现出了人因出错的分类方法。Norman（1981）从认知心理学角度最早提出了出错的类别，包括疏忽和错误两种出错类型。Rasmussen（1986）以优化系统设计为目的，提出了三种认知控制层次，分别为技能层、规则层和知识层，按照这三个层次对出错进行系统分类。Reason（1987）认为 Norman 提出的两种出错类型是不全面的，他把出错分为三种类型：错误（mistake）、失手（slip）和失误（lapse）。Reason（1990）在这三种类型的基础上，进一步完善了出错分类，提出了错误感知、注意失效、记忆失误等八种基本出错类型。Swain 等在 THERP 技术里把出错分为了疏漏失误（error of omission）、执行失误（error of commision）和无关失误（extraneous error）三种模式。以上学者研究的几种分类方法成为了人因出错研究领域的主要出错类型，并结合人因可靠性方法应用于工程领域。

进入 20 世纪，在航空航天、核电等重大工程领域，人因出错的研究逐渐升温。Shappell 等（2001，2007）提出了人因分析与分类系统（the human factors analysis and classification system，HFACS），并应用该系统对 13 年的飞机事故数据进行分析，发现 error action 是事故的主要分析对象。在国内，孙志强等（2008）提出了一种新的人为差错成因分析框架。在该框架中，将差错成因分为操作者、系统、任务、环境、组织因素五个方面进行分析，并提出了从大类到小类的层次化分析原则，以此作为人为差错原则，结合认知模型，分析了不同认知阶段可能出现的人为差错模式。蒋英杰和孙志强（2011）介绍了人为差错概率的量化方法，并将人为差错分为时间决定论、任务决定论和场景决定论三种类型。孙瑞山和赵青（2012）研究了航空人为差错事故/事件的影响因素，借鉴欧盟联合航空事故和事故征集报告系统 ECCAIRS 分析框架，构建航空人为差错事故/事件分析（ECAR）模型，并从事件层、描述层、原因层和组织因素与改进建议层，分析航空事故和不安全事件的人为差错。沈祖培等（2009）建立了人的失误认知模型的理论和方法；周勇和张力（2011）研究了核电厂人因失误的认知控制过程，提出了应激影响模型和情景控制模型；吴晓莉（2015）对视觉信息界面进行用户出错分类，得到了出错层到认知层的映射模型，提出了出错因子导入界面设计的新方式。

随着计算机图形和用户界面的快速发展，人因出错的分类研究也应用到了界面的可用性改善研究。Nielsen 等（1994）、Shryane 等（1998）等提出减少出错率的方法，改善可用性界面。李乐山（2004）在 Norman、Reason 对出错分类的基础上，提出了人机界面中的出错分类。他认为疏忽（inattention）和过分注意（overattention）应作为人因出错的主要研究内容。Hassnert 和 Allwood（2002）认为不可能有统一标准的出错分类，应该采用实验方法获得相应的人因出错类型，他们通过软件的用户界面测试，对用户出错进行归纳分类。Krokos 和 Baker（2007）提出了界面认知的出错分类方法。Maxion 和 Reeder（2005）研究了通过减少出错来提高用户界面可靠性的方法（external subgoal support）。

在 Web of Science 数据库中对近 13 年的文献进行检索，以 user error、human error 为检索词在标题中进行检索，分别为 190 篇、673 篇，说明在国外将 human error 作为专业词汇的研究较多，则以 human error 作为检索词。在 SpringerLink 数据库进行文献检索，选择工程、计算机、心理等相关学科精炼后得到 304 篇，其中 Engineering 177 篇，Computer science 96 篇，Psychology 63 篇，Operations research management science 61 篇……从表 1-1 中可以看出，国外在用户出错的研究上具有一定的基础，通过学科精炼检索，特别是在工业工程（engineering industrial）、人类工效学（ergonomics）、运筹学、心理学应用这几个学科较为集中，能够为人机交互界面研究提供大量的文献参考。在此基础上，按照国家、地区分析，报告显示美国、中国以及英国排名前三，其中中国有 26 篇，这说明中国对人因出错的研究也颇为深入，这对本书的研究具有很大的参考价值。

表 1-1　Web of Science 数据库中 human error 研究所涉及的领域及文章篇数统计

字段：学科类别	记录计数	概率
Engineering	177	58.224%
Computer science	96	31.579%
Psychology	63	20.724%
Operations research management science	61	20.066%
Automation contral systems	19	6.250%
Business economics	15	4.934%
Science technology other topics	15	4.934%
Mathematics	14	4.605%
Behavioral sciences	12	3.947%
Neurosciences neurology	11	3.618%

从与本书研究最为接近的 Ergonomics 学科分类来看，被引频次高的文献出处主要集中在 *Ergonomics*，*Human Factors*，*International Journal of Industrial*

Ergonomics 等重要刊物上，如表 1-2 所示。

表 1-2 Web of Science 数据库中 human error 研究主要出版物及文章篇数统计

字段：来源出版物	记录计数	概率
Ergonomics	8	19.048%
Human Factors	7	16.667%
International Journal of Industrial Ergonomics	4	9.524%
Accident Analysis and Prevention	3	7.143%
Applied Ergonomics	3	7.143%
Proceedings of the 9th Conference on Man Machine Environment System Engineering	3	7.143%
Contemporary Ergonomics 2004	2	4.762%

在工业工程、工效学领域，把事故原因分为人、机器、环境及管理四个方面。而人为因素与认知心理学有着密不可分的关系，若从认知角度分析人因出错，在 Web of Science 数据库中输入关键词 error cognition，只得到 11 条记录。若将关键词细化，输入 memory and error、perception and error、visual sense and error 等关键词，可以看到在认知的各自分支领域有一定的研究基础。但是大部分文献来自医学、神经科学，没有涉及工程、计算机等领域。

综上所述，人因出错在人因可靠性领域已经建立了较为成熟的认知失误模型和测评分析方法，在认知科学与工程应用领域有可参考的出错类型及出错分类方法，并在航空航天、核电等重大工程中进行了深入研究，也随着计算机用户界面的出现，人因出错在界面可用性方面积累了一定的成果。然而，这些模型和分析方法还不能应用到复杂信息系统的监控任务界面，对于复杂人机交互界面呈现的数字化、智能化特征，需要在前人的基础上，建立科学的人因出错分析方法。

1.2.2 复杂人机交互界面分析方法综述

在人机交互界面设计方面，国内外学者侧重于界面可用性测试与评价的研究上。Jaydeep 等（2003）提出了新的启发式方法用于用户友好的设备布局及优化问题。Friedhelm 等（2006）根据工效学准则，进行了相关的人机界面测试及实验，对过程控制系统中人的因素进行分析、评价及设计。Anokhin 等（2009）对核电站主控室控制面板设计进行了工效学评价，指出了布局不规则和设备之间的不相容是最典型的设计错误，并通过两个设计实例进行了论证。Bauerly 等、Lee、Annie 等（2006，2009，2012）针对汽车导航分别进行界面的对比方法、可视化呈现方法、界面元素的实验模型和仿真环境方面的深入研究；Paul（2010）研究界面中的信息复杂度过载问题，从时间压力角度建立图式决策模式来分析不同信息量所需的执行时间；国内吴增红、冯晓文等（2011）分别以不同的研究对象进行信息布局的研究，并归纳出影响信息获取效果的因素，并总结出具体的设计原则。

在数字化控制系统研究方面，国内外学者为了保证界面设计的可靠性和安全性，建立真实的仿真环境，对用户的认知反应进行测试和评估。Burns 等（2008）和 Carvalho 等（2008）针对核电厂控制的人机交互界面建立了评价模型和设计方法。Anokhin 和 Marshall（2009）对核电站主控室控制面板设计的工效学评价进行研究，提出布局不规则和设备之间的不相容是最典型的设计错误。夏春艳等（2008）对核电厂数字化控制系统的界面设计方法与评价实验展开研究。刘青（2012）对复杂飞机航电界面展开了生理测评和设计方法研究。

薛澄岐（2015）围绕复杂信息系统人机交互数字界面要素、信息结构、设计原则、关键技术等展开系统阐述，提出了数字化人机交互界面的设计方法和评价体系。牛亚峰（2015）更深层次地采用脑电技术展开数字界面可用性评估实验，提出了综合行为和生理认知的可靠性评估方法。李晶（2015）认为认知负荷过高或过低都会影响系统任务的执行，提出了均衡认知负荷的人机交互界面信息编码方法。邵将（2016）通过视知觉理论，提出了人机交互界面的基本原则，对图标符号编码、信息布局编码、色彩编码等方面提出指导性建议。周蕾（2015）从信息流的角度研究人机交互界面中信息元素的关系，提出数字化界面的信息布局方法。吴晓莉（2015）研究复杂信息任务界面的出错-认知模型，建立出错因子与设计因素的关联性。

综上所述，虽然人机交互界面和数字化控制系统领域只有近 10 年的研究成果，但已有不少学者提供了可行的人机交互界面的设计方法。特别是近两年在复杂信息系统人机交互界面的研究成果，填补了国内外人机交互界面缺少可行性设计方法的空白。然而，还鲜有人将出错因子与设计因素建立联系。本书将在以上研究成果的基础上，从出错-认知的关联性角度，深入研究复杂信息系统监控任务界面的设计优化方法。

1.2.3　视觉认知与生理指标实验方法综述

在视觉认知和生理反应实验方法研究方面，积累了大量科学的心理学范式，以及生理测评的分析方法，可为本书研究提供可靠的实验手段。Posner（1980）最早的视觉注意研究的经典范式表明，无效提示、中性提示和有效提示的反应时由慢到快，能预料刺激出现方位的反应时显著地快于没有提示或相反提示的状况。Girelli 等（1997）研究视觉搜索颜色、方向与运动是否动用同一个注意系统，采用了单视野突现范式，得到了颜色、方向与运动的搜索动用的是同一个注意系统的结论。Yarbus（1967）最早运用眼睛的运动和定点注视研究特征，通过注视实验结果显示注视点倾向于集中在那些对被试意图而言很重要的特征上。Fleetwood等（2002，2006）通过实验观察发现影响用户视觉寻找的因素，结果表明首先是图标数量，其次是目标边界，最后是图标的质量和清晰程度；在深入研究后，应用眼动跟踪技术进行实验，进一步得出结论，被试的响应时间会随着图标质量的下降而明显增加。Patrick（2003）运用视觉延迟搜索任务的实验范式，对颜色、位置及颜色与位置的绑定实验进行了对比实验，结果表明绑定实验与其他两组实验相比，并没有使搜索时间明显变短。在视觉认知实验范式的应用上，Ahlstrom等（2006）、柳忠起等（2006）使用眼动跟踪定量测量方法测评了飞机驾驶员的注意力分配规律和工作负荷的变化；Ha和Seong（2016）通过眼动数据对用户的思维进行推理，指出了解用户思维有利于可用性评估。以上实验范式和测评方法，在本书中能够应用到监控任务界面的实验分析方面。

在信息呈现与界面布局的研究方面，生理实验是设计科学、心理学和计算机科学交叉的一个新的领域，目前该领域的成果还较为空白。Wu和Ciu（2009）用生理实验评估人机界面的操作行为和认知负荷；Salman等（2012）通过对紧急医疗信息系统的导航栏和用户界面设计来展开生理实验研究，提出了具有参考价值的设计方法。Neyedli等（2011）针对自动化作战识别系统的信息呈现进行了研究。他们先采用军事模拟与虚拟建模的测试环境，考察敌、友军和制服、头盔等视觉目标信息呈现的形式。探讨饼形图和混杂图以分离和整合这两组形式如何呈现会有助于作战信息识别，并结合信息的可靠性程度加以分析。通过生理实验获得可靠的模拟数据后，发现混杂图和整合的呈现形式比较适合于作战信息识别。周蕾、李晶、牛亚峰、吴晓莉、金涛、邵将、王海燕、薛澄岐等（2012，2013，2014，2015，2016）围绕复杂系统人机交互界面展开了信息呈现与界面布局的生理实验研究，通过信息编码方法、界面布局测评方法和眼动、脑电相结合的生理评价方法，提出了复杂系统人机交互界面的设计理论体系。在此基础上，本书还需从视觉行为和生理反应实验角度对出错因子建立分析方法。

综观前人的研究成果，国外学者针对出错-认知机理，构建了人因出错方面的模型和测评分析模型并运用于工程实践中，但是鲜有学者对复杂信息界面展开出错-认知机理研究；在视觉信息界面设计方面对信息编码、测评方法的研究具有一些积累，而完全针对多层级复合显示的复杂系统任务界面的研究还处于空白；然而认知心理学相关理论、模型和成熟的心理学实验方法，以及眼动跟踪技术在生物科学研究领域积累了可参考的实验范式，为本书提供了研究基础。

本书的研究将填补当前人机交互研究领域对复杂信息界面出错-认知机理研究方向的缺失，提出从导致任务失败的源头——出错因子来解决视觉信息界面设计优化问题。本书拟在前人研究的基础上，采用认知心理学、人机交互技术、设计科学和生物科学的相关理论和方法，通过出错因子的视觉认知机理和生理反应分析方法，构建由出错-认知到设计信息的映射关系，以实现复杂系统界面任务的优化设计方法。

1.3 研究的目的和意义

1.3.1 本书的研究目的

本书综合运用认知心理学、设计科学、实验心理学、人因工程学和认知神经科学的相关理论和方法，提出从导致任务失败的源头——出错因子来解决复杂信息任务界面设计优化问题。其目的是以复杂信息系统监控任务界面为对象，以操作员视觉行为过程中出错因子的认知机理为研究的重点和主线，探究复杂信息任务界面的出错-认知对应模式、不同出错类型的认知分层模型，运用行为和生理反应实验手段，结合眼动跟踪技术分析出错因子的视觉搜索反应链，构建由出错-认知到信息特征映射的复杂信息界面设计方法，从而改善复杂信息系统监控任务界面认知困难而导致的任务失败，提高操作员任务执行的认知绩效和操作效率，保证复杂信息系统性能的全面发挥和精准实施。

1.3.2 本书的研究意义

本书从以下三个方面体现研究的理论和实践意义。

（1）系统分析复杂信息界面中出错因子的认知机理。建立视觉信息界面中出错因子类型，分析复杂监控任务与操作员视觉行为，对复杂监控任务进行模拟实验，提取所有可能发生的出错因子，从视觉认知行为角度对出错因子分类与认知表征，获得了复杂信息界面全面的出错-认知模式，丰富了 Rasmussen、Norman、Reason 等的出错类型及 HERA 和 CREAM 的失误辨识模型，从而更具针对性和专业性，能够较全面地分析操作员认知失误的内因。根据认知加工理论，建立出错-认知分层模型，该模型的应用能够有效地为不同出错因子建立出错-认知对应关系，获得相应的视觉感知、选择性注意、记忆加工及思维过程的理论模型和实验范式，为每种出错因子的深入分析建立了可靠、直接的认知分析方法，为行为和生理实验的研究提供了科学的理论模型和实验范式。

（2）系统展开出错因子的行为和生理反应的视觉认知实验分析方法。采用认知科学、心理学与生物科学相结合的实验方法能够全面地分析出错因子的行为和生理特性，建立复杂信息界面的实验样本。以出错因子为自变量，信息特征为因变量，围绕信息疏漏、误读/误判、选择错误、延时/错过、错误匹配、混淆等出错因子，通过定量分析有效获得了出错因子与信息特征之间的联系。创新性地采用了科学的生物技术和实验手段，为构建出错-认知与信息特征的映射关系提供了科学的依据。

（3）构建由出错-认知到信息特征映射的复杂信息界面设计方法。采用矩阵描述的映射方法，分别对出错-认知集和设计信息集进行关联属性分析，采用决策工具——网络分析法（ANP）分别获得出错-认知集和设计信息集各自要素间的相对重要度；根据出错-认知域与设计信息域存在的映射关系，展开出错-认知与设计信息间的互相关关系分析，得出设计信息间相关性的出错-认知与设计信息间重要度的关系矩阵 $W_{QE}=W_q\times(W_{qe})^T$，求得各特征间的重要度矢量，并考虑到各种不同的约束条件，通过界面布局的目标约束使其映射关系更具合理性。由出错-认知到信息特征映射的复杂信息界面设计方法，创新性地建立了出错因子、视觉认知和设计信息的关联性，使复杂信息界面设计直接追溯到任务失败的源头，为复杂信息界面的设计方法研究开辟了一条新的捷径，解决了复杂信息界面认知困难导致认知失败的关键问题。

1.4 研究的主要内容

为了解决复杂监控任务界面认知困难而导致的人因出错，解析任务失败的出错-认知机理，为复杂信息界面提出一种由出错-认知到信息特征映射的设计优化方法，从而提高操作员任务执行的认知绩效和操作效率，保证复杂信息系统性能的全面发挥和精准实施。本书主要研究内容如下。

（1）复杂监控任务的操作员认知失误辨识与出错-认知模式分析。

研究复杂监控任务的操作员认知行为和认知失误辨识，对复杂监控任务进行模拟实验，获得监视/发觉、状态查询、响应计划和响应执行四个操作行为的出错因子，获得视觉认知行为角度的出错因子认知表征，建立了复杂监控任务的出错-认知模式。

（2）复杂信息系统监控任务界面的出错-认知分层模型构建。

根据出错因子的认知表征分类，获得出错-认知的五种类型，并按照出错-认知模式，逐一构建五种类型的认知分层模型，从而获得了每种出错-认知类型对应的视觉认知过程的理论模型和实验范式。

（3）基于视觉行为和生理反应的出错因子分析方法研究。

基于出错-认知分层模型中对应每种出类型的相关理论和实验范式，建立基于视觉行为和生理反应的出错因子分析方法。运用行为和生理实验技术手段，开展反应时和眼动跟踪的嵌套认知实验，运用行为反应指标和眼动数据指标进行统计分析，逐步开展在不同监控子界面、子任务环境下进行的不同出错因子视觉认知实验。

（4）基于出错-认知机理的复杂信息任务界面优化设计方法研究。

研究出错-认知、设计信息的关联属性，应用矩阵描述和网络分析法建立由出错-认知域到设计信息域的映射关系；提出由出错-认知到信息特征映射的复杂信息界面设计优化方法，并应用于典型航战显示系统的设计案例，验证该方法方法的有效性。

另外，本书在以下几个方面取得了创新性成果。

（1）创新性地从导致任务失败的源头分析，提出由出错因子导入的复杂信息任务界面设计新思路，构建了复杂信息系统监控任务界面的出错-认知分层模型。

（2）引入视觉行为反应和眼动跟踪生理反应的技术手段来分析监控任务界面的出错因子，提出了基于视觉行为和生理反应的出错因子分析方法。

（3）建立了基于出错-认知机理的复杂信息任务界面优化设计方法，并应用于典型监控任务界面设计。

本书的难点和拟解决的关键技术主要包括以下几个方面。

（1）基于认知加工理论的出错-认知分层模型构建和过程。

（2）出错因子为对象的反应时实验与眼动跟踪实验设计与分析。

（3）由出错-认知到设计信息特征的映射关系研究及目标约束分析。

1.5 本章小结

本章介绍了复杂信息系统中人机交互过程出现的认知困难问题，如何系统地进行人机交互信息界面设计成为了亟待解决的关键问题。从研究背景、国内外现状、研究目的和意义几个方面阐述复杂信息任务界面出错-认知机理研究，对后续章节内容的开展起到了引导作用。

第 2 章　复杂信息系统监控任务界面基础理论概述

随着计算机和通信技术的快速发展，人类已经进入信息化时代。人机交互界面作为信息与操作者的交互和信息传递媒介，起着举足轻重的作用。信息交互界面设计的是否合理直接影响到信息传递的效率、操作员的任务执行效率。目前，数字化、智能化的人机交互界面已经引入核电厂监控、交通枢纽、军事信息化作战等大型、复杂的操作执行系统。这些复杂信息系统正面临着全新的模式，操作员将与数字化信息呈现的交互界面进行监视、查询、响应和执行的整个认知行为过程。

本章将介绍复杂信息系统的特性，围绕复杂信息系统中监控任务界面的人机交互所呈现的数字化、智能化特性阐述本书的研究对象，并从复杂性分析监控任务界面的信息复杂性和任务复杂性，阐述数字化、智能化信息界面给操作带来的令人困惑的复杂。

2.1　复杂信息系统概述

2.1.1　系统的复杂性

1. 复杂性科学

进入 21 世纪，系统问题，特别是复杂系统及相应的复杂性科学问题变得日益突出（戴汝为，2004）。无论生命科学、物质科学、信息科学、认知科学所呈现的复杂性（complexity）问题，还是在环境、资源、经济、人口、健康、灾害，甚至和平与安全等关系到人类生存和社会可持续发展的问题，都需要依靠多学科交叉与综合，从而获得整体上的解决方案，这就形成了复杂性科学（complexity science）。

系统科学的发展在 20 世纪 80 年代进入新的阶段，开始对复杂系统进行研究，即复杂性科学。钱学森在创建系统控制论中提出了复杂性科学，他把巨系统分为简单和复杂两类，认为复杂性实际上是开放的复杂巨系统的动力学。复杂系统的巨大数量和种类形成了相互关联和相互影响的网络，在不同的层次结构中以不同的运行规律进行着信息、物质和能量的交换。总结钱学森的定义，复杂系统具有规模巨大性、组分异质性、等级层次性、非线性、开放性、动态性综合在一起所形成的系统特性，即复杂性。

2. 系统的复杂性特征

根据钱学森（1986）对复杂性的定义，系统具有以下几个方面的特点。

（1）开放性。

系统有种类繁多的子系统，其子系统间需要进行各种方式的通信。因此，系统与环境之间有丰富的物质、能量和信息交换。

（2）层次性。

系统内部数目巨大的子系统通常会形成多个层次，每个层次有其特有的规律。多层次性是复杂的自组织性的体现，层次的数目刻画了系统的复杂性。在可利用的信息上又往往存在不确定性、不完备性和模糊性。

（3）多样性。

系统的子系统数量巨大，种类多样，有着各自不同性质的模型。每个子系统以各种方式获取知识。

（4）复杂性。

系统中子系统的结构随着系统的演变会有变化，其相互作用关系复杂。复杂系统具有不确定性，是一种非平稳随机过程，其模糊、混沌表现出复杂性。

因此，系统的复杂性表现出规模巨大的、组分异质性显著的、按照等级层次组织起来的、具有各种非线性互相作用的、对环境开放的动力学特性。

2.1.2　复杂信息系统

随着计算机技术和信息控制理论的快速发展，系统变得更加复杂和自动化。特别是战机及船舶驾驶操纵、核电厂控制、战场指挥、交通枢纽监控、环境监测等重大系统领域以计算机技术为依托，完全以数字化、智能化的信息系统进行运作、监管和决策。然而，不同于以信息收集、传递、存储、加工、维护和使用为主体的普通信息系统，这些人机一体化系统是复杂的，可以归纳为复杂信息系统（complex information system）。它们同样具有开放性、层次性、多样性和复杂性的特征，该系统与人的交互过程表现出信息量大、信息结构关系错综复杂的特点，形成动态的数据输出与输入的信息交互系统。

因此，本书针对的复杂信息系统专指具有来自不同标度层次变量结构的系统，或者指相互之间有差别的单元构成的动态信息系统，主要用于在复杂环境下执行复杂操作任务。该系统由数个子系统构成，多指包含复杂显控界面的人机交互系统，且系统内部包含多层次模块、多变量的显示单元。其人机交互以能够基于局部信息做出行动的智能性、自适应性的显示主体为依托，多应用于航空航天、军事、高铁驾控、核电厂控制、车辆导航等关乎国计民生的复杂信息系统。

2.2 复杂信息系统的监控任务界面

2.2.1 复杂信息系统的人机交互

人机交互（human-computer interaction，HCI）由美国计算机协会（Association of Computing Machinery，ACM）人机交互专业组织（Special Interest Group on Computer-Human Interation，SIGCHI）在 20 世纪 80 年代提出，是指关于设计、评估和实现供人们使用的交互式计算机系统，并围绕相关的主要现象进行研究的学科（Hewett，1992）。人机交互是研究系统与人之间的交互关系的学问，它所指的系统包括各种机器、计算机化的系统和软件（这可以指小型电子显示的简单系统，如遥控器、对讲机等，也可以指几十种大型显示系统集成的复杂监控中心，如核电站、空间站等），从而形成了人与系统的信息交换。

复杂信息系统最终以人机交互界面为终端，实现人与系统的信息交互（information interaction）。复杂信息系统的人机交互界面成为了人与系统交互的重要载体和媒介，从某种意义上说，复杂信息系统人机交互界面就是系统的大脑，系统的各方面信息都汇集于此。因此，复杂信息系统人机交互界面已成为系统中的人获取信息、知识推理、判断决策的重要手段和操作依据。

复杂信息系统的人机交互多表现为操作员与监控任务界面进行的监视/发觉、状态查询、响应计划和响应执行的操作行为过程。例如，战机在执行任务过程中，需要接收来自全球定位系统（GPS）、地面地理信息系统、敌我飞机空中姿态、识别、地面指挥、飞机各种状态等的大量信息；又如在智能城市系统中，有来自智能交通、警方监控、GPS、地面地理信息系统以及城市等各种信息。这些复杂信息通过计算机分析与处理，最后呈现给使用者，为使用者观察分析、判断态势、决策操作等提供可视化信息来源和依据。

因此，进行人机交互的监控任务界面成为了复杂信息系统重要的研究对象。如图 2-1 所示，复杂信息系统内部具有子系统 A, 子系统 B, 子系统 C, …，以及多层级的子系统 $A_1, A_2, \cdots, B_1, C_1, \cdots$，与人之间交互的是监控任务界面，操作者完全通过呈现眼前的界面进行信息交换，即人的信息处理。

可见，监控任务界面肩负着整个复杂信息系统的交互任务，系统细微的变化都要呈现在界面上，并成为了人与系统沟通的唯一渠道。可以说，监控任务界面在整个人-机-环境组成的大系统中有着不可取代的地位。它是系统的平台，就

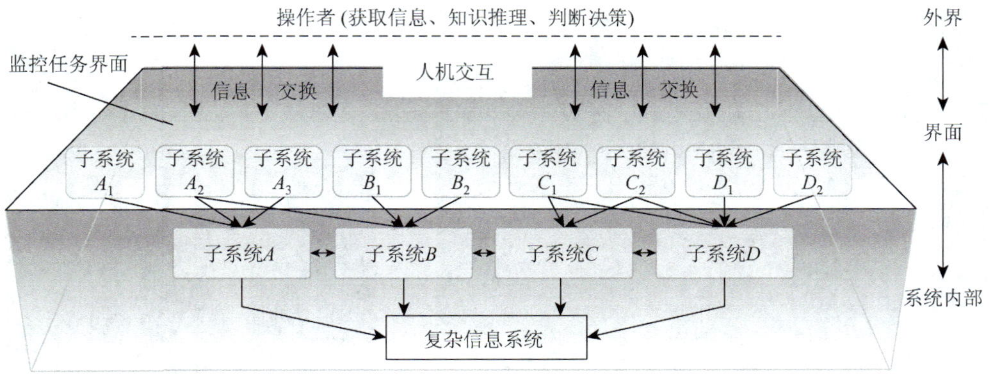

图 2-1　复杂信息系统的人机交互

像整个系统的窗户，把系统内部的运作以信息的形式呈现，与外界达成交互。因此，监控任务界面具有信息承载量大、信息结构关系错综复杂的特点，并以动态、多变的形式展示给使用的人（操作者）。本书将围绕复杂信息系统监控任务界面展开深入研究。

2.2.2　数字化、智能化的监控任务界面

1. 传统显控界面向数字化、智能化信息界面转化

数字化、智能化的信息界面已成为人机交互最重要的媒介之一，在很多复杂大型系统中已经逐步取代传统的显控界面，被广泛应用到战机船舶驾驶操纵、核电厂控制、战场指挥、汽车驾控等各种复杂的人机交互系统和环境中。传统的模拟控制一般是监视和操作系统，而数字化控制过程中，操作人员的角色从手动控制者转变成监控者和决策者，加大了操作者的视觉认知过程，这需要一系列认知行为来执行任务（图 2-2）。

2. 监控任务界面的特征

复杂信息系统的监控任务界面不同于普通信息界面，本书总结了以下三个方面的特征。

（1）信息结构和单元的复杂性。

数字化、智能化的监控任务界面包含多模块信息结构和多变量信息单元，界面通过导航设计以及信息层次的结构，以字符、文本、图像、图标、色彩、维度等呈现形式表达复杂多变的信息内容。因此信息结构和单元的复杂性，会给操作员带来一定的认知困难，造成信息读取错误、任务执行困难等问题。

(a) 模拟控制显示

(b) 数字化显示界面

图 2-2 复杂信息系统的模拟控制显示与数字化显示界面

（2）实时监控的动态性。

数字化、智能化的监控任务界面由于呈现的信息量大，同时系统的运作会表现出界面的动态性，即多层次的信息内容不断更替。在监控任务执行过程中，需要操作员在同一时间内处理大规模信息，进行实时监控。因此，多变量信息单元的实时监控，增加了用户的认知负荷，容易出现信息疏漏、任务执行失败等问题。

（3）不可预测性。

监控任务界面的多层级的逻辑层级菜单结构表现出了复杂的信息呈现，也加大了操作员的任务难度。由于复杂信息系统本身所具有的执行任务难度高，执行环境复杂，也给系统带来了不可预测性。由于环境、生理和心理状态等人为因素，以及信息呈现的合理性，造成监控任务的不可预测性。

根据复杂信息系统监控任务界面的特征表述，将从复杂性角度进一步分析信息的复杂性和任务的复杂性，从而为监控任务界面的深入研究寻找突破口。

2.3 复杂性分析

2.3.1 信息复杂性

监控任务界面的复杂特征是由系统本身所决定的。由于系统的复杂性，也产生了监控任务界面中信息的复杂性。信息复杂性主要包括以下三个方面。

（1）信息内容的复杂性。

信息的内容在人机交互界面呈现，其信息种类呈现出复杂的维度关系，将会呈现出了一维、二维、三维，甚至四维维度——时间维度、五维维度——结构维度等多维信息结构。时间维度表现出的时间流特性，即为动态特征的信息流，它通过实时传递的数据进行信息动态整合，信息集合主动地获取数据，并自主智能地处理感知信息；结构维度是高维信息另一个关键维，结构维度表现出多层的非结构化空间，呈现出多变的形式和类型。这些信息呈现存在不规则和模糊不清的特性，现有的方法很难对这些特性清晰地设计表达。

（2）信息呈现复杂性。

复杂信息系统监控任务界面的信息具有复杂性，包括信息的维度、结构、运动的复杂性。复杂信息系统监控任务界面通常是由相对简单的一些个体，通过某些因素改变组合方式而形成的新结构。系统的复杂性的关键点无关于组合结构个体的多少和大小，而是体现在新组合的形式上。复杂信息系统监控任务界面由系统各模块所提供的信息单体构建，各模块在整个系统中所占比重可能有差异，但是体现在界面上则呈现以布局、导航、图形符号等新的组合形式，因此界面系统的复杂性特征与新的组合形式密切相关。

（3）信息交互复杂性。

复杂信息系统监控任务界面的信息交互具有复杂性，主要指界面呈现的信息与视觉接收、视觉解码之间的交互复杂性，是一种视觉认知的复杂性。信息的内容复杂性和信息的呈现复杂性之间有表达映射的关系，信息呈现复杂性特征和信息交互复杂性特征之间存在多维约束的关系。最后，信息内容复杂性又对信息交互复杂性特征有着引导作用，获知复杂系统人机交互数字界面的信息复杂性。

2.3.2　任务复杂性

复杂信息系统监控任务界面的信息复杂性是针对界面信息表达展现出来的，同时对于与系统进行交互的人——操作员，同样具有任务复杂性。复杂信息系统需要执行的任务种类繁多，从总体上可以分为复杂任务和简单任务；从人的操作行为角度，则需要依据系统中所执行的任务自身特点，从人的认知行为、任务执行困难的程度、操作员的信息处理过程分析任务的复杂性。

任务的复杂性是指在系统运行状态下，操纵员完成任务的困难程度（Boring and Gertman，2004）。任务的复杂性涉及各个方面，常常是指系统操作的认知负荷，然而，任务的模糊性、难理解性、自我知识提取难度（记忆）、心理模型与任务的匹配程度等也是任务复杂性的表现。从操作员的行为角度，复杂的动作模式、动作精度、力量的要求等身体方面的动作负荷也能够表达出任务的复杂性（本书不涉及动作行为方面的研究）。

Gertman 等（2005）总结了影响任务复杂性的多种因素，如表 2-1 所示。从表 2-1 中可以看出，多重任务、多个程序之间的转换、需要进行大量操作等都说明了系统的多层级交错的复杂关系，而心理计算、需要高度记忆、系统内部关系没有很好地定义等方面表明任务的复杂性与界面信息的呈现有很大关系，也就是说，监控任务界面的信息表达不好，会加大任务的复杂程度。Gertman 等对任务复杂性的影响因素中，所提到的故障、误导、干扰、掩盖等词汇都说明了任务复杂性会给系统带来失误，从而造成任务失败。

表 2-1 影响任务复杂性的因素（Gertman et al.，2005）

序号	影响因素	序号	影响因素
1	多重任务	8	需要进行大量操作
2	心理计算	9	多个故障
3	多个设备不可用	10	需要高度记忆
4	指示器的缺乏或误导	11	大量的干扰出现
5	多个程序之间的转换	12	一个故障掩盖其他故障
6	任务需要大量的交流	13	系统内部关系没有很好地定义
7	低水平的故障容许程度	14	控制室需要与外部进行合作共同完成任务

因此，复杂性的系统带来数字化、智能化的监控任务界面的同时，也带来了任务复杂性，进而也会产生任务的复杂造成的操作困难、系统故障、任务失败等问题。

2.4 令人困惑的复杂

复杂是世界的一部分，但它不该令人困惑，困惑就容易出错。Norman（2010）在 *Living with Complexity* 一书中提出了如何驯服“复杂”。他的观点是“设计令人愉悦的复杂”，当复杂不可避免时，当它反映出系统或者正在执行的任务的复杂状态时，那么它就是可以被容许的，可以被理解和可以被领会的。然而，当事物令人费解时，当复杂是由于糟糕的设计而造成的，就会使任务变得混乱、困惑、令人沮丧。

因此，系统是复杂的，监控任务界面就不可能简单存在，令人困惑的复杂即存在于界面中。它包括费解的信息符号、糟糕的信息结构、找不到的任务程序、信息间断（阻断）的任务执行、大量的信息干扰等，这些都是监控任务界面的信息呈现问题。Norman 所指的“恰当的复杂”意指复杂是可以被驯服的，通过界面的信息设计与合理呈现，让好的设计去适应复杂。驯服复杂是指把那些看起来令人困惑的界面信息内容转变为一个可以适应任务的、可以理解的、可用的、令人愉快的交互界面。令人困惑的复杂如图 2-3 所示。

数字化、智能化的监控任务界面需要将系统抽象信息转化为操作者易识别、易理解的信息界面元素。当呈现信息复杂时，需要合理的导航设计以及信息层次的结构设计，才能实现信息交互的合理性。然而，对于令人困惑的复杂监控任务界面并不能按照以往的界面信息设计方式进行，由于信息和任务的复杂性，需要从令操作员困惑的根源性入手——造成操作困难、系统故障、任务失败的根原因。

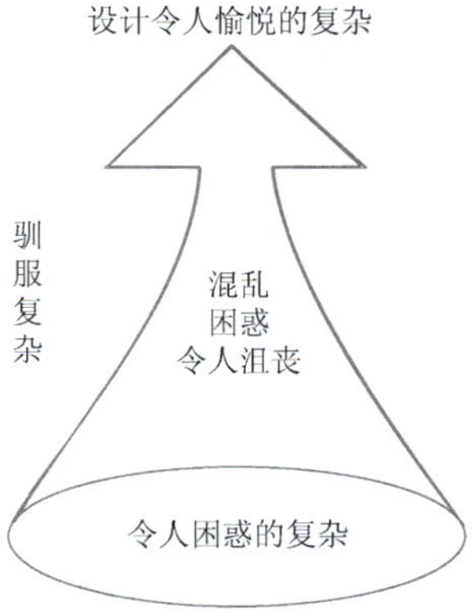

图 2-3　令人困惑的复杂

综上所述，操作困难、系统故障、任务失败可以从人因失误的角度展开分析，结合人的信息认知处理过程，研究监控任务界面中操作员出错的认知机理，从而为复杂信息系统提供可参考的依据，为监控任务界面设计令人愉悦的复杂。本书拟从任务复杂性和信息复杂性对操作员产生的认知困难（复杂性困惑）角度，展开监控任务界面造成任务失败的根原因分析，研究复杂信息任务界面出错因子的认知机理。

2.5　本章小结

本章内容总结如下。

（1）从开放性、层次性、多样性和复杂性介绍了系统的复杂性。阐述目前复杂系统及相应的复杂性科学。系统的复杂性表现出规模巨大的、组分异质性显著的、按照等级层次组织起来的、具有各种非线性互相作用的、对环境开放的动力学特性。

（2）对复杂信息系统进行定义。复杂信息系统专指具有来自不同标度层次变量结构的系统，或者指相互之间有差别的单元构成的动态信息系统，主要用于在复杂环境下执行复杂操作任务。进行人机交互的监控任务界面成为了复杂信息系统重要的研究对象。传统显控界面向数字化、智能化信息界面转化，并具有信息结构和单元复杂性、实时监控的动态性以及不可预测性。

（3）对本书的研究对象进行复杂性分析。监控任务界面中信息的复杂性主要包括信息内容的复杂性、信息呈现的复杂性以及信息交互的复杂性；同时对于与系统进行交互的人——操作员，同样具有任务复杂性。操作员也会产生任务的复杂性，造成操作困难、系统故障、任务失败等问题。

第3章　复杂信息界面任务分析及出错因子表征

当事物令人费解时，若复杂是由糟糕的设计而造成的，就会使任务变得混乱、困惑、令人沮丧。随着计算机技术与信息化技术的快速发展，复杂信息系统中呈现的数字化、智能化特征的监控任务界面给操作员带来了“令人困惑”的复杂。然而，对于复杂信息任务界面，特别是航空航天、交通枢纽、核电等复杂系统所呈现的信息交互界面，“令人困惑”的复杂所造成的操作失误、误读/误判、反馈不及时等行为，可能会产生系统故障，甚至造成重大事故。据国内外事故资料统计，人因出错对事故的贡献率达到了 85%以上，如何从人因出错角度对数字化、智能化的监控任务界面分析操作员的认知行为，是解决信息界面设计问题的关键点。

然而，传统人因出错的分类方法和分析模型并不能直接应用到信息关系复杂的、具有多层级结构的数字化信息交互界面的分析，需要结合人因可靠性分析（human reliability analysis，HRA）的成熟方法体系，对复杂信息系统的人因出错进行认知表征。因此，本章将围绕典型监控界面的任务分析，基于人的信息处理过程，建立操作员认知行为的 CREAM 扩展模型，并按照 HERA 进行人因失误辨识分析；采用模拟实验法提取典型监控任务界面的出错因子，按照“后果-前因”追溯法对出错因子进行认知表征。

3.1　人因出错的特性分析

3.1.1　人因出错概念

人因出错的研究可以从哲学、心理学、工程科学三方面分析其概念的形成。从哲学研究上，主要基于人的认知能力和认知理论来解释人的失误性质。古希腊哲学家亚里士多德这样定义人的失误：由感官所感知到的信息在人的思维过程中所形成的错误从属和连接关系。法国哲学家笛卡儿则认为：人有接受某种思想和抵制另外一种思想的自由，出错起源于这种思想产生的人的行为，而不是起源于这种思想本身。德国哲学家康德认为：人因出错是人产生偏见的表现形式，偏见主要来源于新颖的事物、误解、模仿、习惯、偏好和自恋等。

在心理学研究方面，Norman（1981）基于记忆心理学的失误模型和 Reason（1990）的信息处理失误模型成为了心理学角度研究人因出错的基础。Swain 和 Guttmann（1983）将人因出错定义为超出系统可接受的界限范围的人的任何一个动作。Reason（1995）认为人因出错是计划中人的心理和身体行为序列，在执行后没能达到意向中的结果，并且这种失效不能归因于随机触发因素的干扰作用。后来 Sträter（2000）将人因出错定位为：人因出错一直存在于工作系统中，它具有引起工作系统处于非期望或者错误状态的特性，它的产生导致系统需求处于没有满足或未能充分满足的状态，个人是工作系统的一个组分，并与工作中的其他组分相互作用，工作系统中的所有成分相互依赖，相互影响。

工程科学中对人因出错的研究起源于第二次世界大战期间的武器系统领域，也逐渐发展成为人因可靠性工程的专业研究领域。其中对人因出错的研究，不同领域的系统内容差别较大，多以人因出错的辨识、预测和量化等方面的分析系统及工具应用于各自的航空、核电等系统，出现了较为成熟的、能够广泛应用于其他系统的模型、技术等分析方法。例如，PHEA、THERP、HRMS、CREAM、HEP 等成为了典型的人因失误分析方法和模型；HFACS 成为了航空事故分析的通用模型。因此，对人因出错的定义更具有针对性和实用性，不同的分析方法和模型对人因出错定义的角度也有所不同。

3.1.2　人因可靠性分析

人因可靠性是指在规定的时间内，在规定的条件下，人无差错地完成规定任务的能力。相对于系统的可靠性或可用性，它用来分析人能够必须完成那些任务的成功概率。随着人因可靠性的发展，逐渐形成了一系列可用来评估人因可靠性的方法，即人因可靠性分析。HRA 包含人因失误辨识、人因失误预测和量化以及通过适当的对策来减少人因失误发生概率。

HRA 起源于 20 世纪 50 年代，到现在为止已经发展为两代 HRA 方法。在第一代 HRA 方法中，以研究人的行为理论和失误分类为主，发展以操纵员经验和专家判断为基础的人的失误概率的统计分析和预测方法，并没有将失误与认知建立合理的联系；第二代 HRA 方法，从情景环境入手进一步研究人的行为，这代方法以观察、诊断、决策等认知活动为分析过程，分析发生人因出错的机理和概率。例如，CREAM 是第二代 HRA 方法的典型代表，PHEA、HRMS 等是从认知心理学角度建立人因出错分析模型的。因此，人因出错的研究成为了 HRA 领域的关键分析内容。

3.1.3 人因出错的分类方法

本书对人因出错的分类方法主要从工程领域分析，有助于复杂信息任务界面的后期研究。工程科学中对人因出错的研究起源于第二次世界大战期间的武器系统领域。由于人的出错造成了重大事故相继发生，例如，1979 年美国发生的三哩岛事故，1986 年发生的“挑战者号”航天飞机爆炸事故以及苏联的切尔诺贝利事故，1988 年英国发生的派珀 • 阿尔法事故等。特别是三哩岛事故后，把灾难性事故的产生源于人的出错，开始对出错展开广泛研究，发展了各种人因失误模型。

1. Rasmussen 的人因出错分类

Rasmussen（1986）的人因出错分类以优化系统设计为目的，提出了三种认知控制层次，分别为技能层、规则层和知识层，按照这三种层次对出错进行系统分类，具体包括以下四种。

（1）学习和适应的影响。

在技能层，需要根据行为可接受的界限，如速度和精确度之间的平衡的反馈；在规则层，最小出力原则可能会导致规则误用（underspecified cue）；在知识层，可能由于新环境所导致搜索信息和检验假设产生失误。

（2）竞争性控制线结构的干扰。

在技能层，可能会受到频繁使用的图形、符号干扰；在规则层，由于功能上的模式固定，容易遵循相似性匹配或熟悉的规则执行；在知识层，由于受到方法-结果（means-end）链的干扰，容易产生错误的诊断。

（3）缺乏资源。

在技能层，可能由于速度、精确度和力量的缺乏导致失误；在规则层，无法达到充分记忆，从而缺乏记忆；在知识层，受因果关系的直接推理的限制，可能产生不充分的知识、时间、力量等。

（4）随机易变性。

在技能层，注意力有易变性，导致人的动作驱动参数也会变化，如力量、动作精确度的易变性；在规则层，可能错误记忆了相关的参数和数据；在知识层，产生心智模型的记忆疏忽。

Rasmussen 认为要对人因出错分类进行扩展，将人因出错置于一个更加丰富的情景环境之中，从出错的外在表现、内在心理失误机理到外部影响因子等整个过程进行分类，如图 3-1 所示。Rasmussen 的人因出错分类从识别、输入信息处理、回忆、推理和身体协调分析了人的失效机理，特别是针对人的内部失效、外部失效模式进行阐述。这对于复杂信息系统的操作员行为分析，有很大的启发作用，能够从认知行为过程分析人因出错的内在和外在机理。

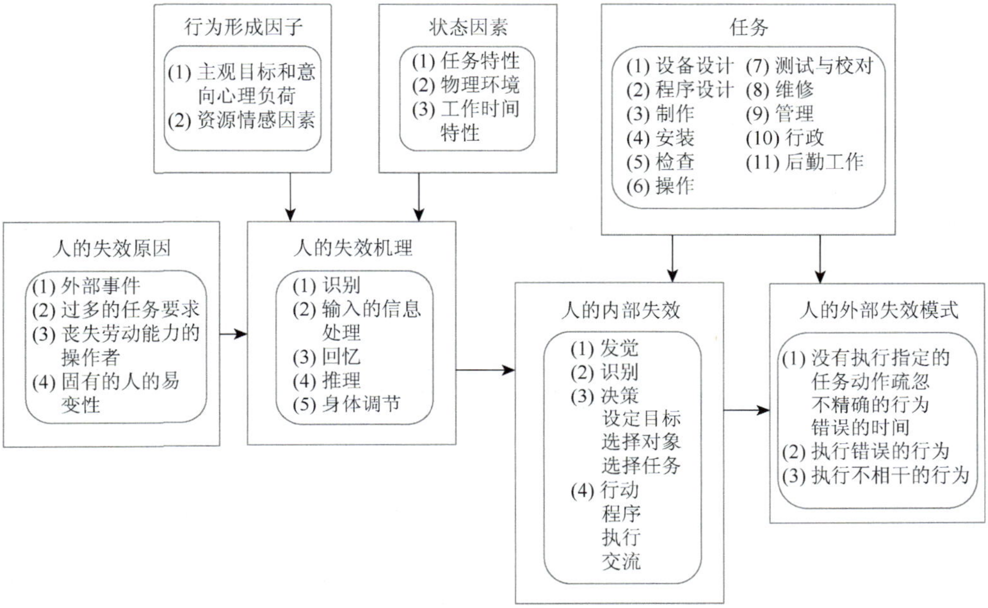

图 3-1　Rasmussen 多层面的出错分类

2. Norman 的出错分类

Norman（1981）从概念上将出错分为两种：疏忽和错误。他认为疏忽是指意向正确，但执行的行为不是意向中的行为，如操作者想要关闭泵的控制阀门 C 和 E，但不小心错误地关闭了 A、C 和 D 阀门；错误是指意向本身就存在缺陷，从而引发行为的错误执行，如操作者本身的操作方法就是错误的。

Norman（1988）也在《设计心理学》一书中提到，有效的方法是预防错误的发生。首先是了解错误的性质，他提出了两种措施。

（1）强迫性功能。强迫性功能具有很强的约束力，使人们很容易发现操作中的差错。编辑文字处理软件时，忘记了存档，结果是前功尽弃，而计算机上设有内锁装置，避免了这一失误；在 Windows 7 系统中，当用户单击关闭时，它会提醒用户还有未关闭的程序，询问是否强制关闭，用户还可以考虑重要的程序后，再选择关闭。这一系列强迫性功能都使用户在操作界面时，预防了错误的产生。

（2）限制因素。界面设计中，有个优秀的案例可用来说明限制因素的好处。许多优秀的应用程序中都使用了“灰色”限制，当没有选中图形时，右击进行编辑，就会发现菜单里的剪切、复制、旋转等功能已经变成了灰色，呈现不可用状态。限制因素是预防错误发生的有效方法。

并不是所有设计都具有预防错误的能力。设计师只有在失误发生后，察觉到问题才加以纠正，改进设计方案。因此，对人因出错的研究能够有效地改进操作界面。对出错类型的进一步分析，寻找出错误的研究方法有助于改善设计，并指导设计。

3. Reason 的出错分类

Reason 认为 Norman 的疏忽和错误两种出错类型是不全面的。他强调应从"意图"出发，分析不同意图导致的人因出错。所谓意图，是指操作员在任务执行时，行为决策的过程。因此，Reason（1990）又把操作出错分为三种类型：

（1）如果意图（意向）建立得不恰当，就称为错误（mistake）；

（2）失手（slip）指不受动机引导的意外出错；

（3）失误（lapse）指要经过更多心理处理过程转化中的出错形式，主要指记忆失效。

Reason 认为，在技能行为中，失手和失误在很大程度上来源于执行操作失效和记忆失效，无意识地激发了自动化行为，造成不适当的注意监控。而错误出现在更高一级的认知过程失败，主要出现在对信息进行判断时、设置目标时和根据手段决定要到达这些目标时。它的行动过程不是所计划的，或行动计划无法达到预期的目的。错误和失手都可能表现为"坚决，但错了"。失手的一个必要条件是注意资源被分心物捕获，或者当务之急占用了注意，使得有限的注意资源不能专心集中在自己的行动上。

Reason（1990，2000）进一步对出错进行分类，列出了八种基本出错类型：

（1）感觉不真实（false sensation）；

（2）注意失效（attention failure）；

（3）记忆失误（memory lapse）；

（4）不准确的回忆（inaccurate recall）；

（5）错误感知（misperception）；

（6）判断错误（error judgment）；

（7）推理出错（inferential error）；

（8）无意识的行动（unintended actions）。

4. 李乐山的出错分类

李乐山（2004）在 Norman、Reason 对出错分类的基础上，提出了人机交互界面中的出错分类。他认为疏忽（inattention）和过分注意（overattention）应作为用户出错的主要研究内容。主要包括如下：

（1）双重捕获造成的失手；

（2）中断引起的遗忘；

（3）意向性减弱；

（4）知觉混淆；

（5）过分注意（不适当的监控会引起注意呆滞）。

具体解释如表 3-1 所示。李乐山（2001）认为：用户操作是人心理的固有特性。从这些出错的机理出发改进设计，减少出错的可能性，这是一种重要的以人为本的工业设计思想，这也正是本书研究的主旨——从出错-认知机理角度研究改进复杂信息界面的设计方法。李乐山主要从人的行为动作研究操作中的技能失效，尚缺少对人机交互界面主要针对视觉认知的全面分析，而他提出的以上几种人因出错类别，可作为本书在出错分类深入研究的有效补充。

表 3-1　在技能行为中的失效方式

失效方式	解释	
双重捕获造成的失手	注意资源被其他当务之急的事情占用，或一时被外界的分心物占用，而不是被当时的操作行动占用	（1）在熟悉环境从事一些经过很好训练的操作，往往会放松注意，同时干其他事情 （2）由于没有集中注意力，使一个动机意图从自己的习惯动作为起点 （3）当启动一个行动时，与该行动实际的要求的心理准备显著不同 （4）缺乏注意检查，很强的习惯干扰是主要原因
中断引起的遗忘	在一个操作过程中，突然被其他意外事情打断，忘记了断点位置	
意向性减弱	由于时间推迟，所形成的一个意图经过较长时间后才开始实施，意图可能被遗忘或覆盖	
知觉混淆	当你构思了计划准备执行，而另一个目标或计划也出现了相似的有利条件，造成知觉混淆	
过分注意	在自动行动过程中不适当的时刻或对不适当的位置进行注意检查，从而引起行动缓慢疏忽、重复、颠倒	

5. Swain 和 Guttmann 的出错分类

Swain 和 Guttmann（1983）将出错分为疏忽型出错和执行型出错，这和 Norman 提出的疏忽和错误相似，Swain 和 Guttmann 更为详细地从行为认知进行了细分。他们提出的人因出错率预测技术（technique for human error rate prediction，THERP）是一种人因可靠性分析方法，于 1983 年在核工业中逐渐应用起来。这种方法把出错分为疏漏失误（error of omission）、执行失误（error of commision）和无关失误（extraneous error）三种模式。疏漏失误是指在应该执行相关动作的情况下，没有采取任何动作；当任务要求不执行任何动作时，若采取了动作则属于执行失误，若采取了与要求不相符的动作则属于无关失误。

Swain 和 Guttmann 认为，疏忽型出错类型主要指执行的任务或步骤被遗漏而没有执行，并认为存在三种表现形式：行为遗忘、行为滞后和行为超前。执行型出错类型指任务或行为的不充分执行。根据不同的维度有不同的分类，主要根据选择、序列、时间和质量的不同维度来判断，具体内容如表 3-2 所示。

表 3-2 Swain 和 Guttmann 的人因出错分类

类型		表现形式
任务或步骤被遗漏	行为遗忘	在规定的时间内该做的行为完全被遗忘，该行为一直都没有执行过
	行为滞后	该执行的行为在规定的时间之后才被执行
	行为超前	该执行的行为在规定的时间之前就被执行了
任务或行为的不充分执行	选择失误	选择了错误控制（包括颠倒失误、松散连接等）
	序列错误	发出的指令或信息有误（通过说或写）、没有特定的细节
	时间错误	太早或太迟
	行为质量错误	太少或太多

3.1.4 人因出错的分析模型与技术

对于人因出错分析方法，各自领域的研究人员开发了不同的分析模型和测评技术。从系统工程技术角度，关注重要事件和技术失效分析，如故障树和事件树等；从心理学角度，关注人误及其机理的分析技术，从出错类型、出错机理和出错产生条件进行评价和分析，典型的是 HRA 方法，如 CREAM 是第二代 HRA 方法的典型代表，PHEA、HRMS 等是从认知心理学角度建立人因失误分析模型的。以时间为主线，总结 20 世纪 60 年代～21 世纪初的各种较为成熟的人因失误分析模型，如表 3-3 所示。

表 3-3 主要的人因出错分析模型

时间	代表人物	人因出错分析模型	分析模式
1962 年	AT&T	Fault tree analysis（FTA）	故障树，对事故危险性评价，分析潜在人因出错
1974 年	Kletz	Hazard and operability study technique（HAZOP）	危险和操作可靠性研究技术
1980 年	Saaty	Analytic hierarchy process（AHP）	层次分析法（可确定人因出错影响因素的重要度）
1983 年	Swain 和 Guttmann	Technique for human error rate prediction（THERP）	人因出错率预测技术
1988 年	Whalley	Potential human error caused analysis（PHECA）	潜在的人因出错原因分析

续表

时间	代表人物	人因出错分析模型	分析模式
1990 年	Phillips，Humphrey，Embrey 和 Selby	Information，decision and action（IDA）	人的可靠性分析的影响因素分类，决策执行
1991 年	Bellamy	Performance shaping factor（PSF）	行为形成因子识别
1993 年	Embrey	Prdictiive human error analysis technique（PHEA）	预测性的人因出错分析技术
1994 年	Hollnagel	Cognitive reliability and error analysis method（CREAM）	认知可靠性和人因出错分析法
1995 年	Parry	Error of commissionanalysis（EOC）	执行性出错分析
1997 年	Kirwan	Human reliability management approach（HRMS and JHEDI）	人的可靠性因素分类
1996 年	Cooper	A technique for human error analysis（ATHEANA）	人因出错分析技术
1997 年	Kntoginannis	Investigating cognitive and recovery tasks（INCORECT）	分析复杂系统中人的认知失误
1998 年	Kirwan	Human error and recovery assessment（HERA）	层次任务分析的人因出错模式
1998 年	Kepri	Korean-human performance enhancement system（K-HPES）	人误分析的影响因素分类
2001 年	Shappell	The human factors analysis and classification system（HFACS）	通过分级出错类别来分析事故原因的工具
2002 年	Shorrock 和 Kirwan	Technique for the retrospective and predictive analysis of cognitive errors（TRACER）	认知失误的回溯性分析技术
2005 年	Gordon	Human factors investigation tool（HFIT）	人因出错原因调查工具

按照表 3-3 列出的主要人因出错分析模型，下面主要介绍几个模型。

1. PHEA

Embrey（1986）提出了预测性人误分析技术（PHEA），从计划失误、操作失误、检查失误、修补失误、交流失误、选择失误六个角度分析失误形成的过程，成为处理事故后操作员的人因可靠性的诊断模型，如表 3-4 所示，该模型从信息界面的角度分析可知，有部分出错的类型属于视觉认知的范畴，可以作为复杂信息交互界面人因出错分类的参考，如检查遗漏、交流的信息错误等：选择错误的类型还可以从信息呈现角度进一步分类，是呈现格式不清楚还是对图符的不理解，这需要进一步划分。因此 PHEA 模型可以作为本书人因出错的分类的参考依据。

表 3-4　PHEA 预测性人误分析模型及分析

类型	失误形成过程	对失误模型进行再分析
计划失误	P1 执行了不正确的计划 P2 计划正确，但执行不充分 P3 计划正确，但执行时间不对 P4 计划正确，但（执行时）顺序错误	计划执行与监视发觉有着直接关系，需要同信息的搜索、发现、辨识联系起来，了解任务的执行度
操作失误	01 操作时间太长或太短 02 操作时间不对	反应时间问题
	03 操作方向不对 04 操作不足或过量 05 未对准	操作员行为反馈与信息的认知加工有关
	06 正确操作，错误目标 07 错误操作，正确目标 08 操作遗漏 09 操作不充分	属于视觉认知方面，需要从知觉理解分析错误原因
检查失误	C1 检查遗漏 C2 检查不充分 C3 对错误目标的正确检查 C4 对正确目标检查出错 C5 检查时间不对 S2 做了错误的选择	—
修补失误	R1 没能获得信息 R2 获得了错误信息 R3 信息补漏不充分	信息接收、信息的转化和理解
交流失误	T1 没有交流信息 T2 交流的信息错误 T3 信息交流不充分	交流建立在信息理解基础上，理解程度与交流的有效性有关
选择失误	S1 选择遗漏	需要进一步分类，是因为呈现格式不清楚，还是与其他呈现格式的差异而作了错误选择

2. HERA

HERA 系统由 Kirwan 提出，可作为一种出错分析的框架式方法。该方法包括五个步骤：任务分析、确定外在失误模式、确定心理失误机理、确定行为形成因子以及失误恢复和减少（表 3-5）。

表 3-5　HERA 出错分析的框架式方法

步骤	分析方法	分析过程
1	任务分析	该方法中主要采用层次任务分析（hierarchical task analysis）。在任务分析中，采用表格式的层次任务分析，这样不仅能显示出任务的层次特性，而且突出了计划和目标，适用于各种系统任务分析
2	目标分析	将任务分成若干个子任务后，再将整个任务分层
3	计划分析	按照任务计划分析各个子任务
4	失误分析（external error modes）	确定每个任务步骤中的外在失误模式
5	行为形成因子分析（performance shaping factor）	一般基于一系列具体的涉及情境环境的问题和其他人的行为的主要影响对其进行确定
6	心理失误机理分析（psychological error mechanism）	心理出错机理的确定需要大量有关任务和情境环境相关资料，并依靠对相关状态的判断和理解程度才能对它们进行确定
7	人因出错辨识（human error identification in systems tools，HEIST）	人因出错辨识，采取一系列有效的措施或办法防止失误的再次发生
8	人因出错的危险分析	分析有可能遇到的各种危险
9	操作能力分析	分析操作员执行任务的能力

HERA 系统将以上步骤方法以图形的形式表示出来，如图 3-2 所示。人因出错危险和操作能力被排除在外，因为在任何层次都可进行该项分析。

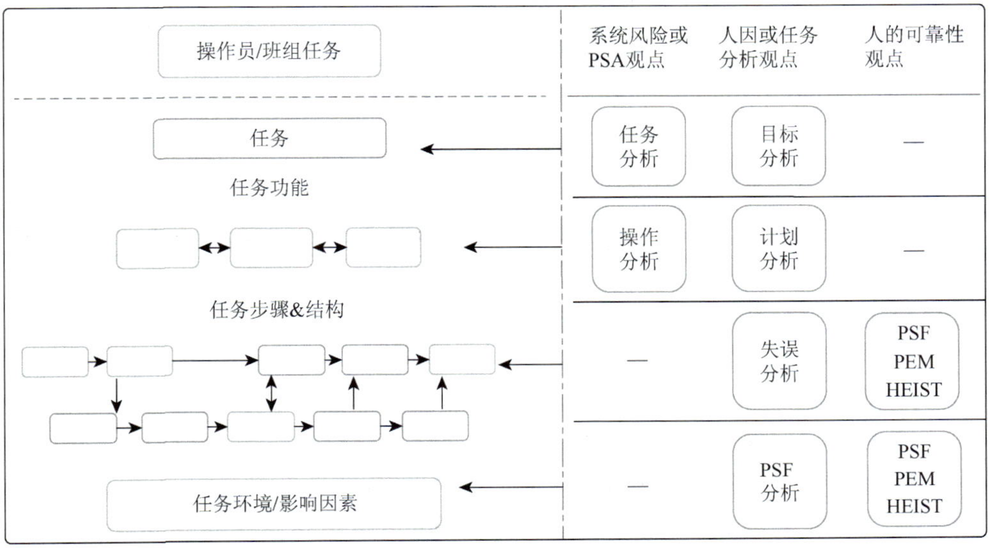

图 3-2　失误辨识的 HERA 框架

该系统整合了当前各种有效技术的许多方面，其广泛性和可用性是不言而喻的，HERA 为人因出错的分类及事故调查提供了可参考的方法，它的实用之处就是将大量的技术装入一个工具箱以供使用，从而发展为一种通用的框架式方法。从人机交互角度分析人因失误的过程，是一种可见的操作行为分析方法。本书将采用 HERA 的失误辨识方法，进行复杂信息界面中操作员失误的行为过程，具体分析将在 3.5 节展开。

3. CREAM

CREAM 是由 Hollnagel（1996）提出的，他建立了认知模型、行为/原因分类方法和分析技术。CREAM 是 SHERPA（systematic human error reduction and prediction approach）、SRK（skill，rull and knowledge-based behaviour）和 COCOM（cognitive control model）整合的结果。

CREAM 采用分类方案，对人因事件的前因和后果之间的关系进行系统化的归类，定义了后果和可能前因之间的联系，具有追溯和预测的双向分析功能，既可以对人因失误事件的根原因追溯，也可以对人因失误概率进行预测分析，是一种十分有效的人因出错分析方法，如图 3-3 所示。

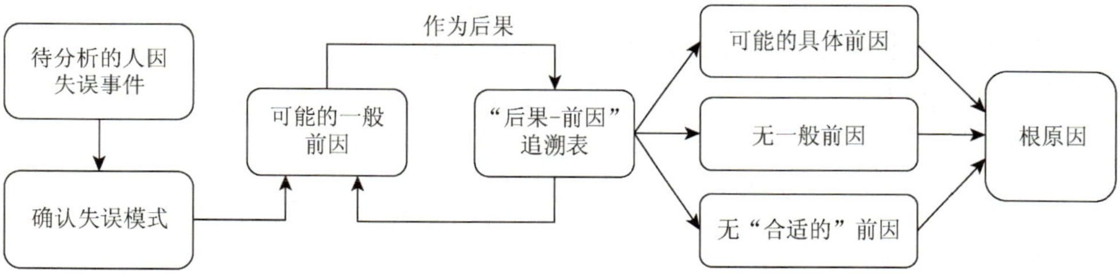

图 3-3　CREAM 追溯分析方法框架

CREAM 是基于认知模型和情景控制模式发展起来的一种 HRA 方法，主要步骤包括：

（1）通过层次任务分析，构建事件序列；

（2）分析情境环境；

（3）确定认知行为；

（4）确定认知功能；

（5）确定认知功能失效模式（对应基本的失误概率）；

（6）考虑环境的影响，修正基本的失误概率。

考虑 CREAM 在工程领域作为一种有效的人因出错分析方法，复杂信息系统的任务界面需要从根原因探讨出错因子的内在机理。因此，本书将按照前因和后果之间的关系进行操作员任务失败的根原因分析。建立 CREAM 扩展的操作员认知行为模型，将在 3.4 节详细展开。

4. HFACS

HFACS 作为一种通过分级出错类别来分析事故原因的工具，对航空等重大事故提供了科学的分析方法。HFACS 系统建立在 Shappell 等(2001)在 Reason(1990)模型基础上，即组织影响、组织监督、不安全行为的前提条件和不安全行为，描述了这四个层次的失效。由于研究人因出错，因此主要分析该系统的显性因素——不安全行为。

Shappell 认为人的不安全行为是系统问题的直接表现，应分为差错和违规，如图 3-4 所示。这里的差错分为技能差错、决策差错和知觉差错。技能差错指漏掉程序步骤、技术差、注意力分配不当等；决策差错指经验不足、缺乏训练或理解错误、判断错误等；知觉差错指感知觉与实际情况不一致，如视错等。HFACS 系统对差错的分类，体现了操作员认知行为的过程分析，系统所提到的注意、经验、感知觉等均为认知的主要研究内容。从 Shappell 对 13 年飞机事故数据分析图 3-5 可以看出，技能差错和决策差错占有高的百分比，也说明了技能、决策所对应的注意、理解等相关认知因素；知觉层面的出错概率相对较低。无论操作员行为的知觉层面还是认知层面，都说明人因出错与认知过程具有相对应的关联模式，这也是本书的研究重点和出发点。

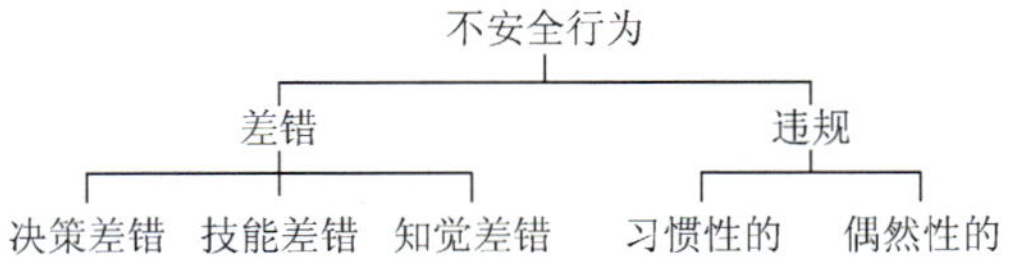

图 3-4　HFACS 系统的第四层面——不安全行为

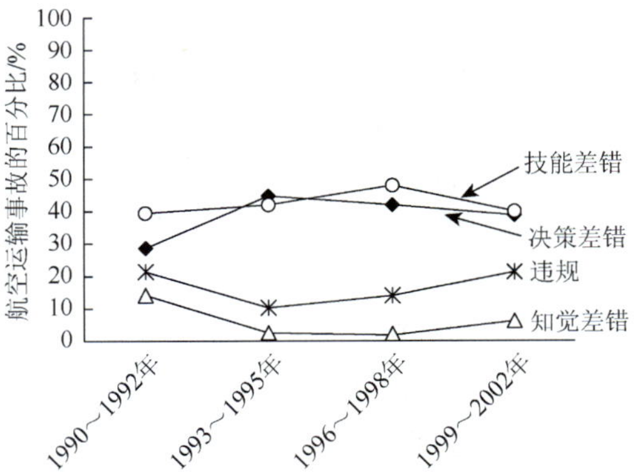

图 3-5　Shappell 分析的 13 年航空事故不同出错所占百分比

然而，出错仅为该系统的最底层分类当中的一个分级因素，HFACS 是一个系统分析工具，并没有专门针对这一分级出错设置更为深入的分析模式，而是更关注其他层面诸如组织影响、组织监督等的因素。

以上人因出错的分析模型与技术，从不同的角度建立了可分析导致任务失败的各种出错，为系统提供了分析出错概率、追溯原因以及预测未来的科学方法。然而，每种方法都是从工程领域的不同系统长期研究而获得的分析模型或技术，并不适用于各个领域，也没有哪种单一的人因出错分析技术能满足所有系统的需求。随着工程科学的发展，研究人员将成熟的人因出错分析方法结合各自的新领域，延续并总结了新的分析方法，HERA 就是将 CREAM、HEIST 等分析技术整合，以适用于自己的一种框架式方法，并为未来该类方法的建立和发展提供借鉴。

因此，各种人因出错的分析模型与技术，组合成了一个装载大量技术的工具箱，分析人员可根据自己的系统需求，选择合适的方法应用。本书将结合以上方法，主要围绕 CREAM 对人因失误事件的根原因追溯，以及 HERA 的失误辨识方法对操作员任务失败的认知行为分析，逐步建立操作员认知行为模型与认知失误辨识模型，从而进一步分析复杂监控任务界面的出错因子。

3.1.5 出错因子的界定

1. 人因出错分析方法的局限性

通过以上对人因出错的概念、人因可靠性、人因出错的分类方法以及人因出错的分析模型与技术的阐述，可以看出人因出错的研究在工程领域已具有了成熟的方法体系，适用于各个领域的方法也在不断整合与创新，为现代的复杂系统提供分析、预测的技术手段。然而，在第 1 章中提到，导致任务失败的源头——出错因子，是解决并优化复杂系统中视觉信息界面的有效手段。那么是否人因可靠性分析方法以及各种出错分析模型与技术也能为复杂系统的界面设计提供优化方法呢？答案是未知的。因为这些成熟的分析技术、预测方法仅仅是对事故、系统故障的追溯与预测，并没有与后期的设计建立联系。

针对复杂系统视觉信息界面的人因出错分析，特别是为了后期任务界面优化设计，由此，可以提出几点人因出错分析模型与技术的局限性。

（1）缺少对任务信息的类别分析，需要建立任务信息与人因出错的关系，预测的结果以及追溯的原因并不能直接与任务信息建立联系。

（2）操作员行为分析是人因出错的关键，虽然 PHEA、HERA 都从任务分析角度，分析了操作员行为导致出错的关键因素，但在行为认知的具体分析上，还缺少出错-认知行为的对应关系。

（3）在预防性出错的研究上略显薄弱，主要在于系统任务失败后的根原因分析，这对于界面的优化设计起到重要的作用。

2. 出错因子的定义

本书将提出从任务失败的源头——出错因子导入界面设计的新方式。那么，需要在人因出错分析方法的基础上建立出错与设计的联系。可想而知，欲建立这种联系，说明某种出错可能与哪个设计元素有定量的关系，也就是说，出错可以成为一个变量，通过某种模式建立与设计的联系。

在工业工程领域，国内学者以“人因失误”“人为差错”等表述通用词汇 human error，该表述包含人、组织行为、管理多方面系统中的失误类别。由于本书研究的是视觉信息界面，更倾向于操作者视觉认知过程产生的失误，主要研究操作者视觉行为过程中的人因出错。排除了与视觉信息界面无关的环境危险性因素、人员组织因素、安全管理等方面，本书将以“人因出错”表述。

因此，本书对人因出错的研究，提出一种新的定义，把它界定为出错因子。从理论和工程应用两方面，同时兼顾分析方法与技术系统的局限性来对出错因子进行全面定义：由于操作员在任务执行过程中，自我对任务信息认知程度的不同以及信息呈现的不合理，产生认知行为上的失误，即错误的选择判断或行为的忽略，导致人的认知功能和行为响应没有达到系统界面正确和预期的任务。出错因子主要包括如下一些特点。

（1）出错因子具有类别性。根据视觉认知的不同，可界定为多种类别的出错，每种类型中包含多个出错因子，形成了多因素的出错集。

（2）出错因子是个变量。在建立不同任务界面的出错因子后，可根据界面任务信息提取对应的出错因子，从而建立设计信息与出错因子的对应关系。

（3）出错具有可修复性。人因可靠性分析对出错的预测，可避免有可能出现的人为失误。出错可以通过界面设计的优化，降低出错率，改善出错的重复性。

（4）人的行为具有认知引导性。人的行为认知可通过优秀的设计来引导，避免人为错误的产生。通过设计信息的优化来减少出错因子的产生，需要通过从行为认知的角度优化设计。

3.2　典型复杂监控任务界面分析

3.2.1　航战显示系统的监控任务界面

航战显示系统的监控任务界面是向飞行员提供飞机从起飞、导航、搜索、跟踪、瞄准、攻击到着陆全过程所需要的各种信息，飞行员凭借这些信息完成飞行和作战任务。因而任务界面的显示与控制是飞行员与飞机之间交换信息的接口，飞机性能与人的能力发挥得如何在很大程度上取决于“接口”处“人-机”是否相适应。为了满足战斗机的飞行要求，20 世纪 60 年代以来，战斗机座舱显示经历了几代的发展。如图 3-6 所示，无论在战斗机内舱、坦克内舱还是舰艇指挥室，驾驶舱显示和控制系统都占据航电系统显著位置。航战显示系统是飞行员和飞机之间传递信息的重要纽带，由显示和控制两部分组成。该类航战显示系统属于第 2 章定义的相互之间有差别的单元构成的动态信息系统，并用于复杂作战环境下执行监控任务。其监控任务界面是飞行员获得信息的界面，所有可以直接控制飞机安全飞行的系统都可以由显示界面将信息反馈给飞行员，再由飞行员直接进行控制。目前第三代战斗机已经实现了显控一体的界面。

(a) 战斗机内舱　(b) 坦克内舱　(c) 舰艇指挥室

图 3-6　某种战斗指挥复杂信息系统的监控任务界面

随着航战显示系统的快速发展，监控任务界面已经逐渐发展为数字化、智能化的复杂信息界面。该类航战显示系统采用计算机控制显示技术，用平视仪、下视仪、多功能显示器等综合信息显示系统取代常规机电显示仪表，以平视显示器和多功能显示器的方式布局。目前，战斗机采用高性能的计算机控制，已经使用大屏幕液晶显示平台，例如，F-35 战斗机已采用了大屏幕全彩多功能显示器，如图 3-7 所示。这种计算机软件界面实现飞行员和战斗机间的人机交互已经成为一种必然的趋势。

航战显示系统在监控任务界面上呈现的信息内容，一般分为 12 个子系统，每个系统都独立存在，并在显示界面中占有相应比例的显示份额，图 3-8 所示为不同子系统所承载的功能。

图 3-7　典型航战显示系统的监控任务界面（显控一体）

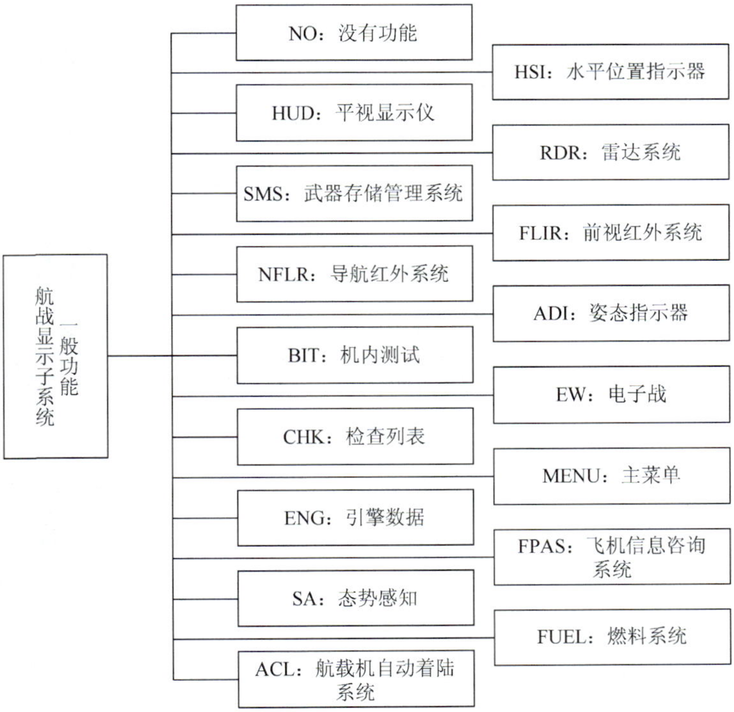

图 3-8　典型航战显示系统的监控任务子界面的一般功能

3.2.2 监控任务的界面显示信息

本书将某种航战显示的监控任务界面作为研究对象，并在后面章节作为出错因子提取的典型分析代表。例如，在航战显示系统的不同子界面中，有四个监控任务子界面。在表 3-6 中，分别有雷达态势界面、武器挂载界面、多传感器界面和飞行数据显示界面，包括导航、态势图、状态数据、警报提示等信息显示。在该复杂信息系统中，可能执行的监控任务有监视/发觉、状态查询、响应计划、响应执行四个过程（吴晓莉等，2014）。

表 3-6 典型航战显示系统的监控任务界面

监控界面	界面信息	监控界面显示
雷达态势界面	（1）范围按比例绘制选择；（2）命令空速窗口；（3）命令高度窗口；（4）雷达目标显示；（5）数据库链接（D 与 L）选择；（6）FLIR（FLR）选择；（7）雷达（RDR）选择；（8）飞机范围；（9）数据联系目标显示；（10）飞机符号；（11）内部范围圆；（12）命令标题符号；（13）L&S 目标显示；（14）进攻地区提示；（15）当前的驾驶路径信息	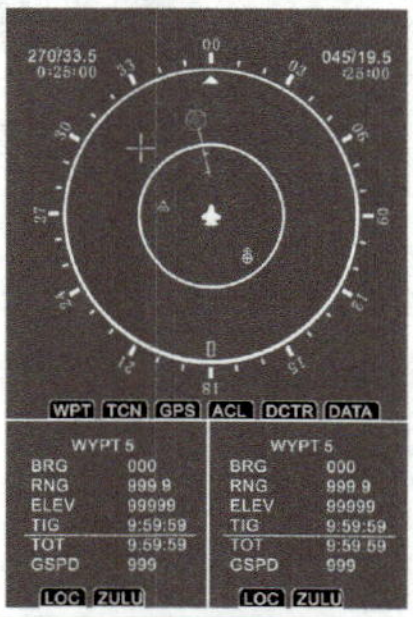
武器挂载界面	（1）武器计划（PROG）选择；（2）发射间隔（INV）；（3）多重发射（MULT）；（4）发射数量（QTY）；（5）挂载放置；（6）轰炸模式；（7）武器选择；（8）A/G 枪支选择；（9）选择武器站（s）；（10）主要武装指示；（11）当前武装显示；（12）武器站（STEP）；（13）武器编写程序存储；（14）忽略 HARM 保护模式	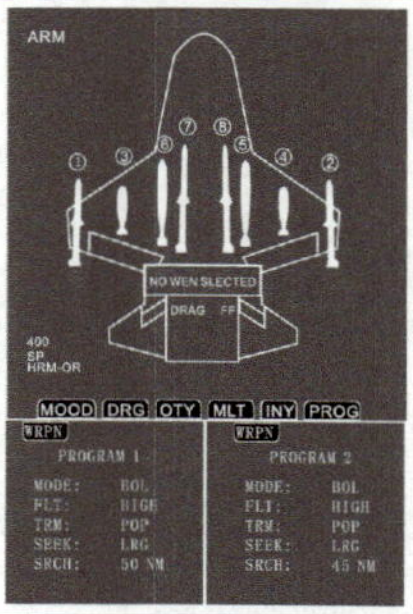
多传感器界面	（1）Azimuth 扫描选择（雷达触发器）；（2）战术范围和雷达范围；（3）方式选择；（4）扩充 1/2/3 次方式；（5）范围按比例绘制指示；（6）雷达冻结（FRZ）；（7）静态（SIL）雷达；（8）雷达 Declutter（DCLTR）矢量雷达扫描选择；（9）全球定位系统地图导航	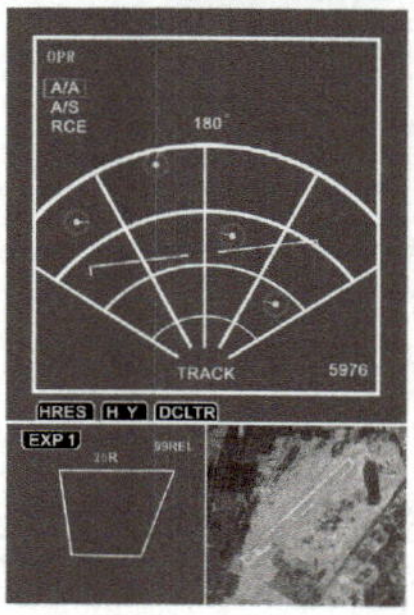

续表

监控界面	界面信息	监控界面显示
飞行数据显示界面	（1）马赫计和空速指示器；（2）目标指示器；（3）预测速度指示器；（4）进攻角度装载指示器；（5）高度计指示器；（6）水平计校准指示器；（7）角度指示器；（8）高度计校准指示器；（9）燃料油耗指示器	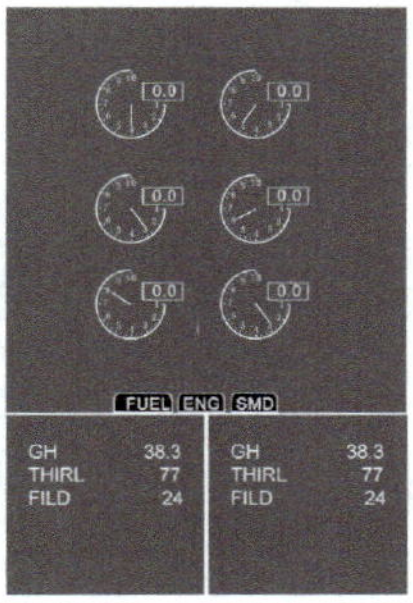

表 3-6 中列出了不同监控任务界面中显示的信息内容，将作为飞行任务的主要信息搜索、认读、辨识、判断选择与决策过程的获取内容。信息内容显示在视觉信息界面中（图 3-9）雷达态势界面主要显示飞机雷达区域的信息，包括目标的出现、数据库的调用、范围内的不同飞机符号、进攻目标显示以及驾驶路径等信息；武器挂载界面主要显示武器的选择、不同武器符号的显示、发射选择、当前的选择状态以及武器编写程序等；多传感器界面主要显示雷达设置及选择、卫星地图信息、雷达的绘制比例等信息；飞行数据显示界面主要显示马赫计、预测速度、进攻角度、高度、水平计校准、燃油等各种指示器。

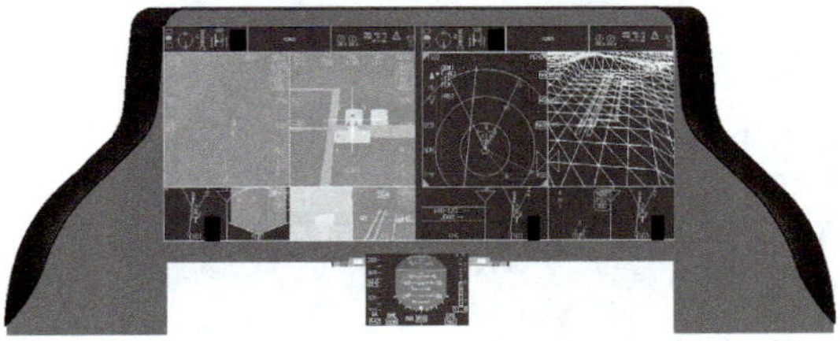

图 3-9　典型航战显示系统的主要视觉信息界面

3.2.3　监控界面的任务分析

1. 任务的一般形式

航战显示系统具有复杂的监控任务信息，图 3-10 为典型航战显示界面中的各种任务信息分布在子界面中。按照界面信息的显示内容，图中分析了不同功能分区的详细信息。这里只针对主要的雷达态势界面、武器挂载界面、多传感器界面和飞行数据显示界面进行任务分析。

飞行员除了查看飞行状态、执行飞行任务，主要还是发现威胁物并执行攻击任务。F-35 战斗机典型的监控任务操作的一般过程如表 3-7 所示。

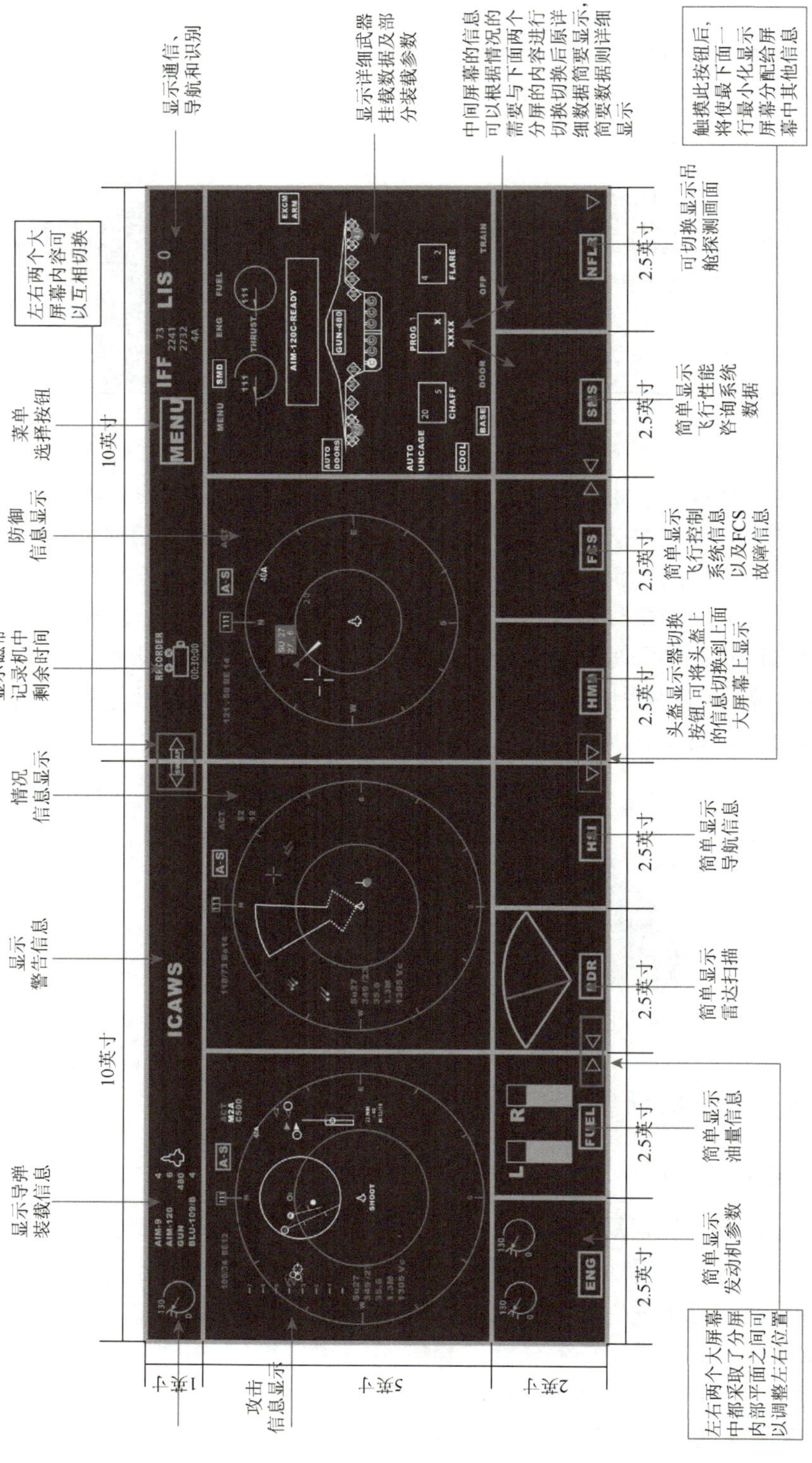

图 3-10 航战显示监控任务界面的主要功能

1 英寸=2.54cm

表 3-7　操作员监控任务的一般过程

步骤	操作员任务情境
1	首先确定飞机各系统部分运作正常
2	观察屏幕上态势雷达部分，可以发现敌机的坐标和方位均按实际比例和位置显示
3	接下来控制飞机做上升或翻转动作
4	向地面威胁方向前进，操作过程可以直视前方也就是头盔镜的显示，无需低头操作
5	发现敌机，按下按钮一次，列入攻击目标表
6	观察头盔镜内数据显示，可以看到三角形的图形符号，例如，数字显示 38 即代表攻击目标在 38 千米之外，是攻击列表的第一个目标
7	保持方向
8	准备投弹
9	观察导航屏幕的飞机自身前进方向及坐标位置
10	按前进按钮
11	观察飞机上方与背部的透视图，通过屏幕上图形化的飞机武器列表，选择准备发射的武器种类
12	头盔中传入警告信息时，表示飞机四周安装的监控器正常运作，飞机正在监控四周，并告知发现威胁目标
13	控制飞机向左转
14	按红色操作按钮发射导弹，导弹发射，炸毁目标

2. 任务的复杂性

根据第 2 章阐述的任务复杂性，Boring 等（2004）认为任务的复杂性是指在系统运行状态下，操纵员完成任务的困难程度；Gertman 等（2005）指出多重任务、多个程序之间的转换、需要进行大量操作等都说明了系统的多层级交错的复杂关系，而心理计算、需要高度记忆、系统内部关系没有很好地定义等方面表明任务的复杂性与界面信息的呈现有很大关系，也就是说，监控任务界面的信息表达不好，会加大任务的复杂程度。复杂信息系统需要执行的任务种类繁多，若从总体上划分可以分为复杂任务和简单任务；若从人的操作行为角度划分，则需要依据系统中所执行的任务自身特点，从人的认知行为、任务执行困难的程度、操作员的信息处理过程分析任务的复杂性。

3.3　监控任务界面的信息处理过程

3.3.1　人的信息处理过程

从人-机-环境系统来看，复杂信息系统和操作员构成了一个闭合的人机系统，监控任务界面是人与系统交互的人机界面，正如丁玉兰在《人机工程学》一书中阐述的人机系统（图 3-11）。在 2.2 节中，图 2-1 将监控任务界面视为复杂信息系统的平台，就像整个系统的窗户，把系统内部的运作以信息的形式呈现，与外界达成交互。

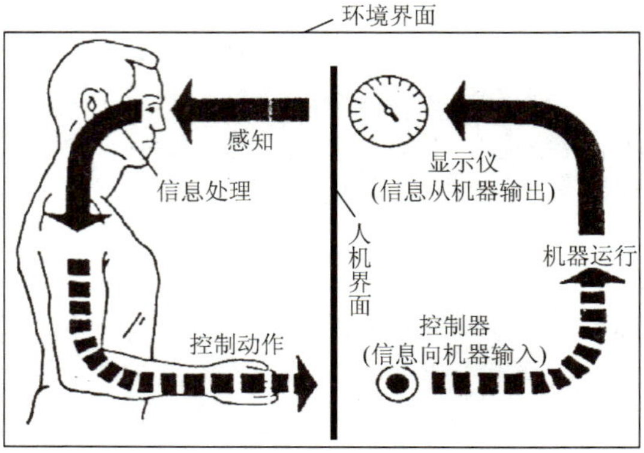

图 3-11　人机系统（丁玉兰，2004）

人在人机系统中特定操作活动中的作用，可类比为一种信息传递和处理过程，可以把人视为一个单通道的有限容量的信息处理系统，如图 3-12 所示。复杂信息系统将系统内部的状态信息，通过监控任务界面传送给人。人依靠视觉感知接收这些信息，感觉子系统将获得的这些信息通过神经信号传送给人脑中枢，在中枢信息处理子系统中，将输入的信息加以识别，作出相应的决策，产生某些高级适应过程并组织到某种时间系列之中。这些功能都需要储存子系统中的长时记忆和短时记忆参加。被处理加工后的信息也可以储存在长时记忆和短时记忆中。最后，信息处理系统可以发放输出信息，通过反应子系统中的手脚、姿势控制装置、语言器官等产生各种运动和语言反应。后者将信息送入机器的复杂信息系统的输入控制界面，改变系统的状态，开始新的信息循环。

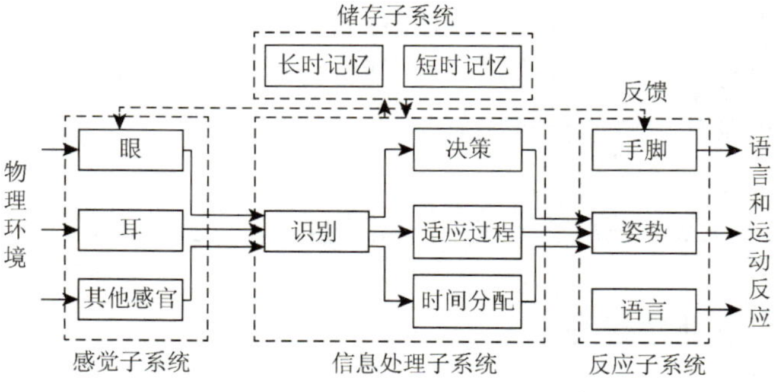

图 3-12　人的信息处理系统（丁玉兰，2004）

依据人的信息处理系统，下面将从信息的定量化和中枢信息处理阐述复杂监控界面中的信息在人和系统之间的传递和交互。

3.3.2　信息的定量化

1. 信息

在人-机-环境系统中，只要操作者知觉到正在变化的信息，或者对已经知觉到的信息进行反应，操作者都要对信息进行编码或转换。信息是客观世界的所有事物通过物质载体所发出的一切传递与交换的知识内容。信息可以严格定量，bit（位）为最小单位，byte（字节）为基本单位。根据信息论的观点，1bit 信息量的定义为：在两个均等的可能事件中需要区别的信息量。

通常，信息被认为不确定性的减少（Shannon and Weaver，1949）。事件发生之前和事件发生之后相比，人们更不能肯定时间的状态（具有更多的不确定性）。除了和期望完全一致外，事件一发生就传递了一定的信息量。信息论对句子、刺激、事件所传递的信息数量进行了量化。这种量化受以下三个因素的影响：

（1）可能发生的事件数目，用 N 表示；

（2）这些事件的概率；

（3）事件的顺序限制或者事件发生时的背景。

按照以上三个因素，可对信息量进行如下计算。

若某信号源含有 n 种状态（n 种信息），每种信息（状态）出现的概率为 P_i，则其中一种信息的信息量为

$$H_i = \log_2(1/P_i) \tag{3-1}$$

概率已知的单个事件所包含的信息量可用式（3-1）表示，随着时间出现的一系列不同概率的事件的平均信息量如何度量（如显示仪表界面上的告警灯系列或者一组通信指令）？这种情况下，所传递的平均信息量可用式（3-2）表示

$$H_{\text{ave}} = \sum_{i=1}^{n} P_i[\log_2(1/P_i)] \tag{3-2}$$

式中，方括号内的值即为式（3-1）所表述的每个事件的信息量。式（3-2）中，用事件概率进行了加权，并对所有事件都进行了加权。因此，经常出现的低信息事件会对平均信息量产生重要的影响，相反偶尔才发生的高信息时间对平均信息量则没有多大影响。

各事件的概率不等时，与概率相同相比，前者的 H_{ave} 要小于后者的 H_{ave}。例如，监控显示系统的显示仪表界面上有检修、加燃料、威胁、发射四种通信指令，概率分别为 0.5、0.25、0.125、0.125，那么，由这样一些指令传递的平均信息量的计算如表 3-8 所示。

表 3-8　指令传递的平均信息量

通信指令	A	B	C	D
P_i	0.5	0.25	0.125	0.125
$\frac{1}{P_i}$	2	4	8	8
$\log_2 \frac{1}{P_i}$	1	2	3	3

$$\sum P_i[\log_2(1/P_i)] = 0.5+0.5+0.375+0.375=1.75(\text{bit})$$

低概率的通信指令因其不经常发生，所以拥有的信息量较大。不过，低概率的通信指令不经常发生的事实使它们的高信息含量在平均值中所占的份额较小。

2. 信息的传输速率

信息的传输需要通过感觉通道进入神经系统。在信息论基础上的研究表明，人的反应时间与感觉刺激物的刺激量有关，并可用式（3-3）进行定量计算

$$RT=a+bH_T \tag{3-3}$$

式中，H_T 为信息量。

人对含有不同信息量的图符的认知速度，也服从这一规律。但刺激物的信息量增加时，反应速度达到一定水平后不再增加。人们的信息处理系统功能有一定的限度，这些限度主要表现在数量方面，并用感觉通道的信息传输率来描述。信息传输率是指信息通道中单位时间内所能传输的信息量，即

$$C=H/T \tag{3-4}$$

式中，C 为信息传输速率；H 为传输的信息量；T 为传输的时间。

影响信息传输速率的因素主要包括信息特征、环境因素、时间分配、信息感知和人的因素，如表 3-9 所示。

表 3-9　影响信息传输速率的主要因素

影响因素	具体表现
信息特征	刺激的维数 刺激的速率与负荷
环境因素	背景噪声
时间分配	分时输入与处理
信息感知	剩余感觉通道的利用 刺激与响应之间的协调性 感觉通道的选择
人的因素	操作员的生理和心理状态 操作员的技术熟练程度

在多维综合情况下，传输速率可以提高，但也都在 10bit/s 以下。超过了信息传输速率的这个限度，信息就不能完全被人接收，如图 3-13 所示。

在复杂信息界面中，信息的传输速率受到界面中的图符大小、色彩、位置、连接线符等多种因素的影响，这些因素被称为刺激维度。操作员不存在一个固定不变的信息传输速率，将会随着复杂信息界面中各种不同信息图符的特征、维数以及执行的不同任务而变化。一般来说，在判断信息界面上图像信息传输速率为 70bit/s，当信息容量大时，速率也会降低。

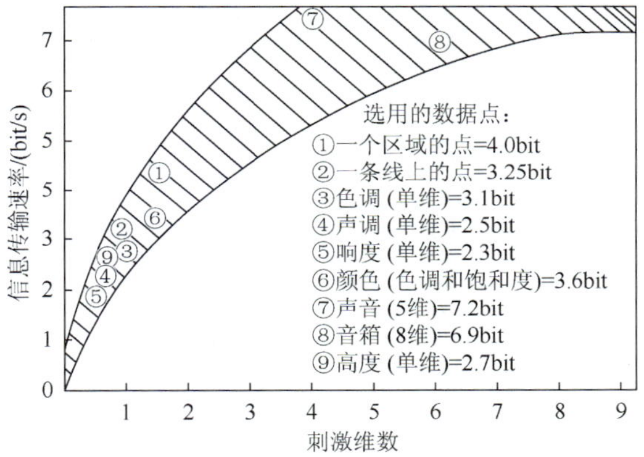

图 3-13　影响信息传输速率的主要因素

3.3.3　中枢处理——信息的认知加工

从人的感觉通道（信息界面主要为视觉通道）传入的大量信息，是在大脑中枢进行复杂的处理。信息处理过程是一个复杂的认知加工过程，涵盖了感觉通道的注意、感知，经过中枢的记忆提取进行决策，并最终通过人体反馈，形成了人-机的交互动作。这也是本书从认知角度研究出错因子的内在机理的根本所在。

Li 等（2014）在研究复杂信息认知负荷过程中，从认知加工角度分析了信息过载问题。她认为人机界面呈现信息繁多时，操作者的感知负荷越来越重。同时，操作员从众多信息中快速而准确地选择目标也非常困难。

复杂信息界面中会呈现各种各样的信息以保证其全面性。这些信息包括重要信息、主要信息、次要信息、辅助信息、环境信息和背景信息。这些信息将会从感觉通道，经过注意、感知、记忆、决策，最终进行反馈。这个信息的认知加工过程，由于信息量的大小不同，产生的认知反馈也不同，如图 3-14 所示，李晶提出了不同信息量大小，在认知资源分配中可能出现的认知负荷过低或过载现象。复杂信息界面呈现的信息量不合理，可能出现敏感度降低、准确率降低、反应时间长、人因失误、绩效恶化、信息漏失等问题。这与本书的研究目的相同，出现的以上问题正是本书研究的出错因子，这需要从信息的搜索、认读、辨识、判断选择和决策过程分析。

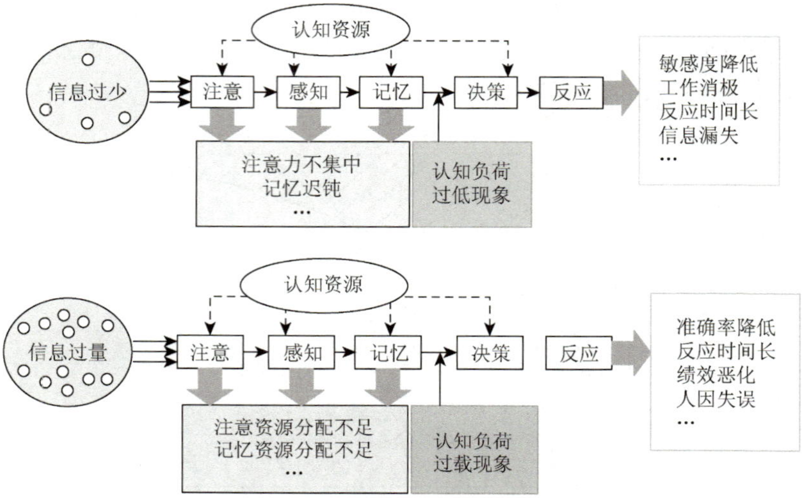

图 3-14　信息的处理过程（Li et al.，2014）

根据监控任务界面的信息中枢处理，形成了信息输入信息反馈的认知加工过程，如图 3-15 所示。这个过程需要基于任务的执行，分析操作员的认知行为。信息的搜索、认读、辨识、判断选择和决策的处理过程，正是操作员在任务执行过程对信息的观察、解释、计划和执行的认知行为。因此，3.4 节将继续从操作员的认知行为深入剖析复杂监控任务界面的信息处理过程。

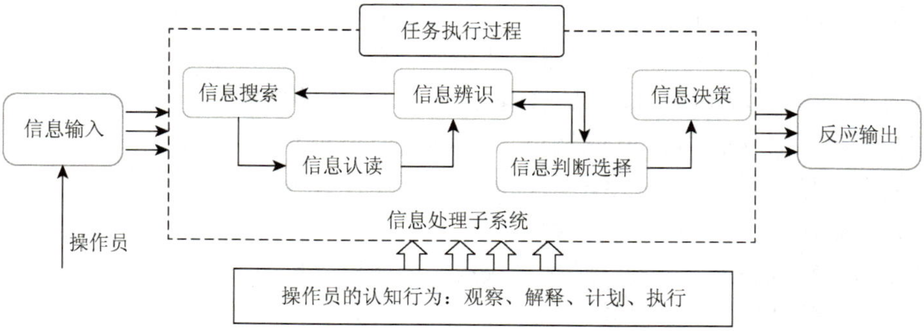

图 3-15　监控任务界面的信息中枢处理

3.4　操作员认知行为分析与 CREAM 扩展模型

3.4.1　操作员的认知行为模型

1. CREAM 的认知模型

依据监控任务界面的信息处理过程，将结合 3.1.4 节中介绍的 CREAM 方法，建立操作员的认知行为模型。Hollnagel（1996）提出的“后果-前因”追溯分析方法（详见 3.1 节阐述），将认知过程分为四个模块：观察识别、解释、计划/选择、行动/执行。如图 3-16 所示。该模型可作为操作员行为认知的过程解释，首先是对外部信息进行解释，然后针对外部信息作用与人，产生不同的响应，这样操作员就会作出计划/选择，从而采取行动。因人的认知技能有所不同，四个模块可能会产生交叉，相互影响和转化，并不一定按照认知顺序，最后得到结果。

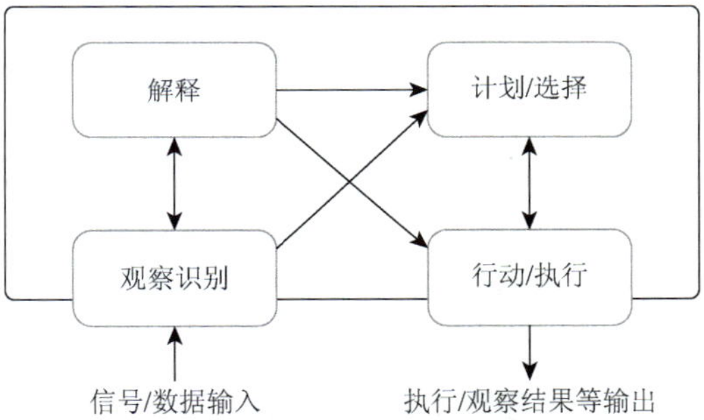

图 3-16　CREAM 的认知模型

根据 CREAM 的认知模型，可以结合界面任务对操作员的任务执行过程进行分析。

2. 操作员的认知行为模型

航战显示系统可以看做操作员监视和控制的人-机交互系统，操作员的任务包括视觉认知和行为动作执行，任务执行状态由航战显示系统通过传感器将信息显示在界面中。操作员的主要交互是与信息显示界面的视觉交互以及控制器的触觉交互。

如图 3-17 所示，操作员的认知行为过程包括监视/发觉、状态查询、响应计划和响应执行。当系统状态处于异常情况时，系统就会通过报警提示以及通过传感器将异常情况呈现在信息显示界面中。操作员任务执行情况包括以下几个方面。

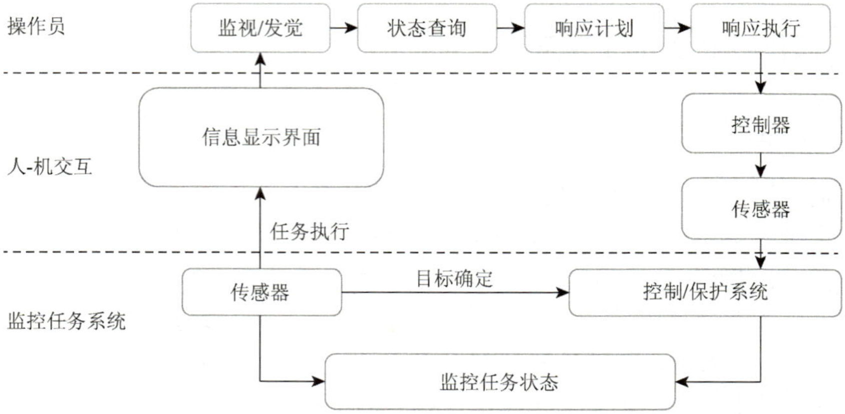

图 3-17　操作员的认知行为模型

（1）操作员可通过信息显示界面进行人-机交互，从而获取系统的状态信息，并以此判断系统当前的状态。

（2）依据评估和诊断结果确定异常状态，选择操作程序和路径。

（3）执行控制响应任务。

（4）人-机交互系统将执行结果以信息形式呈现在界面中，操作员再次进入监视/发觉、状态查询、响应计划、响应执行的任务过程中。

在上述各个阶段中都有可能出现各种人因出错。

3.4.2　CREAM 扩展的操作员认知行为模型

为了更好地理解操作员的认知行为，分析出错因子与认知行为的关联性，本书将应用 CREAM 认知模型扩展操作员的认知行为模型，逐步分析监视/发觉、状态查询、响应计划和响应执行四个不同阶段的行为认知过程，以便为操纵员认知失误辨识建立分析模型。

该模型分为三部分，首先按照 CREAM 方法建立监控任务界面的认知模型，在界面任务分区中，认知模型将内嵌于各阶段认知行为中；然后，根据监视/发觉、状态查询、响应计划和响应执行四个不同阶段，分别建立各自的认知分层模式，而每个阶段都会反馈上一层模式，遵循 CREAM 认知模型的循环原理。下面将分别阐述每个阶段的认知行为，具体如图 3-18 所示。

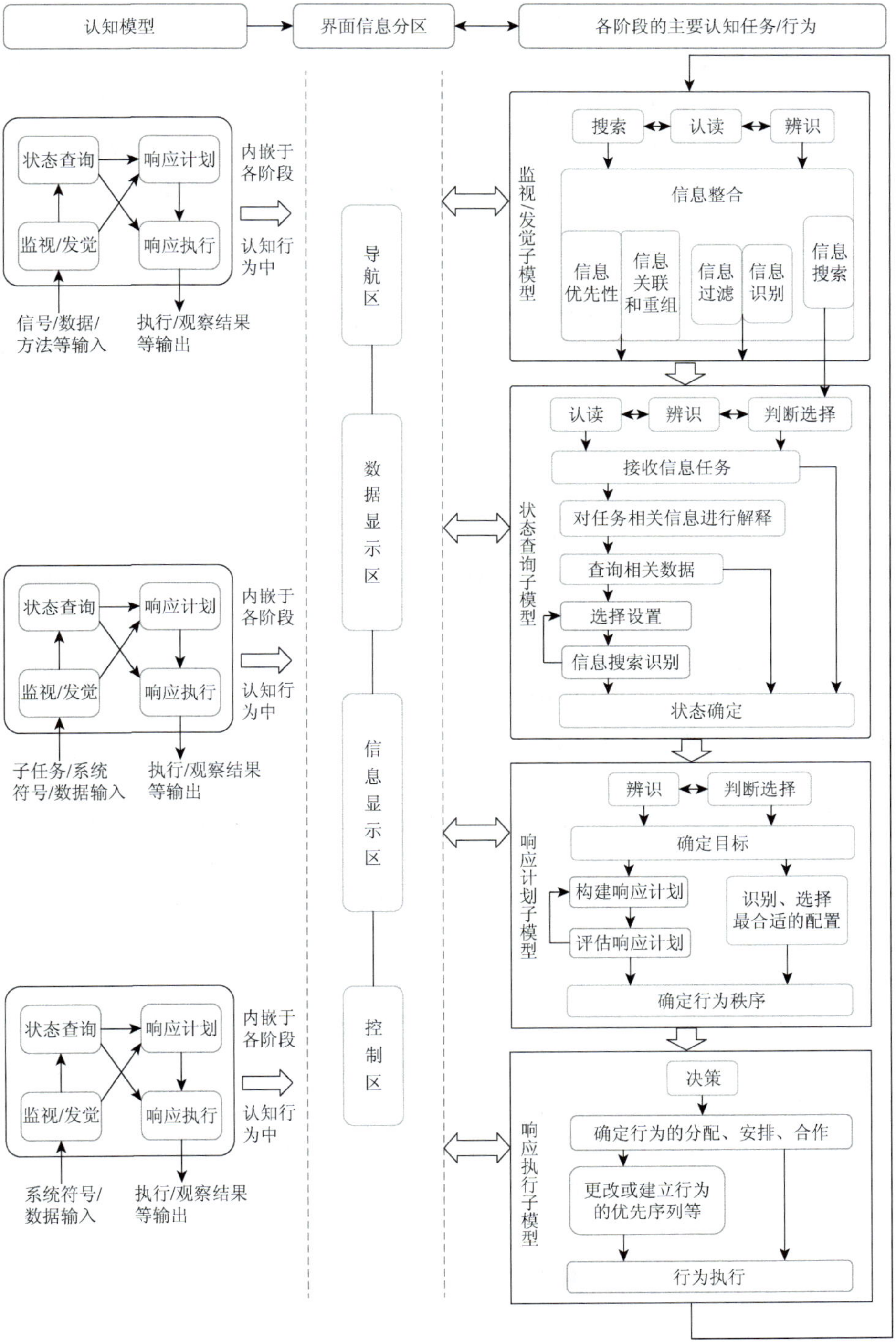

图 3-18　CREAM 扩展的操作员认知行为模型

（1）监视/发觉的认知行为模型。

监视/发觉的认知行为模型包括监视、发觉和信息整合。飞行员在复杂动态的工作环境中获取信息，首先需要通过监视确定飞机系统部分运作正常。监视以一种主动的和积极的方式来获取飞行状态数据，而发觉以一种被动的方式来获取飞行状态数据，若在攻击范围内显示敌机，则需要按下按钮一次，列入攻击目标表。

因此，从发觉行为来说，飞行员没有主动寻找明显的指示信号。当飞行员已经发觉存在一个异常条件时，飞行员以一种更加主动的方式来获取态势信息，会主动找出具体的参数值或指示标识，通过信息整合对雷达态势图进行评估。整个任务会以信息的搜索、识别、定位的视觉行为进行，信息搜索过程中需要看/听、认读，从而进行信息识别。信息识别的过程也包括信息检索、信息理解、信息过滤（即内部过滤）、关联与分组以及信息的优先性，最终进行信息定位。

（2）状态查询的认知行为模型。

状态查询的认知行为模型包括认读、辨识和判断选择。飞行员接收信息任务后，需要对人物相关的信息进行解释，如是否为攻击目标、目标的特征等信息；还需要对相关信息查询，如目标的距离、维度等数据信息，接下来需要对接收的任务选择相关配置，在配置过程中还要按照监视发觉认知行为模型中，进行信息的搜索识别，才能确定目前的状态。

（3）响应计划的认知行为模型。

响应计划的认知行为模型主要包括辨识和判断选择。完成状态查询之后，应该对即将执行的行动进行计划。操作员为了识别合适的方法来实现目标，应该识别可供选择的备选方法、策略和计划，并对它们进行评估，选择最优的或可行的响应计划。如果没有合适的，则需要重新构建新的响应计划。

（4）响应执行的认知行为模型。

响应执行的认知行为模型即为决策的过程。就是执行在响应计划中确定的动作或行为序列。这个过程可以非常简单，如操作员按下一个控制按钮或虚拟的图标进行操作，这也是认知行为的最后一个过程。

在扩展的认知模型中会出现不同状态下的反馈，并且在每个子模型中伴随着监视/发觉、状态查询、响应计划和响应执行的循环，这即为一个认知行为过程。

3.5 HERA 的认知失误辨识分析

基于扩展的操作员认知行为模型，可结合相应的失误辨识分析模型，进一步对界面任务的认知失误进行辨识。根据 3.1.4 节介绍的 HERA 认知失误辨识方法，Kirwan（1997）提出的 HERA 技术是相对可靠的，它是多种方法的整合，也使分析结果可相互得到检验。因此，本书将应用 HERA 的失误辨识框架来分析信息搜索、信息认读、信息辨识、信息判断选择和信息决策的认知失误辨识。

根据表 3-2，HERA 的失误辨识框架分为左右两部分，。左边框架中，按照操作员认知行为的过程，逐步展开操作员任务、任务功能以及任务步骤和结构，右边对应的是人因可靠性分析观点，包括任务分析、目标分析、操作分析、计划分析、失误分析、心理失误机理（psychological error mechanism）分析、行为形成因子（performance shaping factor）分析以及人因出错辨识（human error identification in systems tool）分析等。

首先，按照 CREAM 扩展的操作员认知行为模型中，各阶段主要认知行为提取，并整合为信息搜索、信息认读、信息辨识、信息判断选择以及信息决策的综合过程，作为其任务功能。然后，依次分析不同模块的认知失误辨识，操作员认知行为的失误辨识分析如图 3-19 所示，主要包括如下分析过程。

（1）任务分析。

飞行员查看飞行数据，安全状况；观察雷达态势，搜索查看敌机方位与坐标；发现目标，控制飞行方式，进入攻击目标设定；选择目标，并监视查看，威胁信息提示；选择武器、设定参数；设定飞行参数，准备执行攻击。

（2）确定外在失误模式。

查看飞机状态时会产生读数误区；搜索出错，设定参数出错、选择武器出错、目标选择出错、执行误操作等，以及外界环境干扰造成的失误，如天气环境、突发事件、飞行员身体状况等原因造成的失误。

（3）确定心理失误机理。

飞行员紧张状态容易产生失误，时间紧迫会产生错误判断；执行任务的误操作与决策心理有关，飞行员心理素质决定了准确决策的执行；界面信息的认知负荷与飞行员的心理压力也会成正比。

（4）确定行为形成因子。

信息复杂度会导致认读、搜索困难；信息布局不合理会导致搜索难度、查看用时长，导致信息遗漏；参数设定需要考虑飞行员知识应用，设定过程属于认知行为难度高的阶段，极易导致错误命令的执行；判断选择与信息显示设计有关，不合理的显示方式会导致错误选择；行为执行的误操作原因在于失手，失手与过分注意、注意转移有很大关系。

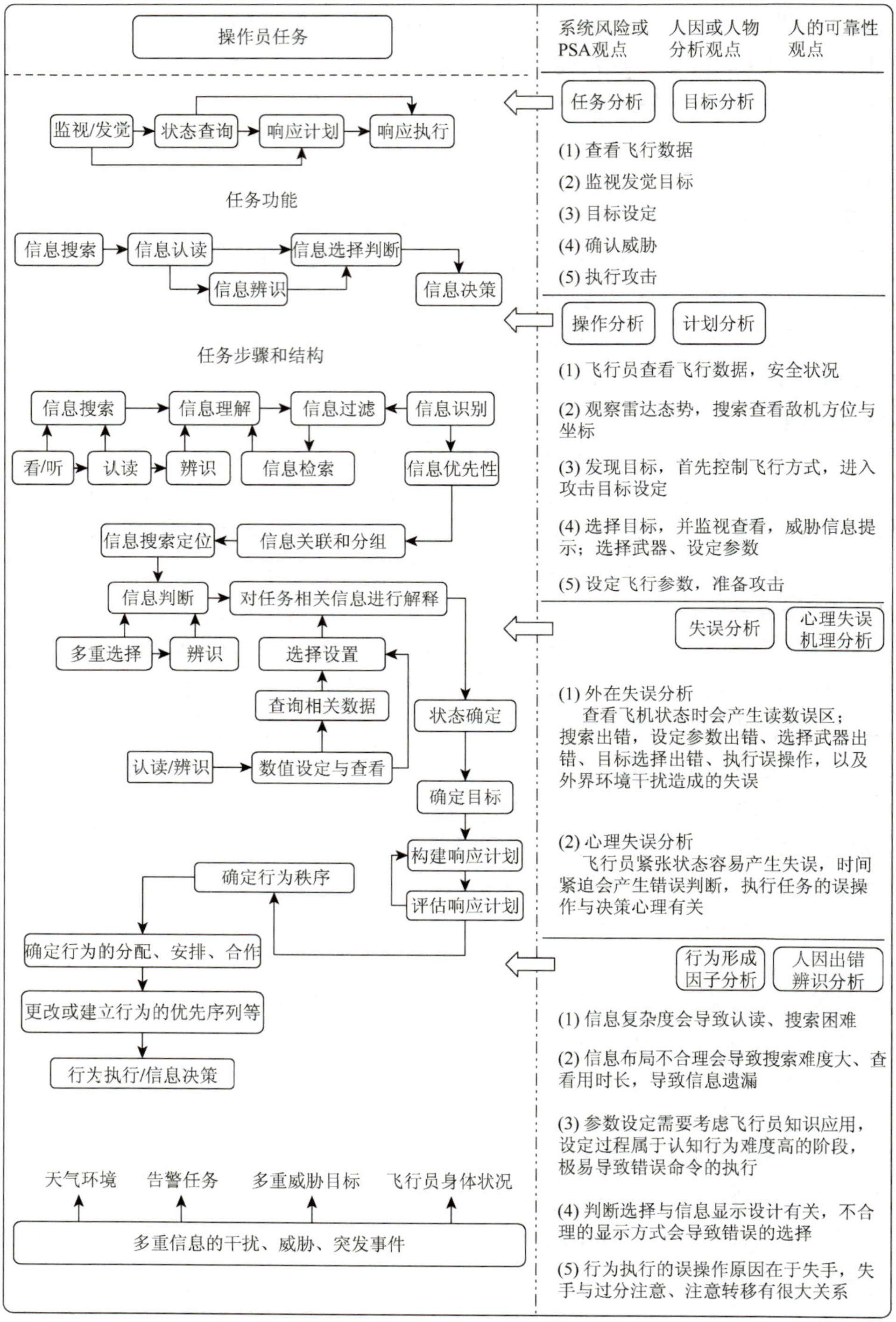

图 3-19　操作员认知行为的 HERA 失误辨识分析

3.6 复杂监控任务界面出错因子提取

3.6.1 采用模拟实验法提取出错因子

根据 3.5 节建立的 CREAM 扩展的操作员认知行为模型和操作员认知行为的 HERA 失误辨识分析框架，已经获得了复杂监控任务界面可能的人因出错模式。然而，为了分析出错因子的认知机理，还需要进一步提取界面当中导致任务失败的出错因子。出错因子在 3.1.5 节中已经作了明确的定义：由于操作员在任务执行过程中，自我对任务信息认知程度的不同以及信息呈现的不合理，产生认知行为上的失误，即错误地选择判断或行为的忽略，导致人的认知功能和行为响应没有完成系统界面正确和预期的任务。

为了获取复杂监控任务界面的出错因子，这些出错因子应该包含所有可能出现的失误类别，才能为后期的出错分类提供全面的出错因子。这就需要采用模拟实验场景，基于前人对人机交互界面中出错分类研究的观点（Rasmussen，Norman，Reason，李乐山，Swain 和 Guttmann），以及复杂系统中人因出错分析的研究成果（Embrey，Hollnagel，Kirwan，Shappell 和 Wiegmann），本书从人因出错与认知加工过程的关系入手，建立其对应模式。

出错因子提取实验需要模拟操作员执行任务场景。本书主要探讨的是视觉信息界面中的出错因子，不考虑场景操纵的行为反应，主要采集视觉视觉认知过程的出错因子。因为，在人机交互实验室，以虚拟现实技术模拟飞行员场景。

1. 实验设计

首先，建立了一个操作员出错的实验分析模型，如图 3-20 所示，根据操作任务—出错统计—出错分类—用户访谈—发现用户意图—分析认知过程一系列的分析过程，将实验任务通过录像观察，详细记录所有出错，并进行分类统计；对错误率高的典型错误展开用户访谈，对任务进行分解（可以重复操作，同时使用有声思维法），分析用户的真正意图。

2. 测试任务

战机导航界面面向的用户群体是有丰富飞机驾驶经验的飞行员，本次测量受实验条件的限制，选择了有基本计算机使用经验，有飞机类游戏经验并且有一定的飞机知识的用户作为测试对象。依据测试标准，此次测试选取 15 名测试对象。测试任务如表 3-10 所示。

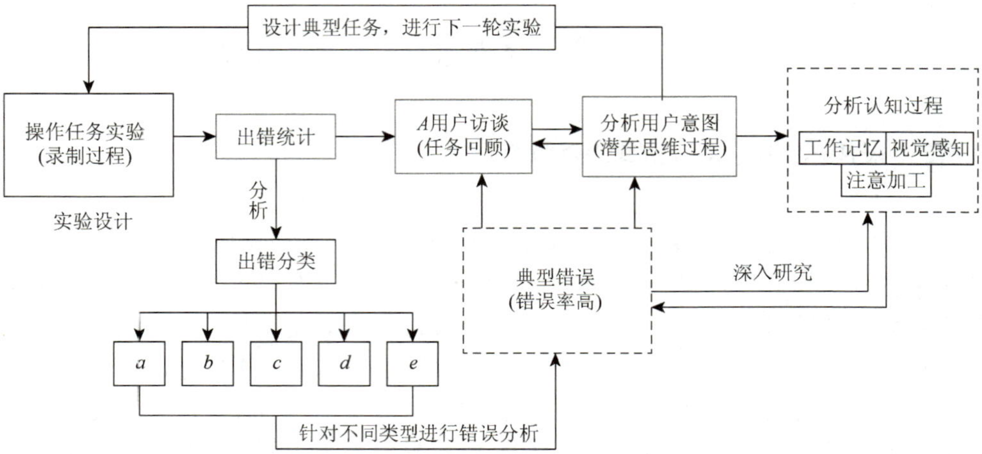

图 3-20　人因出错实验分析模型

表 3-10　被试模式试验击键任务分解

序号	任务	任务分解
1	确定飞机各系统部分运作正常	查看飞机性能咨询系统（FPAS）画面：提供当前状态下的计算出的相关飞行性能数据 查看燃料（FUEL）画面：提供总的燃油量，包括飞机内部、外部油箱的所有相关燃油数据 FUEL 图标
2	观察屏幕上态势雷达部分，可以发现敌机的坐标和方位均按实际比例和位置显示	查看态势信息（SA）画面：提供飞机航向和目标航向、目标航路点、指令空速、指令高度、指令下降点等
3	控制飞机做上升或翻转动作	上升任务：保持飞机上升状态的平稳还需要时刻关注飞机滚转角（坡度）和俯仰角的大小、飞行航向、飞机相对于空气的速度、飞机的高度等 翻转任务：应密切关注飞机的坡度和速度。具体地说，飞行员的主要注意力应放在坡度（20°）和姿态（+8～+10）上，同时要多检查速度，防止坡度过大，速度过小
4	查询威胁状况	向地面威胁方向前进，操作过程可以直视前方也就是头盔镜的显示，无需低头操作
5	发现敌机，按下按钮一次，列入攻击目标表	查看电子战（EW）画面：提供电子战设备探测到的威胁目标的坐标方位、类型，显示干扰设备状况
6	观察头盔镜内数据显示	数据中可以看到三角形的图形符号
7	保持方向	—
8	准备投弹	—
9	观察导航屏幕的飞机自身前进方向及坐标位置	—
10	按前过按钮	—

续表

序号	任务	任务分解
11	观察飞机上方与背部的透视图，选择武器	通过屏幕上图形化的飞机武器列表，选择准备发射的武器种类
12	头盔中传入警告信息，确认威胁目标	警告信息表示飞机四周安装的监控器正常运作，飞机正在监控四周，并告知发现威胁目标
13	通过屏幕上图形化的飞机武器列表，选择准备发射的武器种类	显示导航吊舱探测 NFLR 画面
14	查看显示吊舱探测画面	—
15	控制飞机向左转	当预定高度先到达时，飞行员应提前 30～50 英尺稳杆加油门，保持坡度不变，继续转弯
16	按红色操作按钮发射导弹，导弹发射，炸毁目标	—

注：1 英尺=30.48cm。

3. 出错记录与采集

采用出错汇集再分类的方法记录出错，通过对典型航战显示系统的监控任务界面进行模拟试验，记录者记下所有可能的出错，并以文字描述。本实验注重测试后访谈，这样可以让被试看着信息界面再次回顾任务，记录者可记下所有可能的出错类型。这里需要说明的是，若只记录被试出现的人因出错，并不能反映全面的出错类型，因此为了获得全方位的出错因子描述，记录者需要根据个人经验记录所有可能出现的人为失误，并通过访谈补记遗漏的出错因子描述。

经过出错记录与采集，将相同描述的出错合并，获得可能的出错因子描述 117 个。作者将这些出错描述与 3 位专业飞行员沟通，并整理修正了出错因子描述，删除了 36 不可能出现或非认知行为的出错因子描述，同时增加了 4 个可能发生的出错因子；并从专业角度合并了 12 个相似的出错因子描述，最终保留 73 个。这时用文字描述的出错因子还不具有类别性，也不具有认知行为过程的合理性，因此需要对人因出错的根原因追溯，才能获得真正的出错因子，并通过认知行为分析得以表征。

根据 CREAM 追溯法，可以建立这些出错因子的“后果-前因”追溯表。针对这 74 个出错因子，分别对监视/发觉、状态查询、响应计划、响应执行四个监控任务的认知行为对应分类提取。

3.6.2　监视/发觉出错因子提取

监视/发觉的认知行为模型包括监视、发觉和信息整合。按照图 3-19 所示的任务分析和失误分析，可以提取符合监视/发觉的出错因子，建立监视发觉的“后果-前因”追溯表。

模拟飞行员查看飞行数据，安全状况；观察雷达态势，搜索查看敌机方位与坐标；发现目标，首先控制飞行方式，进入攻击目标设定；选择目标，并监视查看威胁信息提示；选择武器、设定参数；设定飞行参数，准备执行攻击。整个过程会出错的概率很大，作为监视/发觉行为认知过程，多数以看/听，认读的搜索与辨识行为，呈现出的错误也多为观察过程产生的。因此这部分的出错因子将会与信息的检索、理解、过滤、关联和分组，以及辨识选择过程最为紧密。可能的出错主要在于查看飞机状态时会产生读数误区、搜索出错等，以及外界环境干扰造成的失误，如天气环境、突发事件、飞行员身体状况等原因造成的失误。将这些出错因子提取后归类于表 3-11 中。

表 3-11　监视/发觉“后果-前因”追溯表

后果	前因
错过观察	信息过载、噪声、多重信号、视差
分心①	信息太多干扰、信号干扰、其他任务干扰
分心②	精力不集中而走神、没有重要任务而注意力转移
推理错误	错误的分析、过度概括、模型错误、目光短浅
标记错误	不正确的标签、误贴标签
信息模糊或不全	传感器失效、指示器失效、显示不充分、显示混乱
自以为正确	认知偏差
信息丢失或错误	信息隐藏、不正确语言、表达不清楚、噪声
不注意①	临时性任务、不能胜任工作
不注意②	信息提示不明显，不能引起注意
忽略信息	外界天气环境导致忽略信息
未对准	视觉感知无法达到准确
获得错误信息	外界信息传输有误
遗漏信息	视觉注意转到其他监视中
无反应	视觉迟钝导致不做任何认知行为
未发觉	反应不及时，或其他任务正在进行
发觉不充分	信息显示不直接、不明显导致只发觉部分信息
来不及反应	时间紧迫，无法完成发觉-响应认知行为
疏忽	操作员知识缺乏而认为任务不重要、不紧急
忘了任务	任务不明确，或其他事情干扰
不理解	设计表达不够清晰易懂，或不认识符号
符号理解错误	设计表达与操作员认知不匹配

续表

后果	前因
生理/心理紧张	先前有失误、疲劳、厌倦、惧怕、过度刺激
看不清	信息间距或色差太小，不易辨识而导致看不清
听不到	声音太小或噪声干扰
不良的周围环境	噪声、光线造成不易发觉事件

3.6.3　状态查询出错因子提取

状态查询的认知行为模型包括认读、辨识和判断选择。按照 HERA 失误辨识分析表中任务分析和失误分析，可以提取符合状态查询的出错因子，建立状态查询的“后果-前因”追溯表。

飞行员接收信息任务后，需要对人物相关的信息进行解释，例如，是否为攻击目标，目标的特征等信息；需要对相关信息查询，目标的距离、维度等数据信息，接下来需要对接收的任务选择相关配置，在配置过程中还要按照监视发觉认知行为模型进行信息的搜索识别，才能确定目前的状态。可能的出错主要在于设定参数出错、选择武器出错、目标选择出错、执行误操作等。将这些出错因子提取后归类于表 3-12 中。

表 3-12　状态查询“后果-前因”追溯表

后果	前因
错误读取信息	模糊的符号集合、模糊信号、信息过载、错误信息
记忆错误	空想、遗忘、学过很久了、记忆力差
延迟解释	指示器失效、响应减慢
扫描选择延时	反应速度慢导致延时
没看到提示	信息提示不明显、信息布局不合理
诊断失败	迷惑的信号、多重干扰、新状况、误导的征兆
检查不充分	操作员知识不足导致
检查时间不对	没有在规定的时间内检查或错过检查时间
过分需求	非预期的任务、多重任务
找不到	信息不在预计的范围内，和想象的位置偏离
错过读取	时间紧迫或多重任务而错过
错过发射	操作方向不对
忽略信息	自我理解不需要响应计划

续表

后果	前因
混淆指示器	理解上状态相似，不易区分
步骤错误	操作员技能方面导致反序、步骤顺序错误
难以辨认	信息过于相似，或认知上有一定难度
模式选择错误	自以为模式的正确性或者产生错误的辨识
读数错误①	显示不清楚或显示有误
读数错误②	外界天气、照明环境导致不清楚
读数错误③	生理/心理紧张所致

3.6.4 响应计划出错因子提取

响应计划的认知行为模型主要包括辨识和判断选择。按照 HERA 失误辨识分析表中任务分析和失误分析，可以提取符合响应计划的出错因子，建立响应计划的“后果-前因”追溯表。

飞行员完成状态查询之后，应该对即将执行的行动进行计划。操作员为了识别合适的方法来实现目标，应该识别可供选择的备选方法、策略和计划，并对它们进行评估，选择最优的或可行的响应计划。如果没有合适的，则需要重新构建新的响应计划。缺乏经验的飞行员会作出不合理的计划，也会由于紧张而产生失误，时间紧迫会产生错误判断等。将这些出错因子提取后归类于表 3-13 中。

表 3-13　响应计划“后果-前因”追溯表

后果	前因
不适当的计划	目标错误、不适当的培训、模型错误、计划不全面
操作受限制	设计不合理、距离远、定位问题、有障碍物
计划目标错误	判断标准有冲突、选择错误
不完善的任务分配	操作员的知识能力导致任务分配不合理
维修失败	硬件故障、超过操作员工作范围
不完善的规程	现场情景超越规程范围
想不起来指令	记忆失效而导致发觉的事件
执行了不正确的计划	状态查询错误理解导致不合理计划
遗漏了部分计划	操作员认知能力、时间限制、心理压力等
不适时反应	反应时间不对，过早或错过时间
不知所措	看到紧急任务，没有经验而无法执行下一步计划
完全相反的计划	高负荷状态下的认知差错

3.6.5 响应执行出错因子提取

响应执行的认知行为模型即为决策的过程。按照 HERA 失误辨识分析表中任务分析和失误分析，可以提取符合响应执行的出错因子，建立响应执行的“后果-前因”追溯表。

飞行员的认知行为最后一步就是执行在响应计划中确定的动作或行为序列。这个过程可以非常简单，如操作员按下一个控制按钮或虚拟的图标进行操作。执行任务的误操作与决策心理有关，飞行员心理素质决定了准确决策的执行；界面信息的认知负荷与飞行员的心理压力也会成正比。将这些出错因子提取后归类于表 3-14 中。

表 3-14　响应执行“后果-前因”追溯表

后果	前因
设备失效	电源失效、振动、外部事件、撞击
决策失误	缺乏知识、模型错误、工作超载
操作不可行	设计缺陷
通信联络失败	噪声、临时性干扰、表达不清楚
不完善的质量控制	不充分的班组支持
技能培训不充分①	培训时间不够
知识培训不充分②	培训内容陈旧
绩效波动	系统改变、缺乏培训、个性、疾病
不适当的工作地点	工作地点临时改变
执行不相关的行为	理解错误而执行了其他的任务
遗忘计划	由于多信息干扰，而忘记了响应的计划
计划正确但执行不充分	执行时间限制、延误或操作按键出错
记录错误	行动执行错误，输入了错误的信息
执行无反应	系统故障导致
挂载放置错误	失手造成的方位错误
发射数量错误	选择了不正确的数量，或者点击错误的数字
管理问题	不规律的工作时间

3.7 复杂监控任务界面出错因子的认知表征

1. 出错因子分类

通过监视/发觉、状态查询、响应计划和响应执行四个认知行为过程的出错因子提取，获得认知行为分类的出错因子组合，通过表 3-11～表 3-14 可以看出，监视/发觉和状态查询阶段的出错因子所占比例较大，并且多是以视觉搜索、辨识为主的出错因子，这说明和视觉认知息息相关。这也正是在第 4 章将要分析的视觉认知机理的重要部分。反之，响应计划和响应执行的出错因子多表现为操作执行、外在因素以及组织管理相关的因素。这说明，在出错因子的认知表征将多偏重于监视/发觉和状态查询过程，即为信息搜索、信息认读、信息辨识和信息的判断选择的视觉认知过程。

为了更深入地研究视觉信息界面的出错因子认知机理，需要对视觉信息界面中产生的出错因子分类并进行认知表征。因此，需要排除非视觉认知导致的出错因子，仅保留信息搜索、信息认读、信息辨识和信息的判断选择过程导致的出错因子。

2. 出错因子的认知表征

认知行为过程的出错因子是隐性的，表现为显性的行为出错，如错误的执行、选择等，因此有待解决的问题是隐性出错因子的认知分析。为了进一步对信息界面出错因子进行表征，按照复杂系统态势环境下的界面任务，操作人员需要进行搜索、认读、辨识、判断选择、决策五个认知行为过程。将不同任务的信息显示格式对应为认知行为以及可能发生的出错因子，从而进行错误表征。

复杂监控任务系统中可能执行的任务有飞行状态数据监视、任务信息查询、威胁和安全状态信息监视等，航战显示界面包括导航、态势图、状态数据等信息显示。在复杂系统中，可能执行的监控任务有设定计划、监控状态查询、突发调度等，其界面任务可以从突发事件任务和常规任务角度对监控界面任务进行分类，也可对执行任务顺序进行分类。因此，为了提取复杂系统监控界面的出错表征形式，将监控界面任务和对应的出错因子列于表 3-15 中。

3.8 本 章 小 结

（1）从人因出错的特性分析，梳理了 Rasmussen、Norman、Reason 等的出错类型及 CREAM 认知行为模型和 HERA 失误辨识模型。从信息交互界面的设计角度，提出了人因出错分析方法的局限性：成熟的分析技术、预测方法仅仅是对事故、系统故障的追溯与预测，并没有与后期的设计建立联系。在前人的研究基础上，从理论和工程应用两方面，同时兼顾分析方法与技术系统的局限性对复杂信息系统的出错因子进行全面定义。

表 3-15　监控界面任务的出错因子表征

监控界面任务 A	信息显示方式 B	认知行为 C	出错因子 D	错误表征 E
A1 监视/发觉	B1 动态显示	C1 搜索	D1 忽略	E1 语意模糊
A2 状态查询	B2 静态显示	C2 认读	D2 遗漏	E2 视觉局限
A3 响应计划	B3 导航	C3 辨识	D3 错过	E3 视觉迟钝
A4 响应执行	B4 状态数据	C4 判断选择	D4 误读	E4 视错
	B5 信息图标	C5 决策	D5 误判	E5 注意负荷
	B6 警报提示		D6 错误理解	E6 视觉干扰
			D7 没看到	E7 过分注意
			D8 混淆	E8 注意转移分散
			D9 记不起来	E9 心理紧张而不知所措
			D10 输入错误	E10 认知偏差
			D11 记录错误	E11 不合理匹配
			D12 看不清	E12 可视性弱
			D13 难以分辨	E13 思维负荷
			D14 错误匹配	E14 遗忘
			D15 找不到	E15 不准确回忆
			D16 延迟	E16 缺乏记忆辅助
			D17 不充分的	E17 意向性减弱
			D18 不相关的	E18 错误记忆
			D19 过早反应	E19 无意识
			D20 没反应	E20 不注意而疏漏
			D21 选择错误	E21 时间压力
			D22 失手	

（2）以典型复杂监控任务界面为分析对象，分析了航战显示系统的监控任务和操作员任务执行过程，从人的信息处理过程、信息的定量化、信息的认知加工角度阐述了复杂监控任务界面的信息处理过程。信息的搜索、认读、辨识、判断选择和决策的处理过程，正是操作员在任务执行过程对信息的观察、解释、计划和执行的认知行为。

（3）根据 CREAM 和 HERA 分析方法，建立了监控任务界面的 CREAM 扩展的操作员认知行为模型和操作员行为的 HERA 的认知失误辨识框架，从而获得了复杂监控任务界面可能的人因出错模式。最后采用模拟实验法获得了监控任务界面所有可能的出错因子，根据 CREAM 追溯法，建立这些出错因子的“后果-前因”追溯表。从监视/发觉、状态查询、响应计划、响应执行四个监控任务的认知行为对应分类提取并进行认知表征。

第 4 章 出错因子的认知分层模型构建

认知心理学是关于思考者的心智的科学，它研究的对象之一就是信息在头脑中是怎样存储和加工的。在复杂信息界面中，操作员任务执行的失误过程，正是信息的输入、转换、简化、加工、存储、回复和使用过程的某个环节出现了错误，从而产生人因出错。研究了操作员认知行为的失误辨识，获得了不同任务阶段的出错因子之后，如何从信息的认知加工过程，分析出错因子的视觉认知机理，是研究复杂信息界面操作失误、误读/误判、反馈不及时的关键之匙。

认知心理学包含知觉、记忆、思维、判断、推理、解决问题、学习、决策、想象、概念形成、知识表达和语言使用的庞大体系，并随着科学研究方法的应用，在信息加工的各个阶段形成了成熟的概念和知识脉络，认知科学不同领域的研究学者积累了大量的可参考的理论模型和实验范式，为出错因子的认知机理研究提供了科学的参考依据。

因此，本章将围绕视觉感知、选择性注意、记忆加工和思维过程，建立复杂信息界面的出错-认知集。在此基础上构建每种出错类型的认知分层模型，从而将对应的认知加工理论模型和实验范式归类于错误感知、注意失效、知觉混淆、记忆失误和疏忽五种认知分层模型。

4.1 视 觉 认 知

认知的含义是人类怎样通过思维把一件事情搞清楚。Neissier（1967）认为认知这一术语指的是对感觉输入加以转换、简化、加工、存储、恢复和使用信息的全过程；还有学者认为认知是发现和解决问题的过程，认知活动就是选择、吸收、操作和使用信息，以解决当前的具体问题。若从认知心理学角度去定义，认知包含知觉、记忆、思维、判断、推理、解决问题、学习、决策、想象、概念形成、知识表达和语言使用（Solso et al.，2008a）。视觉认知是围绕视觉通道的认知加工过程，下面将从视觉感知、选择性注意、记忆加工以及思维过程阐述视觉认知的信息输入和输出过程。

4.1.1 视觉感知

视觉是人类认识自然、了解客观世界的重要手段，同时是理解人类认知功能的突破口。人类视觉系统是由大量神经细胞通过一定的连接组成的一个复杂的信息处理系统，研究它的目的是感知视觉世界的空间存在。当人们开始观察外界刺激时，视觉系统将刺激以图像的方式传递到大脑，并通过大脑的视觉皮层区域控制人眼的运动来表达对图像的兴趣，这一过程称为视觉感知过程，视觉感知是个很复杂的过程，包括寻找、探知（发现）、区分、识别等。

“眼睛是心灵的窗户”——人眼运动传递了大量反映个体心理活动的信息，人们往往通过频繁的注视来表达感兴趣的视觉对象或区域，现有研究者利用视线跟踪技术获取人眼运动数据，并分析出个体感兴趣的区域，实现心理视觉感知。人眼运动同时是一种生理反应，个体在观看客观对象时，受视觉内容的影响或刺激，人眼的运动路径会随着注意的对象或焦点变化而发生变化。近年来，视觉显著性、注意力模型、视觉搜索已经成为视觉感知领域中的热点研究。

人的认识与人的感知器官有着内在的联系，并存在特有的规律。特瑞东拉（刘伟等，2011）在 1976 年研究发现，在感知过程中，味觉通道占 1%；触觉通道占 1.5%，嗅觉通道占 3.5%；听觉通道占 11%；视觉通道占 83%。听觉和视觉通道占比达到了 94%。那么，若从信息加工角度来分析不同的感知通道，称为信道。假定触觉信道宽为 1，则听觉信道宽为 100；视觉信道宽为 10000。可见，视觉通道对于信息加工处理成为了不可替换的重要感知器官，研究视觉对信息的认知加工，是信息界面设计的关键突破点。

因此，信息加工中的初始步骤是考虑对视觉信息的知觉。位于人类察觉范围之内的物理能量（界面中的信息单元）会刺激视觉通道，接收转换，在感觉存储机制中短暂存留，在中枢神经系统（central nervous system，CNS）中进行进一步的加工和编码，并有可能进入记忆系统以备加工。其结果可能引发行为反应，反应又成为进一步加工中的一部分刺激条件（复杂而抽象的信息加工过程），如图 4-1 所示。

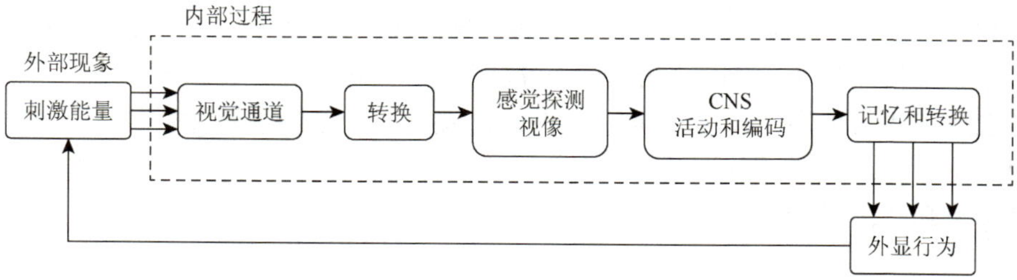

图 4-1　视知觉的信息加工

4.1.2　选择性注意

面对视觉信息界面中纷繁复杂的信息呈现，操作员需要同时注意的信息日益增多，如何将有限的注意分配到同时出现的众多任务事件中去，以及操作员在认识视觉场景时视觉系统是如何选择有限的信息进行加工处理，是本书需要努力探究的问题。

Broadbent（1981）的理论中的基本观点是，世界上的感觉对象的数量远远大于人类观察者的直觉和认知加工容量。因此，为了应对信息的洪流，人类只能选择性地注意其中的一部分线索，而将其他的忽略掉。因此，我们试图理解同时呈现的信息，尤其是同类信息，那就必须牺牲一定的精确性。在信息处理过程的某个环节，存在一个瓶颈，其部分原因在于神经机制上的限制，如图 4-2 所示。

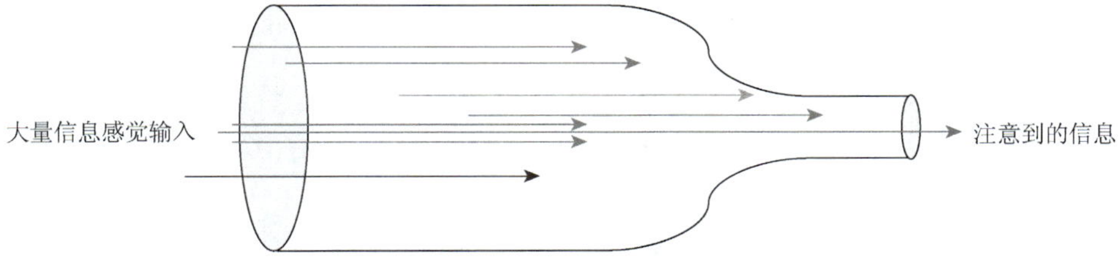

图 4-2　信息加工中的瓶颈（Solso et al.，2008b）

Treisman（1969）认为，在视觉注意中有两个不同的过程在发挥作用。在第一阶段，存在一个初级的前注意加工（对影像的一种映像），该过程对视野进行扫描，迅速地检测客体的主要特征，如大小、颜色、方向和运动等。根据 Treisman 的观点，此后，位于大脑皮层不同区域的特定的特征地图对客体的不同属性进行编码。如图 4-3 所示，首先，视觉场景中的一些基本属性（颜色、方向、大小和距离）在相互分离且平行的道路中被编码，生成特征图形。这些图谱再被整合成映像。然后焦点注意再从映像中抽取信息以便详细分析图形中选定区域的相关特征。

视觉系统通过注意机制，在抑制其他无关的信息的同时，选择相关的信息进入加工通道进行深入加工。然而，人们发现，某个时刻我们的注意选择了这个物体而不是那个物体，也就意味着注意可能以不同的方式来选择信息。在认知心理学上称为注意控制（attentional control），它包括两种注意方式，并以交互作用的方式共同影响着视觉加工过程。根据我们当前的任务和外界信息的性质两方面的影响，一种注意方式将受到自上而下的目标驱动影响，被称为内源性注意；另一

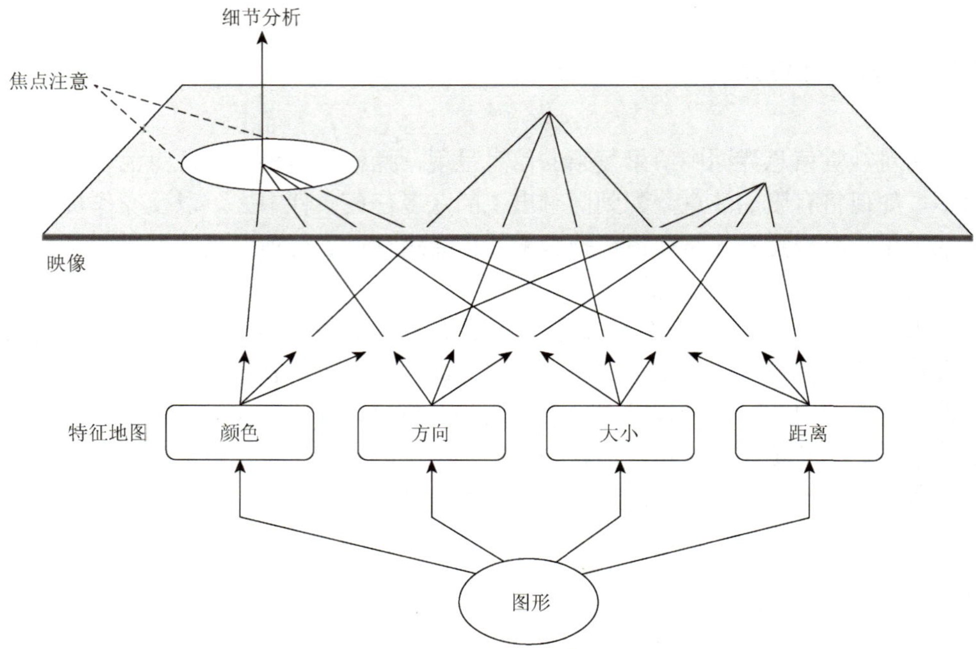

图 4-3　视知觉和各阶段模型（Treisman，1969）

种注意方式将受到自下而上的刺激驱动影响，被称为外源性注意。因此，注意是有限的认知资源，不能持续长时间，不能同时关注过多的信息，最好专注一个任务，每个信息加工过程都需要依靠注意去控制。

在人机交互界面研究中，李乐山（2004）把视觉注意分为了以下四种形式。①选择注意（selective attention）指在外界的干扰中过滤那些需要选择或跟踪的信息时的视觉过程。例如，操作机器工具或在复杂环境驾驶车辆，往往需要选择注意。在各种环境干扰下，操作员要选择所需要的信息。视觉信息界面中会有大量的信息呈现以及相应的操作键，操作员必须时刻集中注意，进行信息筛选与任务执行。选择注意会耗费操作员的时间和精力，可能会分散注意力，在这个过程中容易忘记原先的目标和任务，加大了用户的脑力负荷。②聚焦注意（focused attention）即为在信息搜索、认读过程中，需要把全部精力聚焦在一个事物或过程上。③分割注意（divided attention）专指通过分割微小时间段的注意，分别注意两个以上的信息时需要进行分割注意。④持续注意（sustained attention）是长时间、无休息地探测、监视或警觉。军事上把持续注意称为警戒注意（vigilance attention），主要指观测雷达、声呐、无线电信号，或寻找特定目标信号时的注意特性。长时间观测监督目标必然无法集中注意力，必然出现目标漏报或错报问题。

4.1.3　信息存储与提取——记忆加工

1. 信息的存储

人的大脑皮层所能处理的信息只是感觉器官接收的信息量的很小一部分。大脑中枢信息处理过程中记忆机制具有特殊的意义。记忆是各种信息处理活动的基础，一般分为以下三种形式。

（1）感觉信息储存（瞬时记忆、感觉记忆、感觉登记）。

（2）短时记忆（操作记忆）：保持时间在 1min 以内的记忆。

（3）长时记忆：记忆曲线。

Solso 在《认知心理学》（第 8 版）的记忆模型章节中，按照存储结构分析了三种记忆阶段的编码形式、容量大小，对信息的持续时间、如何提取信息以及无法回忆的原因进行了对比分析（表 4-1）。

表 4-1　记忆三阶段的信息存储与提取（Solso et al.，2008b）

存储结构	加工过程				无法回忆的原因
	编码*	容量	持续时间	提取	
感觉信息储存	感觉特征	12～20 个项目**至大量项目	250ms～4s	完全提取，如果有适当线索	掩蔽或消退
短时记忆	听觉、视觉、语言、经识别和命名的感觉特征	7±2 个项目	约 12s；如加以复述会更长	完全提取，每 35ms 提取一个项目	替代、干扰、消退
长时记忆	语义、视觉知识；抽象观念；有意义的图像	庞大，几乎是无限的	不确定	可供提取的具体信息和一般信息，如果有适当的线索	干扰、器质性损伤、不适当的线索

*信息如何表征；**估计值。

视觉记忆又称为视觉感觉记忆（visual sensorymemory，VSM），也称为图像记忆（iconic memory），是指视觉器官识别刺激的形象特征并暂留与保持一个生动视觉图像的过程，是感觉登记的一种主要的信息编码形式；它的容量大小多达 12～20 个项目甚至更多；视觉记忆具有鲜明的形象性，可以将感觉信息存储几百毫秒；持续时间在 250ms～4s，如果有适当的线索，可以完全提取信息；然而，消退速度非常快，过了持续时间可能就会被掩蔽或消退。

短时记忆可以看做一个工作系统，它针对听觉、视觉、语言、经识别和命名的感觉特征对信息存储。短时记忆之所以能处理大量信息，得益于我们能将信息组织为组块的能力。Miller 提出了神奇数字 7，短时记忆的容量可能在 7±2 个信息单元，但每个单元中的信息密度可以各不相同（Miller，1956）。短时记忆的持续时间不超过 12s，如果加以复述，将会进入长时记忆被存储起来。但是由于对信息的保持时间很短，也不会抽象信息或者将信息存储到有关结构中，就会由于替代、干扰、消退等遗忘。

长时记忆最为突出的特征在它的多向性，表现在编码、信息抽取、结构、容量以及持久性上。长时记忆的容量似乎是无穷的，其持续时间也仿佛没有止境。

2. 短时记忆的信息提取

信息存储在记忆中。实验表明，反应时反映了搜索记忆所需要的时间，也可能作为描述短时记忆结构及其信息提取法则的基础。记忆集合越大，所需要的反应时间越长；短时记忆中的信息量越大，获取信息所需的时间越长。Sternberg（1966，1967，1969）对于信息提取研究所进行的一项实验技术对信息处理时代产生了极大的影响。该技术是指一个系列扫描任务，它向被试呈现诸如数字等一系列项目，每个呈现 1.2s，并记录到被试的短时记忆中，形成一个记忆集合。随后呈现一个探测数字，这个数字与被试即时记忆集合中的数字可能相同，也可能不同，实验考察从呈现探测项目到被试反应之间的时间。结果表明，反应时间随着集合中的项目数增加而同比增加。使用各类刺激材料进行实验，包括字母、单词、颜色、人脸和音素时，观察到的结果相似。该实验成为了视觉搜索研究的经典范式，第 5 章的视觉行为和生理反应实验将按照该范式逐一展开研究复杂信息界面的信息提取。

4.1.4 信息处理——思维过程

1. 思维的过程

人类将自己对情感信息的处理过程称为思维。如同键盘、鼠标、内存条、中央处理器、硬盘和显示器等是计算机的硬件，程序、程式等携带的信息资料是计算机的软件一样，人的感觉器官之眼睛、耳朵、鼻子、舌头、皮肤以及内脏、大脑、小脑和生殖器官等是他的“硬件”；外在的信号以及感觉信号所携带的信息内容就是人之心念思维中的“软件”（吴晓莉，2013）。人类将自己对自身“软件”的加工——信息内容的处理过程称为思维。思维是主体对信息进行的能动操作，如采集、传递、存储、提取、删除、对比、筛选、判别、排列、分类、变相、转型、整合、表达等。人的思维过程即为信息内容的处理过程，主要包括对信息的接收、加工、储备与传递的过程。

2. 思维的非理性

在视觉信息界面中，信息的处理过程即为“寻找-发现”的思维过程。而用户的心理是复杂的，并不总能按照正常的思维进行操作，即思维的非理性。理性思维把人的行动分为动机、计划、实施、评价，然而人的思维十分复杂，远多于这四个阶段。用户的非理性因素包括注意的局限、视觉的局限、视错、遗忘、意志的局限、思维不连续或出错、动作失误等（李乐山，2004）。人的思维方式非常复杂，不存在唯一标准的用户思维方式。因此，没有考虑因非理性因素导致用户不能按照人机界面设计的模型而常常按照自己的思维模型操作，这样自然产生了频繁的误操作，也加大了操作员对信息交互界面认知的负荷。

3. 非理性思维模型

美国国家航空航天局（NASA）建立了一个标准用来测试任务负荷指数（NASA task load index，NASA-TLI）。从六个方面的测试内容对人机界面用户研究的主要指标为思维要求、时间压力、受挫。测量用户的思维量成为了认知负荷的一个重要指标。因此，操作者思维是信息交互界面研究的一个主题。人的思维具有非理性因素，更表现出其复杂性。李乐山提出的操作员思维模型包括：①操作员固有的思维特性；②操作员任务执行时的思维方式。它主要包括：操作员大脑内表示知识的方法；操作员自然的感知方式；操作员对行动任务的思维方式；操作员的表达、交流、合作思维方式；解决问题的方式；选择和决断方式；学习过程；操作员对界面各种对象的感知方式，思维方式；操作员关于界面的知识结构和理解方式；把操作员任务行动转换成计算机操作的思维方式；操作员与界面的交流方式；操作员学习计算机操作的过程；出错、纠错方式等。

信息交互界面设计中，若想把耗费脑力的认知过程变成简单的直接感知行动，使操作员看一眼就能明白，就必须要减轻用户的认知负担。目前，人机界面迫使用户不得不把行动心理过程转换成计算机的行为方式，这是引起认知负荷过程的主要来源，使用户过量地增加记忆负担、思维负荷。因此，信息交互界面的主要设计思想之一是简化用户输入的转化过程。

以上视觉认知的知觉、注意、记忆和思维过程，在本章中为分析复杂信息界面出错因子的认知机理奠定了理论基础，将在出错-认知类型和出错因子的认知分层模型中展开深入剖析。

4.2 基于认知表征分类的出错-认知集

4.2.1 出错因子的认知表征分类

20 世纪 50 年代以来，频繁出现的飞机事故、核电站事故以及交通枢纽等大型事故，特别是切尔诺贝利核电站与三哩岛核电站事故之后，展开了大量以人因失误为主题的科学研究。以操作行为、事故机理、失误概率等方面建立了可行性的失误预测模型及出错概率模型等。在出错类型的研究上，Norman（1981）按照行动四阶段对出错进行了分类，Rasmussen（1986）最早提出了出错的概念模型，后来，Reason（1990）根据 Rasmussen 的三种行为方式，进一步对各种出错进行分类。进入 21 世纪，许多学者在他们研究的基础上，从不同研究层面对出错分类也展开了深入研究，例如，在 THERP 中，Swain 和 Guttmann 将出错分类适用于核工业领域，从执行性和疏忽性展开，HFACS 系统从不安全行为角度对出错分类，以及李乐山从技能行为上将失手和失误归为疏忽和过分注意等。

根据以上学者对出错分类的研究可以看出，不同的分类是由于应用的领域不同和关注的角度不同，产生了不同的分类方法，如表 4-2 所示。

表 4-2 不同学者的出错分类

学者	出错类型	分类角度
Rasmussen	（1）学习和适应的影响	按照操作任务的流程分类，从操作员观察、执任务过程总结出错，再归类的方式
	（2）竞争性控制线结构的干扰	
	（3）缺乏资源	
	（4）随机易变性	
Norman	（1）疏忽	按照行动固有的特性出发，从操作本身引发的错误行为
	（2）错误	
Reason	（1）感觉不真实（false sensation）	强调从“意图”出发，分析不同意图导致的人因出错，即操作员在执行任务时的行为决策
	（2）注意失效（attention failure）	
	（3）记忆失误（memory lapse）	
	（4）不准确的回忆（inaccurate recall）	
	（5）错误感知（misperception）	
	（6）判断错误（error judgment）	
	（7）推理出错（inferential error）	
	（8）无意识的行动（unintended actions）	

续表

学者	出错类型	分类角度
THERP	（1）疏漏失误（error of omission）	从可靠性分析角度，对任务执行的程度进行分析
	（2）执行失误（error of commision）	
	（3）无关失误（extraneous error）	
HFACS	（1）差错	在 Reason 模型基础上，从不安全行为角度分类
	（2）违规	
李乐山	（1）疏忽（inattention）	从技能行为分析操作的失效方式
	（2）过分注意（overattention）	

从以上分类角度可以看出，被广泛应用的出错类型多从任务的操作行为上分析，有的分类注重行为决策，有的分类注重任务流程，有的分类则注重操作员意图。针对复杂监控任务界面的信息内容，完全可以按照其中一种进行分类并阐述分析，然而，为了从操作员的认知行为上探讨出错-认知机理，需要按照视觉认知的不同层面分析，才能进一步对视觉认知机理深入阐述。这也是以上学者所没有进一步细分的角度，因此，从视觉认知角度对出错因子分类，具有一定的必要性和创新性。

本书将从视觉认知层面上，结合以上学者的分类方法，分析获得复杂监控任务界面中视觉认知的出错类型。

（1）从视觉感知角度分类。

在视觉信息界面中，操作员的认知行为多表现为对信息的感知过程，即视觉感知。Reason 认为在感官知觉上会出现错误解释，如视错。由于知觉产生的不同理解，也会造成响应的认知偏差，形成操作员与设计的不匹配性。因此，可将反馈为感知的错误因子归类为错误感知（misperception）和知觉混淆（perception confusion）。

（2）从注意加工角度分类。

视觉搜索过程中，需要注意加工才能关注到需要搜索的信息，并进行辨识与选择判断。然而，在行为执行过程中，免不了出现分心，会转移注意力，甚至注意力减弱，忘记自己要做的事情。Rasmussen（1986）研究多个案例数据发现，30%的出错属于分散注意。操作员的注意力很难在整个监控任务中保持注意力集中，也容易造成重要信息的疏漏。因此，可将注意加工过程中产生的出错因子归类为注意失效（attention failures）和疏忽（inattention）。李乐山提出，疏忽意味着疏漏忽略了必需的检查。

（3）从记忆加工角度分类。

容易遗忘、容易记错是人固有的记忆特性。根据记忆加工的特性，由于遗忘、记错了等原因，甚至在极度的压力下也会产生记忆失误。Reason（1987）提出的八种出错分类中，将记忆失误解释为用户忘记了某一个细节，可能发生在短期记忆，或发生在很复杂的许多过程处理中。例如，忘记了要干的事情。因此，可将记忆加工过程中产生的出错因子归类为记忆失误（memory lapse）。

（4）从思维过程角度分类。

思维过程指人们在头脑中运用存储在长时记忆中的知识、经验，对外界输入的信息进行分析、综合、比较、抽象和概括的过程。视觉信息界面的认知过程，属于探索发现式（heuristics）思维。在思维过程中，由于认知负荷、时间压力，会造成进行的分析过程产生失误，这与操作员的记忆、注意力以及感知觉的综合加工具有联系。因此，可将思维过程中产生的出错因子归类为错误感知、知觉混淆、注意失效、记忆失误和疏忽。

4.2.2 出错因子到认知的映射

认知行为过程可能出现的出错因子（error），对 n 个出错因子进行分类，将它们分成 m（$1\leqslant m\leqslant n$）个非空子集，共存在 S（n，m）种分类方法，每一种方法都代表了认知行为对信息的加工过程。对任何整数 $n\geqslant 1$ 和 $m\geqslant 1$，存在 $S(n,k)=\frac{1}{k!}\sum_{i=0}^{k-1}(-1)^i C_k^i (k-i)^n$。出错因子到认知的映射如表 4-3 所示。

表 4-3 出错因子到认知的映射

认知域	1	2	3	…	n
C_1	E_{11}	E_{12}	E_{13}	…	E_{1n}
C_2	E_{21}	E_{22}	E_{23}	…	E_{2n}
⋮	⋮	⋮	⋮	…	⋮
C_i	E_{i1}	E_{i2}	E_{i3}	…	E_{in}
⋮	⋮	⋮	⋮	…	⋮
C_m	E_{m1}	E_{m2}	E_{m3}	…	E_{mn}

根据出错因子集合和错误表征集，并按照认知的信息的加工过程，可得到出错-认知类型为错误感知、注意失效、知觉混淆、记忆失误和疏忽，如图 4-4 所示。

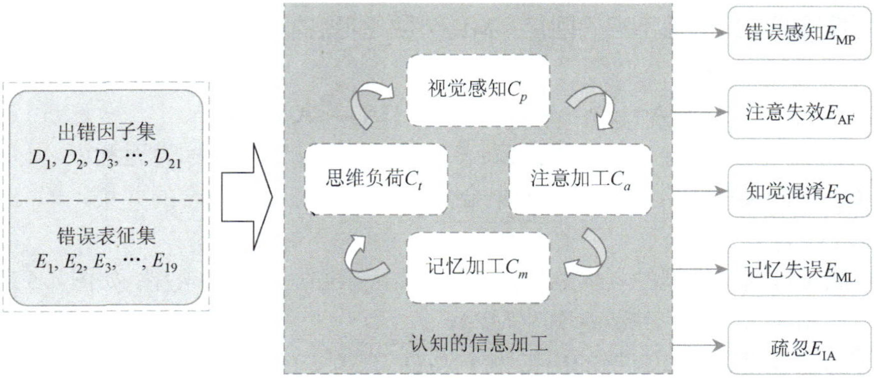

图 4-4　视觉信息界面的出错类型

4.2.3　建立出错-认知集

根据以上视觉感知、注意加工、记忆加工以及思维过程的分析，并结合 Rasmussen、Norman、Reason 等的出错类型，得到了视觉认知层面上信息界面的五种出错类型，主要为错误感知、知觉混淆、注意失效、记忆失误和疏忽。

按照集合的定义，可以将出错类型各集合定义如下：五种出错类型提取简写形式，记为错误感知集合（MP）、注意失效集合（AF）、知觉混淆集合（PC）、记忆失误集合（ML）、疏忽集合（IA）。MP、AF、PC、ML 和 IA 都是出错类型集合 Error 的子集。通过以上分析，出错类型集合可用数学形式描述如下。

（1）错误感知集合：

$$\mathrm{MP}=\{\mathrm{MP}_i，i=1，2，3，\cdots，5\}=\{\mathrm{MP}_a，\mathrm{MP}_b，\mathrm{MP}_c，\mathrm{MP}_d，\mathrm{MP}_e\}$$

式中，MP 为错误感知集合；MP_a为语义模糊；MP_b为视觉局限；MP_c为视觉迟钝；MP_d为视错；MP_e为时间压力。

（2）注意失效集合：

$$\mathrm{AF}=\{\mathrm{AF}_i，i=1，2，3，\cdots，6\}=\{\mathrm{AF}_a，\mathrm{AF}_b，\mathrm{AF}_c，\mathrm{AF}_d，\mathrm{AF}_e，\mathrm{AF}_f\}$$

式中，AF 为注意失效集合；AF_a为注意负荷；AF_b为视觉干扰；AF_c为过分注意；AF_d为紧张不知所措；AF_e为注意转移分散；AF_f为时间压力。

（3）知觉混淆集合：

$$\mathrm{PC}=\{\mathrm{PC}_i，i=1，2，3，\cdots，5\}=\{\mathrm{PC}_a，\mathrm{PC}_b，\mathrm{PC}_c，\mathrm{PC}_d，\mathrm{PC}_e\}$$

式中，PC 为知觉混淆集合；PC_a为语义模糊；PC_b为认知偏差；PC_c为不合理匹配；PC_d为可视性弱；PC_e为时间压力。

（4）记忆失误集合：

$$\mathrm{ML}=\{\mathrm{ML}_i，i=1，2，3，\cdots，7\}=\{\mathrm{ML}_a，\mathrm{ML}_b，\mathrm{ML}_c，\mathrm{ML}_d，\mathrm{ML}_e，\mathrm{ML}_f，\mathrm{ML}_g\}$$

式中，ML 为记忆失误集合；ML_a为思维负荷；ML_b为遗忘；ML_c为错误记忆；ML_d

为意向性减弱；ML_e 为不准确回忆；ML_f 为缺乏记忆辅助；ML_g 为时间压力。

（5）疏忽集合：

$$IA=\{IA_i,\ i=1,\ 2,\ 3\}=\{IA_a,\ IA_b,\ IA_c\}$$

式中，IA 为疏忽集合；IA_a 为不注意；IA_b 为意向性减弱；IA_c 为无意识。

（6）出错类型集合。错误类型集合是该类型所有出错集合的并集，即 $E=MP\cup AF\cup PC\cup ML\cup IA$。

按照每种出错类型的具体划分，可将出错因子归类为五种类型，如图 4-5 所示。

（1）出错类型一：错误感知（MP）。

①语意模糊：主要包括的出错因子为 D5 误判、D6 错误理解、D8 混淆、D13 难以分辨、D14 错误匹配。

②视觉局限：主要包括的出错因子为 D2 遗漏、D4 误读、D7 没看到、D12 看不清、D15 找不到。

③视觉迟钝：主要包括的出错因子为 D3 错过、D16 延迟、D17 不充分、D20 没反应。

④视错：主要包括的出错因子为 D4 误读、D5 误判、D11 记录错误、D21 选择错误。

⑤时间压力：主要包括的出错因子为 D5 误判、D6 错误理解、D19 过早反应、D10 输入错误。

以上 MP 类型出错因子有重复出现，例如，D6 错误理解可能因为设计含义的差异性导致的理解上不同造成的出错，也可能由于时间压力，急需作出判断，而没有时间区分其设计含义，造成了错误理解。因此，出错因子 D5、D6、D4 会分布在不同的错误表征类型上。

（2）出错类型二：注意失效（AF）。

①注意负荷：主要包括的出错因子为 D14 错误匹配、D18 不相关的、D21 选择错误。

②视觉干扰：主要包括的出错因子为 D1 忽略、D3 错过、D15 找不到、D16 延迟。

③过分注意：主要包括的出错因子为 D2 遗漏、D20 没反应。

④紧张不知所措：主要包括的出错因子为 D15 找不到、D16 延迟、D20 没反应。

⑤注意转移分散：主要包括的出错因子为 D3 错过、D18 不相关的。

⑥时间压力：主要包括的出错因子为 D5 误判、D10 输入错误、D19 过早反应、D22 失手。

以上 AF 类型出错因子亦有重复出现，例如，D16 延迟可能是因为视觉干扰造成的，也可能是因为心里紧张不知所措导致的延误。因此，出错因子 D18、D3、D16、D20 会分布在不同的错误表征类型上。

（3）出错类型三：知觉混淆（PC）。

①语意模糊：主要包括的出错因子为 D18 不相关的、D8 混淆、D14 错误匹配。

②认知偏差：主要包括的出错因子为 D6 错误理解、D21 选择错误。

③不合理匹配：主要包括的出错因子为 D4 误读、D5 误判、D8 混淆、D14 错误匹配。

④可视性弱：主要包括的出错因子为 D12 看不清、D15 找不到、D16 延迟、D17 不充分的。

⑤时间压力：主要包括的出错因子为 D5 误判、D6 错误理解、D10 输入错误、D13 难以分辨。

以上 PC 类型出错因子亦有重复出现，例如，D8 混淆可能是因为含义不清楚、不理解造成的，也可能是因为显示与操作的不匹配造成了混淆。因此，出错因子 D8、D14、D6、D5 会分布在不同的错误表征类型上。

（4）出错类型四：记忆失误（ML）。

①思维负荷：主要包括的出错因子为 D5 误判、D9 记不起来。

②遗忘：主要包括的出错因子为 D9 记不起来、D20 没反应、D17 不充分的。

③错误记忆：主要包括的出错因子为 D5 误判、D6 错误理解、D8 混淆、D14 错误匹配、D21 选择错误。

④意向性减弱：主要包括的出错因子为 D9 记不起来、D22 失手。

⑤不准确回忆：主要包括的出错因子为 D17 不充分的、D18 不相关的、D21 选择错误。

⑥缺乏记忆辅助：主要包括的出错因子为 D9 记不起来、D14 错误匹配。

⑦时间压力：主要包括的出错因子为 D5 误判、D9 记不起来、D10 输入错误、D14 错误匹配。

以上 ML 类型出错因子亦有重复出现，例如，D9 记不起来可能是因为高负荷下记忆提取失败，也可能是因为相关性不大，很难联系起来，即为缺乏记忆辅助；同时任务过程中断会使意向性减弱，从而忘记了需要执行的事情。因此，出错因子 D5、D9、D17、D14 会分布在不同的错误表征类型上。

（5）出错类型四：疏忽（IA）。

①不注意：主要包括的出错因子为 D1 忽略、D2 遗漏、D3 错过、D7 没看到。

②意向性减弱：主要包括的出错因子为 D10 输入错误、D14 错误匹配、D9 记不起来、D17 不充分的。

③无意识：主要包括的出错因子为 D3 错过、D20 没反应、D22 失手。

以上 IA 类型出错因子 D3 错过重复出现在不同错误表征类型上，这可能是因为操作员没有引起注意、分心导致，也可能是因为没有意识到执行的重要性而导致错过。

复杂信息监控任务界面的出错-认知类型如图 4-5 所示。

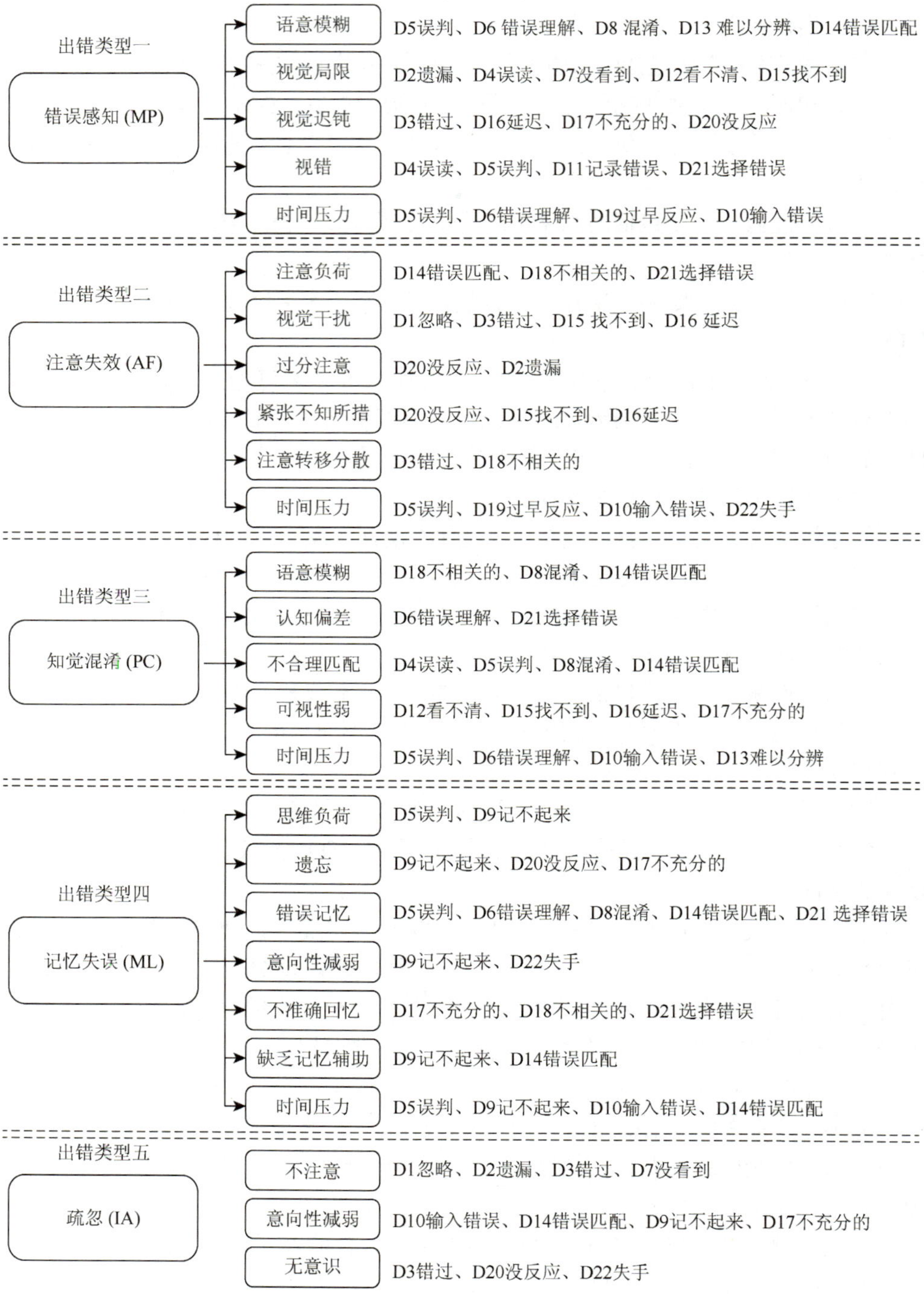

图 4-5　复杂信息监控任务界面的出错-认知类型

4.3　出错-认知分层模型构建

4.3.1　不同出错类型的认知分层

按照视觉认知的出错类型，可以进一步建立与认知加工理论的联系，从而分析出错因子的视觉认知机理。认知心理学是研究认知及行为背后的心智处理的心理科学。它包括广泛的研究领域，旨在研究记忆、注意、感知、知识表征、推理、创造力及问题解决的运作。其实质在于主张研究认知活动本身的结构和过程，核心是揭示认知的内部心理机制，即信息是如何获得、储存、加工和使用的。因此，本书将按照每种出错类型的不同出错模式，逐渐梳理出错因子的认知解释，建立与认知心理学的联系，特别是认知加工过程中成熟的视觉认知理论和模型。

如图 4-6 所示，将出错类型解释为出错层与认知层。结合认知心理学知觉、注意、记忆、思维等相关的研究方法与实验范式，从每一种出错类型寻找对应的认知加工理论，逐步拓展出错因子的认知研究的知识脉络，解析出错因子的视觉认知机理，从而建立错误感知（MP）的认知分层模型、注意失效（AF）的认知分层模型、知觉混淆（PC）的认知分层模型、记忆失误（ML）的认知分层模型以及疏忽（IA）的认知分层模型。

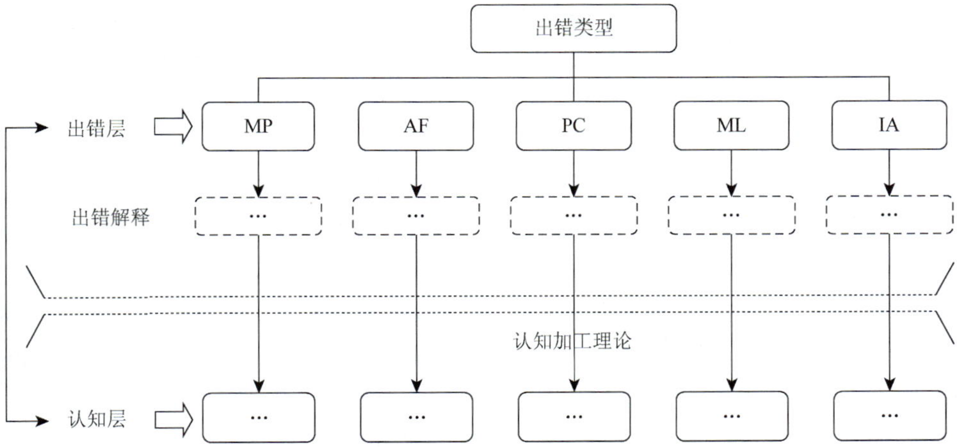

图 4-6　出错-认知分层模式

4.3.2　错误感知的认知分层模型

错误感知的出错层包括语意模糊、视觉局限、视错、视觉迟钝以及时间压力五个类别。将出错层进行解释后，对应如下：

（1）语意模糊主要为曲解或不能正确理解；

（2）视觉局限主要为看不清、视觉障碍或不在视线内；

（3）视觉迟钝主要为反应来不及、无刺激或刺激不明显；

（4）视错主要为视错觉、不正确的知觉；

（5）时间压力主要为短时间不知所措或错误举动。

由此进入认知层面，结合认知心理学相关理论知识，根据出错层的相关解释，获得了认知层的对应项：语意模糊-知觉组织、视觉局限-视觉搜索、视错-知觉加工、视觉迟钝-认知繁忙或认知懒惰、时间压力-反应时。图 4-7 建立了错误感知的认知分层模型，下面对这些认知理论加以解释。

错误感知的认知分层模型中，概念驱动模型、视觉优选选择机制、深度加工理论和认知负荷相关理论作为对应的研究内容。

1）概念驱动理论（conceptually-matching theory）

在认知心理学中，包含知觉中的数据驱动和概念驱动两种理论（Yantis and Hillstrom，1994）。数据驱动加工指自下而上的加工，知觉直接依赖于感官的刺激物的特性。而概念驱动加工是自上而下的加工，知觉系统不仅要加工外部输入的信息，而且要加工在头脑中已经存储的信息。因此，概念驱动模型又称自上而下的加工（top-down processing），是知觉者的知识经验、动机和期望等主观因素对于知觉过程的引导作用。这是指知觉者的习得经验、期望、动机，引导着知觉者在知觉过程中的信息选择、整合和表征的建构，也称为建构知觉（constructive perception）理论。Palmer（1975）认为，在多数情况下，对部分和整体的解释在自上而下与自下而上两个方向上同步发生。

2）视觉优先选择机制

视觉系统会优先选择与当前行为目标相关的项目，忽略无关项目。这种视觉优先选择（prioritizing selection）现象及其机制一直是视觉搜索研究关注的焦点。郝芳和傅小兰（2006）对预览搜索（preview search）中优先选择的解释机制进行了详尽的探讨，从基于旧干扰物位置的抑制和基于旧干扰物的属性特征的抑制两方面系统地检验了基于抑制的视觉标记的解释。视觉优先选择（prioritizing selection）说明视觉系统会优先选择与当前行为目标相关的刺激，忽略无关刺激。下面介绍视觉标记的优先选择解释机制及相关实验范式。

（1）视觉标记。

视觉标记（visual marking）是一种对后出现项目的视觉优先选择的解释机制（Watson and Humphreys，1997），能合理解释预览（preview）效益。典型的实验范式如下：在实验中，采取单特征搜索、颜色-形状特征联合搜索，以及间隔搜索。首先呈现部分干扰物，1000ms 后，将继续呈现另一部分干扰物和靶子。如果靶子

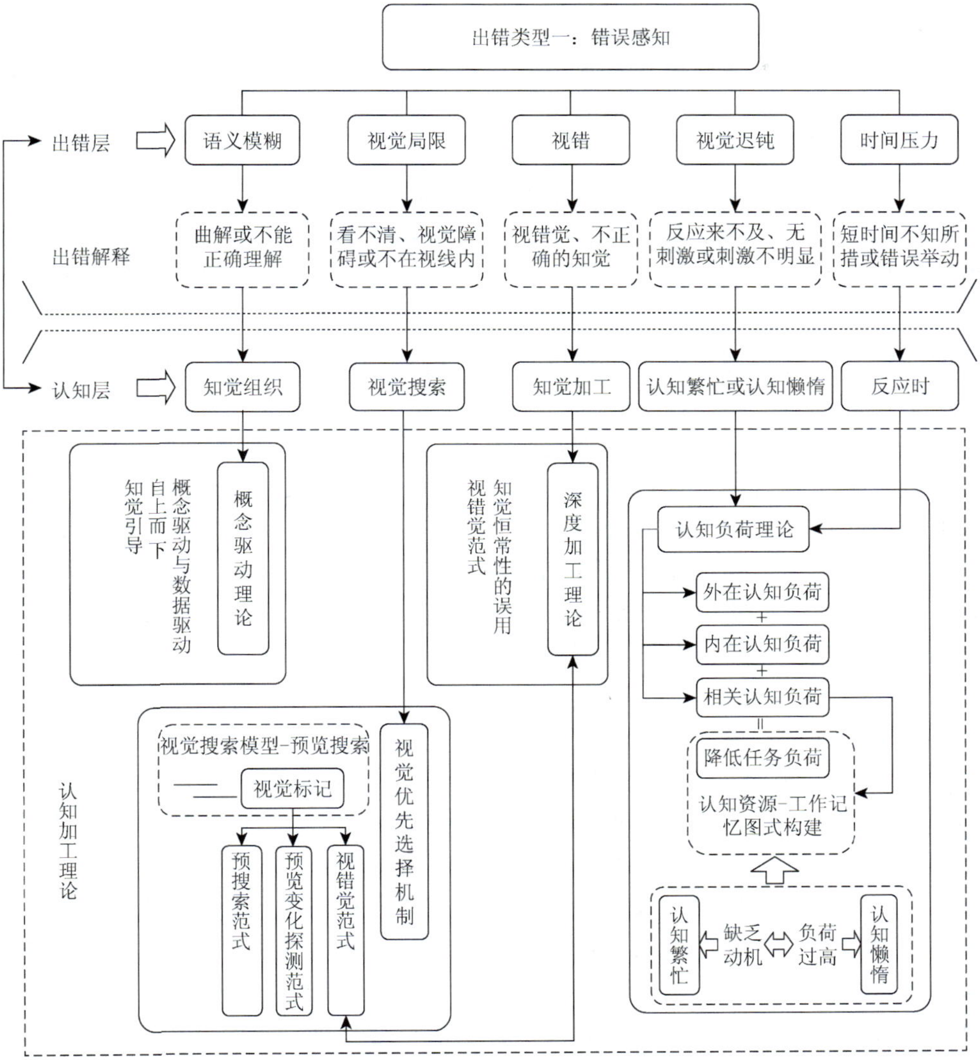

图 4-7　错误感知的认知分层模型

出现，将只会出现在后面的项目中。实验结果表明，在单特征、联合以及间隔搜索三种实验设计下，间隔设计的靶子搜索反应时和准确率显著优于特征联合搜索方式，与单特征搜索方式的数据非常接近。Watson 和 Humphreys 认为，出现这种优势是因为观察者抑制了先出现项目的位置，使后出现项目具有较高的视觉优先选择等级。

（2）视觉标记的实验范式。

视觉标记包括预搜索范式、预览变化探测范式和视错觉范式三种预览实验范式。预搜索实验范式如下：先呈现一些分心物，1000ms 后，再呈现一些分心物和靶子，这时原来的分心物位置保持不变。目前，已逐渐形成经典预搜索范式、独立操纵预搜索范式和两种预搜索范式（Watson and Humphreys，1998）。

3）深度加工理论

深度加工理论又称为常性误用理论。人们在知觉三维空间物体的大小时，总把距离估计在内，这是一种错觉，也是保持物体大小恒常性的重要条件。当人们把知觉三维世界的这一特点，自觉或不自觉地应用于知觉平面物体，就会引起错觉。可以说错觉是知觉恒常性的一种例外，是人们误用了知觉恒常性的结果。这种理论强调了深度线索在错觉产生中的作用，因而也称为深度加工理论。

视错觉范式是针对视觉预搜索研究中，搜寻目标受到的无关干扰多，不同实验结果间有时相互矛盾等问题而尝试的一种非视觉搜索任务范式。它采用了独特的实验材料和直观的视觉比较任务，具有检测指标单一直接等优点。典型的视错觉例子就是缪勒-莱尔错觉（the Müller-Lyer illusion），在设计学中常常合理应用视错觉，例如，两条长度相同的线段因两端的箭头指向不同，视觉上感觉长度不等。对这一错觉的解释是，知觉可能或多或少地受到过去经验的影响。

4）认知负荷理论

认知负荷是指同时被要求施加在工作记忆上的心智活动的全部数量（Sweller，1988）。认知负荷理论包含三个方面：外在认知负荷、内在认知负荷和关联认知负荷（Paas et al.，1994）。外在认知负荷，也称为无效认知负荷，与学习材料的组织呈现方式有关，是由学习过程中对学习没有直接贡献的心理活动引起的。当进行以图式获得或与自动化没有直接关联的活动时便会产生外在认知负荷。内在认知负荷是由在工作记忆中同时进行加工、需要被整合进将要学习的图式中的元素的数量决定的，这样的元素越多，学习者的内在认知负荷越高。

关联认知负荷也称为有效认知负荷。产生于人在没有用完所有的认知资源时，可以把剩余的认知资源用到与学习有直接相关的加工中去，如图式构建。让人在工作记忆中的元素活动中加入更高级的认知加工，如重组、抽象、比较、推理等，从而支持图式构建。这种认知负荷的增加不会阻碍学习，反而会促进学习（Sweller，2005）。关联认知负荷的高低依赖于认知负荷的总量和内、外在认知负荷，当内、外在认知负荷都很高时，就没有资源可用于关联认知负荷了。

Petty 等（2001）提出了认知繁忙或认知懒惰。认为决策者由于缺乏动机导致认知懒惰（cognitive laziness）或加工负荷过高导致认知繁忙（cognitive busyness）。

以上认知加工理论成为了错误感知的认知分层模型进一步设计出错因子认知实验的研究基础。

4.3.3　注意失效的认知分层模型

注意失效的出错层包括注意负荷、视觉干扰、过分注意、紧张不知所措、注意转移分散以及时间压力六个类别。将出错层进行解释后，对应如下：

（1）注意负荷主要为注意力高度集中，任务目标过多而造成无法正常注意信息；

（2）视觉干扰主要为视觉障碍、无法应对多个目标，不相关的目标干扰注意力；

（3）过分注意主要为过分关注而不知所措，引起注意呆滞；

（4）紧张而不知所措主要为心理紧张导致的注意呆滞、不行为；

（5）注意转移分散主要为由于刺激不明显分神、目标转移而分散注意力；

（6）时间压力主要为来不及反应目标或对多个目标刺激不能应对。

由此进入认知层面，结合认知心理学相关理论知识，根据出错层的相关解释，获得了认知层的对应项：注意负荷-知觉负载、视觉干扰-选择性注意、过分注意-聚焦注意与持续注意、紧张而不知所措-自动加工、注意转移分散-注意捕获、时间压力-注意瞬断。图 4-8 建立了注意失效的认知分层模型，下面对这些认知理论加以解释。

注意失效的认知分层模型中，注意的知觉选择模型、注意负荷理论、偏向竞争模型、双向加工理论和干扰敏感性模型等相关理论作为对应的研究内容。

（1）注意的知觉选择模型。

注意是以刺激的一部分特征得到加强而进入意识，另一部分特征被加强而完成它的使命。注意的基本功能就是选择。第一个完整的注意模型是由 Broadbent（1958）提出的。该模型被称为过滤器模型（filter model），神经系统在加工信息的容量方面是有限度的，不可能对所有的感觉刺激进行加工。当信息通过各种感觉通道进入神经系统时，要先经过一个过滤机制。只有部分信息可以通过这个机制，接受进一步加工；从图 4-2 可以看出，进入系统的信息量多于容量限制通道所能处理的信息量。

过滤器模型的问题之一在于，人能够从非注意通道中探测到敏感的或者有趣的信息，这样就产生了衰减器模型（Treisman et al.，1969）。Treisman 等的研究数据表明，当信息通过过滤装置时，不被注意或非追随的信息只是在强度上减弱了，而不是完全消失。这与过滤器模型不一致。

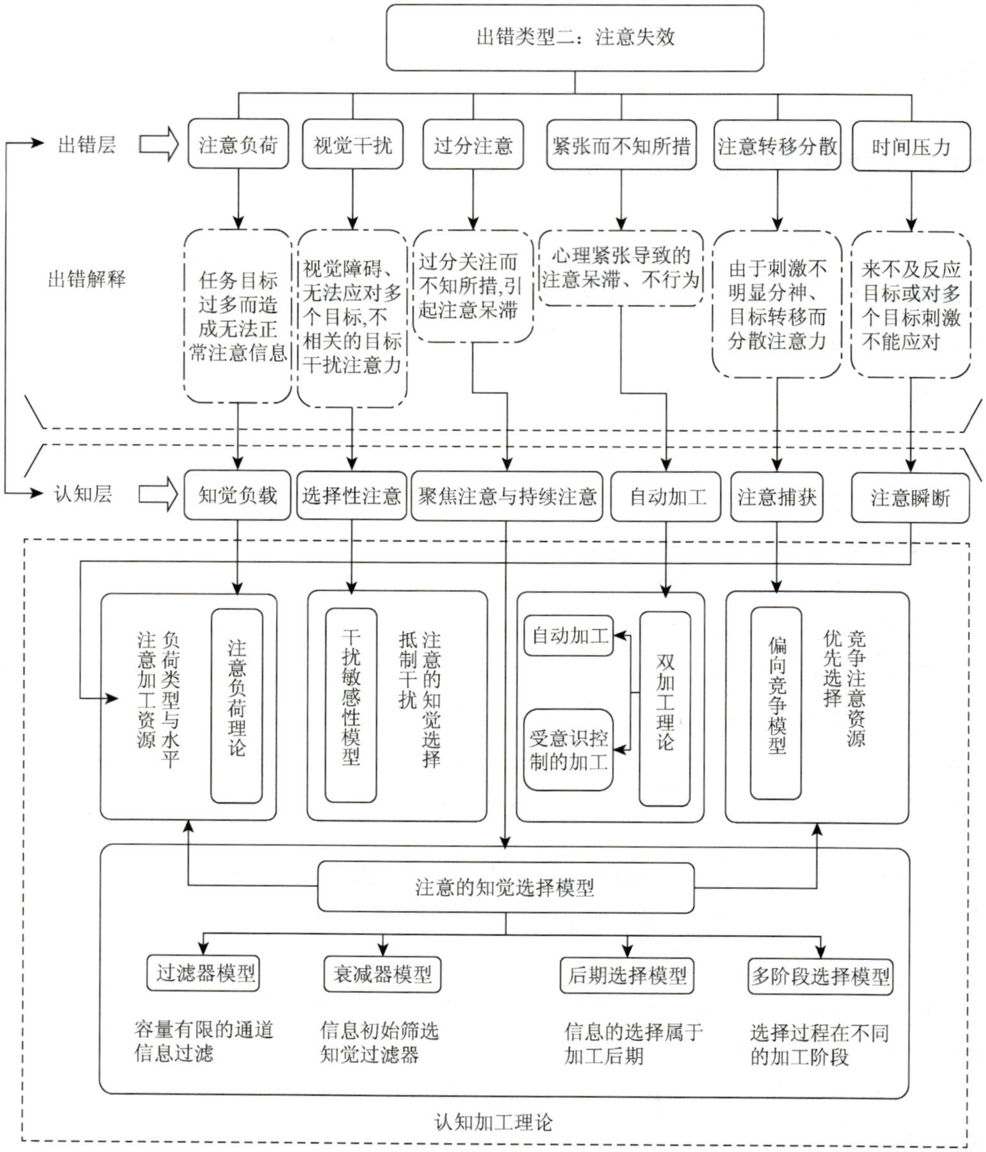

图 4-8　注意失效的认知分层模型

（2）注意负荷理论。

Lavie 等（2004，2005）提出了注意的负荷理论（load theory），认为选择性注意对于干扰项的抑制有赖于当前认知加工的负荷类型和水平。认为注意选择取决于当前加工资源的多少，而这种资源只有有限的容量。注意的早选择完全取决于当前任务的知觉负载。

（3）偏向竞争模型。

Desimone 等（1995）提出一个基于客体的注意的偏向竞争模型（biased- competition model）。该模型认为，在视觉搜索场景中，视场中充满许多物体，由于注意资源有限，视场中的物体就会竞争注意资源。若某一物体表征与当前工作记忆中所保持的目标模板相同，那么该物体表征就会取得竞争优势而被视觉注意优先选择。

（4）干扰敏感性模型。

干扰敏感性模型（susceptibility to interference model）主要研究的是抵制干扰。Bjorklund（2003）认为，在执行一个计划时忽视或者抑制无关信息的能力属于抑制干扰。该模型指出，抑制加工调节着对干扰的抵制，而抵制干扰的效率反映了个体的干扰敏感性，也就是说在多种干扰刺激条件下，对操作消耗的易感性。这些干扰主要包括位置、方向等几个维度上的变化，源于人的动作、知觉和语言方面的行为。

以上认知加工理论成为了错误感知的认知分层模型进一步设计出错因子认知实验的研究基础。

4.3.4　知觉混淆的认知分层模型

知觉混淆的出错层包括语意模糊、认知偏差、不合理匹配、可视性弱以及时间压力五个类别。将出错层进行解释后，对应如下：

（1）语意模糊主要为曲解或不能正确理解；

（2）认知偏差主要指理解的偏差，与原意有差别；

（3）不合理匹配主要为对应错误或无合理对应关系；

（4）可视性弱主要为看不到执行命令或寻找不到目标、视觉刺激不明显；

（5）时间压力主要为短时间理解错误、没有时间进行信息加工。

由此进入认知层面，结合认知心理学相关理论知识，根据出错层的相关解释，获得了认知层的对应项：语意模糊-知觉组织、认知偏差-原型匹配、不合理匹配-模式识别、可视性弱-视知觉、时间压力-反应时。图 4-9 建立了知觉混淆的认知分层模型，下面对这些认知理论加以解释。

知觉混淆的认知分层模型中，知觉理论、视觉的模式识别，以及相关的原型匹配理论、特征分析理论、模板匹配理论等作为对应的研究内容。

1）知觉理论

关于人对外部世界的认知，形成了两种知觉理论，建构性知觉（constructive perception）理论和直觉知觉（direct perception）理论。建构性知觉理论认为，在知觉过程中我们会根据自己的感觉和记忆，对知觉对象提出假设并加以检验（Herrmmann，1987）。因此，知觉就是进入我们感觉系统的内容与通过检验获得的了解的结合作用。即使原始刺激的模式发生了改变，仍可以准确辨认，是因为无意识推论（unconscious

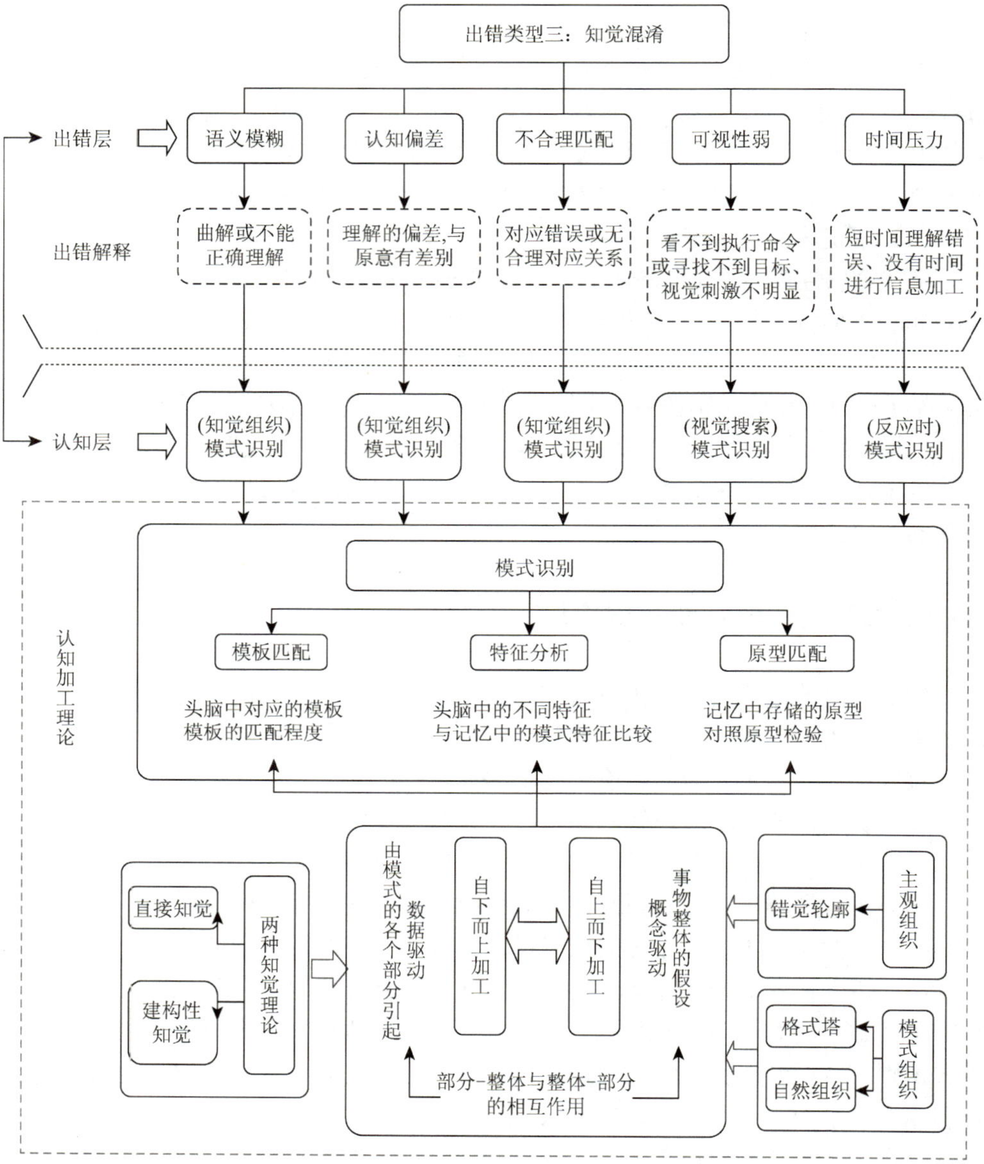

图 4-9　知觉混淆的认知分层模型

inference）过程的作用，在此过程中我们同时整合来自若干渠道的信息以建构知觉。该理论与自上而下的概念驱动理论密切系相关。然而，直觉知觉理论认为，知觉就是直接从环境中获取信息。刺激所包含的信息足以产生正确的知觉，知觉不需要内在的表征。感知者要做的微乎其微，因为视觉提供了太多的信息，很少需要去建构知觉并进行推断。这与建构性理论完全相反，与自下而上的数据驱动理论密切相关。

2）视觉的模式识别：自下而上-自上而下加工

知觉的感受 84%来自于视觉，特别是对于信息的识别几乎为 100%，因此这里主要阐述视觉的模式识别。人类的视觉是接收刺激信息的过程，格式塔心理学（gestalt psychology）认为，模式组织（pattern organization）是所有刺激共同作用而形成了一个印象，它超过了所有感觉的总和（Wertheimer，1958）。人们常常还会扭曲一些现实世界中真实存在的事物，这种感觉被称为错觉。无论人类是主观组织还是模式组织，都是通过视觉对现有事物（信息）的一种识别。

识别过程究竟是由模式的各个部分（即整体识别的基础）引起的自下而上加工（bottom-up processing），抑或主要是由关系与事物整体的假设（它导致整体识别与之后的部分识别）引起的自上而下加工（top-down processing），Palmer 的面部特征识别实验得到了说明，在多数情况下，对部分和整体的解释在自上而下与自下而上两个方向上同步发生（Palmer，1975）。人脸中容易识别出的各个部分若单独去看，则似乎边界不清（尽管补充了细节或信息后又可以识别了）。

3）模板匹配理论

模板匹配理论（template-matching theory）认为头脑中存在着许多不同事物对应的模板，当个体面对一个未知的刺激模式时，他就将这个刺激模式与头脑中的模板一一比较，找出匹配程度最高的那个模板，从而完成模式识别。因此，模板匹配是一种简单的模式识别程序，它建立在将感觉信息的精确构型对应大脑的相应构型的基础上。例如，美国银行家协会码有其独一无二的特征，因而计算机可以区分各个代码。条形码读取的是位置、宽度以及线条的间距。扫描仪将编码转换为电脉冲，形成信号模式并传递到计算机。计算机通过与内存中的类似体（模板）进行匹配，从而辨认出模式。

Biederman（1985，1987）基于模板匹配理论，提出了复杂形状都是由几何离子组成的，诸如识别电话机、手提箱或更复杂的形状，都是在复杂形状中找出简单形状。例如，一个杯子是由两个几何离子组成的：一个圆柱体（容器部分）和一个椭圆形（手柄部分）。Biederman 通过富有创意的试验和理论，扩展了我们对物体识别的认识。

4）特征分析理论

特征分析理论（feature analysis theory）认为人的头脑中，各种模式是以它们分解后得到的一系列特征的形式来表征的；模式识别的过程就是抽取当前刺激的各个方面的特征，然后与记忆中的各种模式的特征进行比较，找到最佳的（或最满意的）匹配。

模式知觉是一种较高级的信息加工，在此之前，复杂的输入刺激首先要根据其自身的简单特征（feature）得到识别。因此，根据这种思路，在识别视觉信息的完整模式之前，首先要分析其最小的组成成分。

特征分析的一种直接研究方法就是观察眼动的运动和定点注意。眼动实验成为了特征分析的重要范式，这个实验范式假定你在相对较长的时间内凝视着模式中的某一特征，那么从中你提取到的信息要多于草草看一眼所提取的特征（Yarbus，1967）。实验表明，特征承载的信息越多，双眼停留其上的时间就越长；注视点的分布与被试的意图有关。该实验范式可作为本书出错因子眼动跟踪生理研究的实验设计模板。

5）原型匹配理论

长时记忆中存储着某种抽象的模式作为原型，而不是对无数种不同的模式形成特定的模板甚至分解成各种特征。于是，一个模式就可以对照原型进行检验，如果发现相似之处，则该模式就得到了识别，这就是原型匹配理论（Prototype recognition）。原型是对一组刺激的抽象，它包含了同一个模式的许多相似的形状。原型使我们得以识别出模式，即便模式可能与原型不完全相同（仅是相似）。例如，我们识得无数不同的 S，并非由于它们与脑内轨迹恰好吻合，而是由于类别 S 的成员具有共同特性。

典型的实验范式是 Solso 等（1981）实验中使用的原型脸和样例脸。先选择三张原型脸，然后系统地改变与原型脸的相似性，每个原型脸又衍生出了一组样例脸。向被试呈现一组样例脸，接着呈现第二组脸，其中包括一些呈现过的脸，一些与原型间有不同相似性的新脸，以及原型脸。要求被试判断这些脸是否见过，该实验总结出了视觉原型形成及其作用的一些规律。

以上认知加工理论成为了知觉混淆的认知分层模型进一步设计出错因子认知实验的研究基础。

4.3.5 记忆失误的认知分层模型

记忆失误的出错层包括思维负荷、遗忘、意向性减弱、不准确回忆、错误记忆、缺乏记忆辅助以及时间压力七个类别。将出错层进行解释后，对应如下：

（1）思维负荷主要为记忆负担导致的没有记住，感觉信息存储消退；

（2）遗忘主要为不能回忆或难以检索、没有记忆存储；

（3）错误记忆主要为判断错误、歪曲、记忆幻觉；

（4）意向性减弱主要为因中断而忘记或不清楚下一步计划；

（5）不准确回忆主要为不完全遗忘、记忆存储不连贯或记忆缺失；

（6）缺乏记忆辅助主要为记不起来目标所指，没有提醒或辅助；

（7）时间压力主要为时间负荷下感觉记忆存储遗失。

由此进入认知层面，结合认知心理学相关理论知识，根据出错层的相关解释，获得了认知层的对应项：思维负荷-记忆负担、遗忘-保持和遗忘、错误记忆-关联性记忆错觉、意向性减弱-间断性回忆、不准确回忆-工作记忆、缺乏记忆辅助-

语义记忆与情景记忆、时间压力-感觉信息存储。图 4-10 建立了记忆失误的认知分层模型，下面对这些认知理论加以解释。

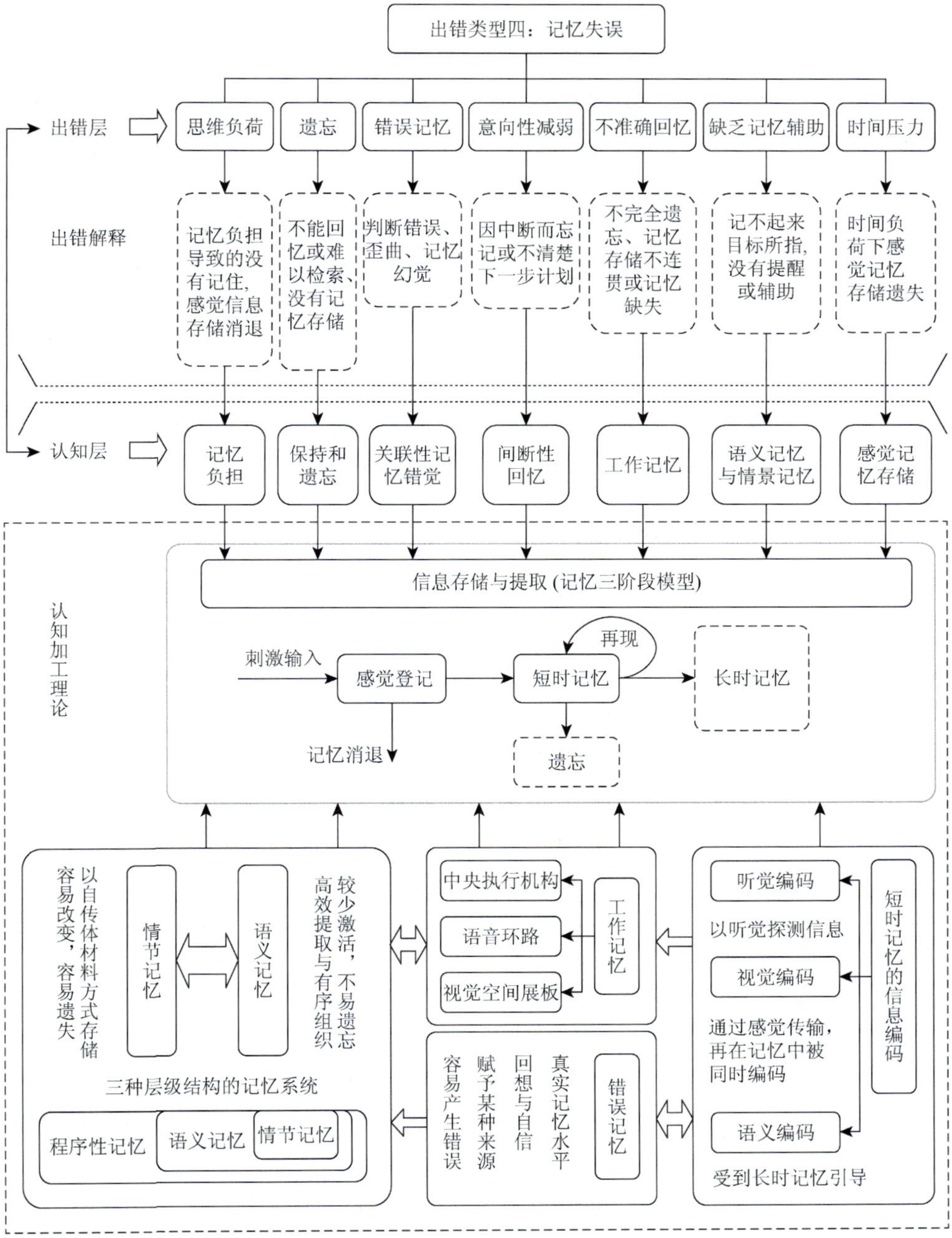

图 4-10　记忆失误的认知分层模型

记忆失误的认知分层模型中，记忆的多阶段模型、工作记忆、情节记忆与语义记忆、短时记忆编码以及关联性错误记忆等相关认知理论作为对应的研究内容。

1）记忆的多阶段模型

记忆模型最先由 James 提出，该模型认为记忆在本质上是二分的：一些事物被知觉到，进入记忆，然后消退；而另一些则永久地保存在记忆中（James，1890）。把这种模型称为二元记忆理论（dualistic memory theory），即短时记忆（STM）和长时记忆（LTM）。Watson 和 Norman 借用了 James 的初级记忆和次级记忆的两分法，提出了一种关于记忆的行为模型。该模型定量地描述初级记忆的属性，他们采用了一个探测数字的实验（Watson and Norman，1965），结果表明短时程的容量非常有限，存储于其中的信息之所以消失，不仅仅是因为时间的流逝，还因为旧的信息会被新的信息所取代。后来 Atkinson 和 Shiffrin（1968）认为记忆具有三个存储机制，这是扩充了控制过程的记忆模型：感觉登记器、短时存储器（STS）和长时存储器（LTS）。他们认为记忆过分简单化的观念不足以有力地处理注意、比较、检索控制、从短时记忆到长时记忆的转移、表象、感觉记忆编码等复杂的情况。

2）工作记忆

Baddeley 等（1974）对工作记忆的定义为：工作记忆是一个容量有限的系统，它用于暂时存储信息和操纵加工信息，以便完成复杂的任务。工作记忆包括三个组成部分：中央执行机构（central executive）、语音环路（phonological loop）和视觉空间展板（visuospatial sketch pad）。Tversky 和 Kahneman（1973）发现，人类推理受到记忆中的信息的提取性程度——信息可及性（availability）的影响。容易想起来的事情也比较容易被当做经常发生的事情。

工作记忆可以认为是一种工作平台，新旧信息在此不断地经历转换—结合—转换。工作记忆认为，如果短时记忆只是头脑中的另一个“箱子”——里面的信息要么被遗忘要么进入长时记忆，即在那里的信息知识是被动存放的，这就表明了工作记忆是与活动相伴的（Baddeley，1986）。

3）情节记忆与语义记忆

情节记忆（episodic memory）是一种“神经认知的记忆系统，它使人们能够记住过去所发生的事件”（Tulving，1993），因此对一次特定经历会以“自传体材料”的方式被存储起来。情节记忆很容易改变，容易遗失，但是它对于我们再认曾经遇到过的事物（如人物或地点），却起着很重要的作用。

语义记忆（semantic memory）是对词汇、概念和抽象观念的记忆，为语言活动所必需。在日常生活中，我们会频繁地从语义记忆中提取信息，将它们用以交谈、解决问题和阅读书籍。我们之所以能够连续而迅速地处理各种各样的信息，正是因为我们的语义记忆中高效的提取过程和有序组织起来的信息。

语义记忆与情节记忆具有各自不同的遗忘规律。情节记忆中的信息会快速遗忘，因为新异信息总是不断地涌入。提取过程本身也成为情节记忆的信息流的一部分。因此，情节记忆不断地经受检验（并因此而发生变化），而语义记忆则较少被激活，并随着时间的推移而相对稳定。

4）短时记忆编码

最初的研究认为，短时记忆主要是以听觉编码的形式执行的。然而在一个早期实验发现，听觉特征比视觉特征更容易导致短时记忆错误（Conrad，1963，1964），这证明了短时记忆还会以视觉编码。Posner 认为短时记忆中一些信息的编码首先是视觉形式的，然后是基于名称的。他应用反应时模型视觉+名称匹配的实验，结果表明短时记忆加工的早期，形状相同字母的编码时间远比同名不同形的编码时间短（Posner，1969）。Solso 和 Short（1979）的实验证实了信息一旦被感知，不同的系统将对其同时进行编码。该实验将颜色与颜色、颜色名称以及颜色联想物进行匹配，结果表明，短时记忆存储中的信息加工是通过一种平行加工刺激的方式进行的，语义信息也在短时记忆中得到表征。

因此，短时记忆的信息编码至少包括视觉、听觉和语义等几种编码形式。以上阐述也表明，最先进行的是视觉编码，然后才是听觉编码和语义编码。

5）关联性错误记忆

Roediger 等（1995，1996）提出了错误记忆，从未发生过的事件产生的主观记忆经验现象被称为错误记忆（false memory）。关联性错误记忆（也称为关联性记忆错觉）分为三个阶段提出。Roediger 等（1995）提出关联性错误记忆率要高于其他的再认记忆错误，甚至达到了真实记忆的水平；而且常伴随着回想和高度的自信；Hicks 等（2006a，2006b）提出被试常常将错误记忆赋予某种特定的来自学习阶段的来源；Hicks 和 Marsh（2001）提出被试进行来源记忆任务的时候要比进行简单的新旧判断产生更多的错误记忆。

以上认知加工理论成为了记忆失误的认知分层模型进一步设计出错因子认知实验的研究基础。

4.3.6　疏忽的认知分层模型

疏忽的出错层包括不注意、意向性减弱以及无意识三个类别。将出错层进行解释后，对应如下：

（1）不注意主要为不用心、开小差、目标不突显；

（2）意向性减弱主要为记忆消退或注意转移而造成的不执行，或不清楚下一步计划；

（3）无意识主要为对环境刺激或没有觉察到。

由此进入认知层面，结合认知心理学相关理论知识，根据出错层的相关解释，获得了认知层的对应项：不注意-注意捕获、意向性减弱-记忆容量和持续时间、无意识-觉醒状态与察觉。图 4-11 建立了疏忽的认知分层模型，下面对这些认知理论加以解释。

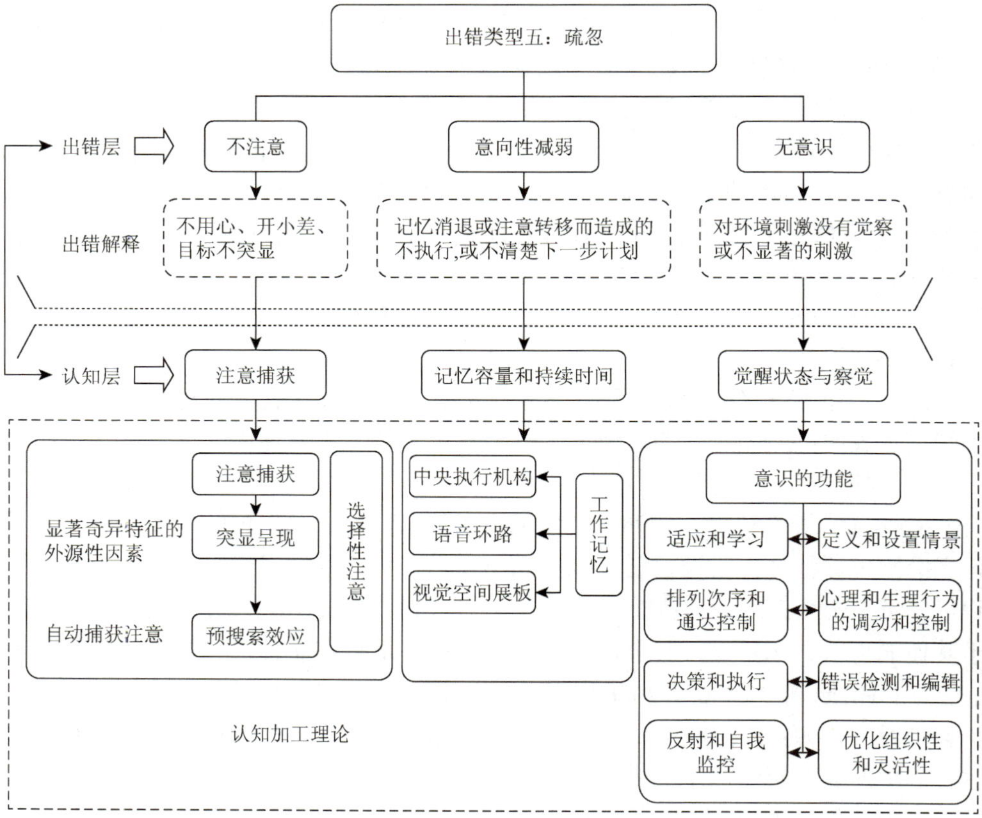

图 4-11 疏忽的认知分层模型

疏忽的认知分层模型中，突显呈现说、注意的分配模型、工作记忆、意识理论等作为对应的研究内容。

1）大脑中的意识

意识（consciousness）是对环境和认知事件，诸如世界的形象、声音，以及人的记忆、思想、情绪和本体感觉的觉察。意识主要包括对环境刺激的觉察。例如，突然间的一声鸟叫、一阵剧烈牙疼、一个突然闪起的红色预警指示灯等。

意识似乎是神经系统适应世界上的新异的、有挑战性的、信息含量丰富的事物的一种主要方法。至少可以概括地说，大量坚实的证据表明意识在神经系统中扮演着重要的角色。意识检验的作用似乎产生和通达着各种独立的知识源。在意识系统的演化发展中，组织有序的感知和控制新异、自发的行为，可能是意识最本身的功能，但同时意识似乎也获得了其他的功能，它们亦有利于在复杂世界中的适应行为，如自我监控和自我反思、对经验的符号表达、对新异行为的控制以及心理复述功能。在信息加工过程中，个人知识欠缺或心态调整的不适应，就会造成对信息刺激的无反应，这就造成了意识功能的缺失。

2）注意捕获理论

由于人类的视觉系统会接收大量的外界信息，但是大脑对外界信息的加工又是有限的，对信息的选择就变得尤为重要，在外界刺激导致的自下而上的加工过程中，外界刺激因素会制约个体的目标导向行为，在很多场合下个体很难忽视视场中的干扰刺激。尤其是像突显（pop-out）或突现（abruptonset）刺激等具有显著奇异特征的外源性因素，它们通常会以不受当前任务所制约的方式自动捕获视觉注意从而干扰了目标导向的内源性注意。这种捕获注意的现象称为注意捕获（attentional capture）（Theeuwes et al.，2005）。

典型的实验范式是眼动捕获范式（oculomotor capture），测量指标反映的是对无关奇异项目的眼动行为。由于眼睛是心灵的窗户，眼睛所看到的地方便是人们注意的地方。基于这一观点，Theeuwes（2010）认为任何朝向迟发突现刺激的眼动都提示存在注意捕获，这一眼睛离开搜索目标的眼动行为可能连被试自己都没有意识到。根据 Eimer 等提出的观点，注意转移是伴随着眼跳准备的（Eimer et al.，2005）。因此有学者提出对于突显项目的不自主的眼动行为，便是刺激捕获了注意的表现。虽然也有学者认为注意捕获并不一定会产生眼动捕获的行为，但是明显的眼动行为仍然可以作为注意转移的指标。该实验范式将应用于本书出错因子的生理反应实验。

3）突显呈现说

Donk 和 Theeuwes（2001）认为，对于预搜索效应，在搜索画面中添加第二组客体时，一般伴随着新客体的突然呈现，而新刺激的“突显”可以自动捕获注意，因此，注意捕获完全可以解释预搜索效应，不需要其他机制来解释预搜索效应。其理论称为自下而上的突然呈现说，强调新客体自动捕获注意。

以上认知加工理论成为了疏忽的认知分层模型进一步设计出错因子认知实验的研究基础。

4.4 本章小结

（1）视觉认知是围绕视觉通道进行的认知加工过程，需要从视觉感知、选择性注意、记忆加工以及思维过程阐述复杂信息界面中操作员视觉认知的信息输入和输出过程。

（2）基于复杂信息界面操作员失误的出错因子提取，按照 Rasmussen、Norman、Reason 等分类方式，对出错因子进行认知表征分类；并进一步从出错因子到认知的映射关系上，建立出错-认知集，分别为错误感知集合、知觉混淆集合、注意失效集合、记忆失误集合和疏忽集合；按照每种出错类型具体划分，可将出错因子归类为五种类型。

（3）将出错类型解释为出错层与认知层，建立出错-认知分层模式；结合认知心理学知觉、注意、记忆、思维等相关的研究方法与实验范式，从每一种出错类型寻找对应的认知加工理论，逐步拓展出错因子的认知研究的知识脉络，解析出错因子的视觉认知机理，从而建立错误感知的认知分层模型、注意失效的认知分层模型、知觉混淆的认知分层模型、记忆失误的认知分层模型以及疏忽的认知分层模型。

第 5 章　基于视觉行为和生理反应的出错因子实验分析方法

信息呈现与界面布局的生理实验研究是设计科学、心理学和计算机科学交叉的新领域，目前该领域的成果还较为空白。然而，在视觉认知和生理反应实验方法研究方面，积累了大量科学的心理学范式，以及生理测评的分析方法，可为本书提供可靠的实验手段。

本章提出了出错因子的视觉行为和生理反应实验分析方法，为复杂系统视觉信息界面提供了一种可行的分析模式。针对不同的出错因子可以提取相对应的实验范式与认知理论（模型）开展视觉认知实验。本章主要探讨的是出错因子的视觉行为反应和视觉生理反应机理，不可能将所有出错因子一一提取，这样也不具有针对性。因此，为了进一步分析出错因子的视觉反应机理，需要针对性地开展若干视觉认知实验，逐步探讨复杂系统视觉信息界面中出错因子的认知机理，从而建立了出错-认知集合与界面信息的相关性，为建立出错-认知到信息特征映射的方法提供科学依据。

5.1　视觉反应机理

5.1.1　视觉的行为与生理特性

1. 视觉基本特性

视网膜最外层细胞包括视杆细胞和视锥细胞，人眼的知觉特性主要受到这两种视觉感受器的作用，它们是接收信息的主要细胞。视锥细胞主要位于中央凹，只有 2°～5°的视角范围，分辨率很高，其成像清晰，对颜色分外敏感；在识别空间位置时起到重要作用，能够敏锐分辨物体的形态。这种感色力强、能清晰分辨物体的视锥细胞形成了中央视觉，又称为明视觉。视杆细胞分布在视锥细胞周围，它的分辨率有限，对颜色不太敏感，但能够区别黑白；同时对光强非常敏感，这意味着对光的亮度变化、光的闪动、物体运动很敏感。这种能够在灰暗环境观察空间范围和运动中的物体的视杆细胞形成了周围视觉，又称为暗视觉，如图 5-1 所示。

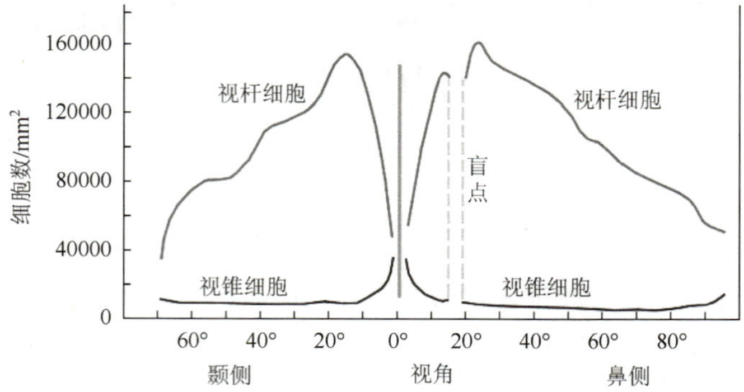

图 5-1 明视觉和暗视觉特性

2. 视觉行为特性

视觉搜索行为经常有认知因素的内部驱动，所以没有统一的显示扫视模式，也没有最佳的扫视模式。一般的视觉行为规律主要表现为以下几个方面。

（1）刺激的敏感性。

容易引起视觉注意的视觉特性主要包括大的、亮的、彩色的、变化的（或者闪动的）。这种变化的特征适用于视觉警告的定位。Yantis 和 Jonides（1984）研究发现，一个突然启动的视觉刺激（如信号灯）会吸引注意，特别是当这个刺激处在视野的外周时尤其如此。这可能是因为视觉系统对新的知觉目标特别敏感的缘故。

（2）物理位置的引导。

眼睛的搜索行为一般受到界面中的物理位置的引导。Megaw 和 Richardson（1979）研究发现，当被试在搜索目标中采用系统扫视模式时，他们倾向于从左上开始。因此视觉的视线的变化习惯于从左到右，从上到下和顺时针方向运动。

（3）边缘效应。

Parasuraman 等（1986）的“边缘效应”指出，搜索更经常集中于视野的中心区域而不是显示界面的边缘。在监控任务中扫视也比较多地集中在现实汇总毗连的元素，垂直或者水平的扫视比对角线扫视更为普遍。

在视觉信息界面的布局和信息设计时需要考虑眼睛的视觉行为特性，如告警和危险信号设计时，如何考虑在最显著区域定位最重要的信息，应按照以上特性进行设计。这也为出错因子的认知机理研究提供了可参考的依据。

3. 视觉生理特性

欲从眼睛的生理机能分析视觉特性，可以围绕凝视、眼球震颤、漂移和微震颤、眼球的生理震颤等方面分析视觉的生理特性。

（1）凝视：眼睛固定不动注视一个对象。

（2）眼球震颤：当头部转动时，或者当眼睛观察一个运动物体、不断重复的画面（如监控任务中的目标追踪）时，眼睛会发生这种反应式的运动方式。这时，眼睛平稳跟踪一个方向的运动物体，然后很快向另一个方向运动选择新的位置。

（3）漂移和微震颤：它发生在凝视期间，由于很微小的震颤，眼睛会缓慢地漂移位置。这种运动是无意识的。

（4）眼球的生理震颤：它是眼睛的高频震动，它的功能是在视网膜上连续不断移动图像，从而刷新视网膜上的视觉接收器。用人工方法把一个图像固定在视网膜上，它就会消失了。生理震颤可以保持图像连续在视网膜上显示。眼球的生理震颤发生在凝视过程，在 0.1s 时间内使得视网膜图像移动的距离大约等于中央凹上两个锥状细胞之间的距离，如图 5-2 所示。它是无意识的，一般使眼睛的移动小于 1°。

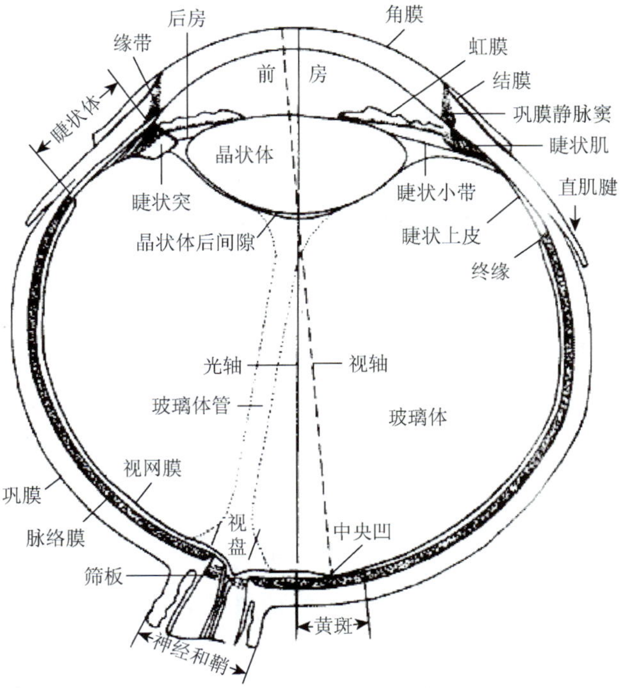

图 5-2　中央凹的位置

（5）急速运动：它是眼睛在改变视场时的主要运动方式。眼睛用 100～300ms 启动一次急速运动，然后用 30～120ms 完成急速运动。

（6）追逐运动：它保持视觉对象处于中央凹，眼睛的运动比较平稳，速度比急速运动慢。

（7）扫视：扫视是眼睛突然飞快地从一点转到另一点，眼球在视场内运动从一个观察位置到另一个观察位置的基本运动方式。从一个凝视过渡到另一个凝视之间，眼睛会迅速地、突然地跳跃性扫视，每次大约持续 50ms。扫视的角度可以小到 3°，或大到 20°。这意味着每次扫视的距离不相等。一般情况下，每秒钟眼睛扫视 3 次，然而扫视所占的时间很短，大约占去全部观看时间的 10%。眼运动最通常的形式是扫视。

（8）转动：眼睛围绕中央凹和瞳孔轴线的转动。它是无意识的，受其他因素影响。

（9）收敛：两眼向彼此集中方向运动，使得观察对象能够保持在两眼的中央凹。观察对象越近，眼睛收敛越集中。

以上视觉生理特性构成了视觉信息加工过程眼动跟踪行为，并作为一项重要的眼动跟踪技术应用于信息界面的分析研究。本章将结合视觉行为特性和视觉生理特性开展视觉信息界面的实验研究，以期获得出错因子的视觉行为和生理反应机理。

5.1.2 凝视与扫视

人类的眼睛（视觉通道）感知一个复杂视场（包含大量信息的界面可称为一个复杂视场），要经历复杂的凝视和扫视过程。首先，眼睛需要探测视场内基本特征方面，如边界、方位、宽度、尺寸、颜色、亮度、运动方向等。为了使这些基本特性被感知为各种具体对象，需要把它们整合起来。然后，大脑要经过一个对象选择过程，当注意转移到一个新的位置后，眼睛才开始把凝视飞速移动到新位置（Glenstrup et al.，1995）。这样会产生眼的浏览路径，主要由两种运动形式组成：凝视（fixation，又称为注视时间）和扫视（saccade，又称为注视轨迹）。

1）凝视

在认知过程中，视觉的凝视不仅仅是眼睛的一个固有生理特性，它与大脑的认知活动有密切关系。例如，遇到新的信息符号时要思考理解含义，遇到红色的警示信息时，或遇到同时出现的信息时，大脑会思考，这时眼睛会停顿凝视。思考时间越长，眼睛停顿的时间也相应越长。因此，操作员在信息界面搜索、认读、辨识、选择判断和决策时，都需要凝视。那么，从操作员的视觉认知过程中眼睛在界面上凝视的时间，可以大致观察出操作员认知活动所使用的时间。

凝视涉及信息的复杂性和对信息的视觉认知处理过程，主要包括视觉发现、区分、识别、记忆，以及认知方面的回忆、含义理解、识别等方面。

2）扫视

扫视是视觉寻找目标的过程。当操作员在搜索一个目标时，眼睛的运动表现为扫视。当他的眼睛处于凝视状态时，表示他在注意这个目标，这会经历分析判断、记忆与回顾，这时也会产生响应计划，从而判断选择。在扫视的研究中，一般采用的算法设定平均每次扫视的持续时间为 16.67ms。如果操作员能够很快找到目标，扫视次数将会较少。一般来说，凝视花费的时间远多于扫视的时间。

3）凝视-扫视过程

在一个信息搜索的过程中，眼睛从一个凝视点飞快动作转到另一个凝视点。Goldberg 和 Kotval（1999）分析了凝视-扫视的整个过程，如图 5-3 所示。一次典型凝视的时间为 250～300ms，它包括三个过程：视觉信息编码（即翻译解释信息）、取样周围环境、计划下一次扫视。在视觉信息被进行翻译解释这一过程，至少持续时间为 100～150ms；然后对周围环境进行取样，以确定下一步信息范围；最后计划准备下一次扫视。一次扫视大约持续 20～100ms。这三个过程可能重叠，也可能同时发生。

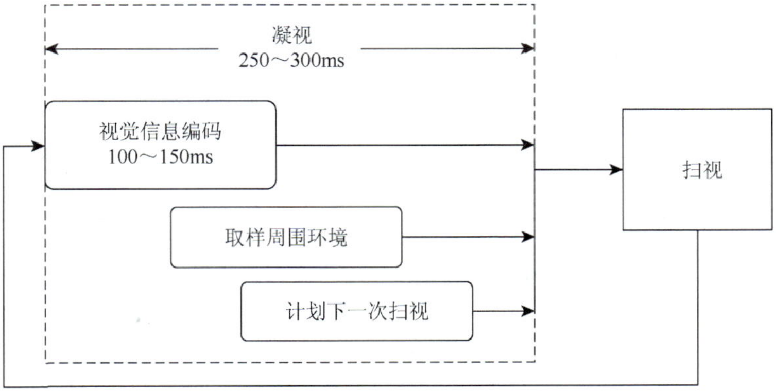

图 5-3　一个凝视周期（Goldberg and Kotval，1999）

4）凝视与扫视的实验方法

在视觉信息界面研究中，可以通过测量凝视时间和扫视路径来分析信息搜索、认读、辨识过程中视觉的认知过程。1999 年，Goldberg 和 Kotval 研究了眼睛浏览路径的本质特性，通过实验提供了眼跟踪数据分析技术的框架。他们实验的具体目的是测试菜单按钮不同布局对用户视觉操作的影响。测试的主要参数为：被试每次寻找单个信息所需要的浏览路径（scanpath）、搜索面积、凝视范围（视角大小）、扫描次数、凝视次数、凝视持续时间、凝视/扫视比。

该实验发现了视觉信息认知过程的浏览方式，并提出了相关参数的分析方法。一般来说，浏览路径指眼睛在屏幕上"快速扫视—凝视—快速扫视"的顺序。然而，当用户在信息界面进行搜索时，并不是通过一条直线达到期望目标，而是发现有两种浏览路径。一种是跨越性（temporal measure）浏览路径，它描述了浏览路径的顺序的、及时的特性；另一种是蔓延性（spatial measure）浏览路径，它是指来回扫动交叉的浏览路径。结果表明，典型凝视直径范围是距被观察目标 2°～4°（偏差 0.5°）的范围。当凝视时间＞900ms 时，表明视觉或思维停留在该对象，这时凝视角度减小，更集中和注意具体细节。如果视觉信息界面信息设计与布局都很合理，操作者就能够快速发现目标，并形成直接、快速的搜索路线方式；否则就会误导操作者，使他们在错误的期待下离开正确的信息目标，停留在错误的信息上，导致较盲目的搜索行为。

凝视和扫视的实验可通过眼动的相关参数，对视觉信息界面中信息搜索的视觉认知行为作出判定。表 5-1 给出了搜索路径长度、搜索路径持续时间、凝视次数、凝视持续时间以及凝视/扫视比等眼动跟踪轨迹的详细参数，作为视觉认知的生理反应分析依据。

表 5-1　凝视与扫视实验的相关参数

参数	凝视与扫视数据		信息搜索评价
	描述	计算公式	
搜索路径长度（scanpath length）	各凝视点之间的距离之和	Length=a+b+c+…+n	如果扫视路径最短，就是最佳搜索路径
搜索路径持续时间（scanpath duration）	搜索路径总时间和认知处理时间的总和	Scanpath Duration=n×16.67ms+Fixation Duration	搜索路径持续时间与处理信息的复杂性关系较大，预搜索效率关系较小，即时间主要花在凝视，而不是花在扫视
凝视次数（fixation count）	注视点个数的总和	n（a, b, c, …, n）	凝视次数相对较多，说明信息界面设计的不合理
凝视持续时间（fixation duration）	注视点的持续时间总和	Sum=Total Fixation Duration（1+2+…+n）	凝视时间长，意味着花费在视觉信息编码的时间长
凝视/扫视比（fixation/saccade ratio）	凝视时间与扫视时间的比值	Ratio=Fixation Duration/Saccade Duration（Saccade Duration=n×16.67ms）	认知处理信息的时间（凝视）与搜索图标的时间（扫视）的比，当 Ratio＜1 时，说明信息布局的不合理

5.2　视觉搜索模型

为了展开视觉行为和生理反应的出错因子实验，不仅需要研究视觉的行为特性和生理特性，还需要从视觉认知角度，建立相应的视觉搜索模型。操作员进行任务监控的搜索、认读、辨识、判断选择和决策过程，主要是围绕目标搜索展开的。在目标搜索过程中发生着凝视—扫视—凝视的浏览路径，并伴随着认读、辨识、判断选择和决策，然后进入下一个目标搜索任务。

目标搜索任务中，需要关注的是“找到一个目标需要花费多长时间”，或者“在一个给定的时间段里，一个目标被检测到的概率是多少”。这是视觉认知实验的主要考察内容。Drury（1975，1982）最早研究了视觉搜索模型来解决这类问题。他描述了目标搜索和预测定位目标的概率随着搜索时间的增长而增加。然而，这种增加的速度会逐渐减小，原因是一般目标没有被搜索到前，需要的凝视不止一次；即使有充足的时间，搜索策略通常也不是用“有用的视觉域”（UFOV）去覆盖整个搜索区域。因此，Drury 设计了一个实验用于确定最佳搜索时间。实验预测了工厂质量控制检查员检测产品瑕疵所需要的时间。结果发现，如果一个人能够确定检测时间的代价（它随着时间的延长而增大）和漏报的代价，那么对任何一个要搜索的产品都有一个最佳的搜索时间（图 5-4）。

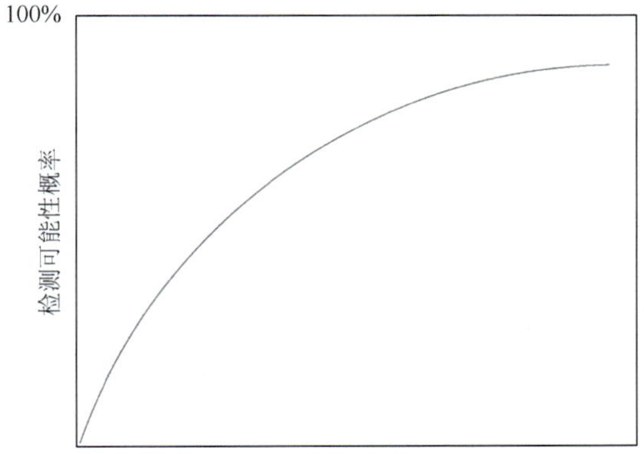

图 5-4　作为搜索时间函数的检测概率（Drury，1975）

另一种方法的视觉搜索模型是通过一组刺激去确定特殊目标，从而对影响搜索速度的不同变量进行建模。这成为了搜索任务刺激的典型实验，主要任务为：①白色 X 的存在；②大 T 的存在；③黑色目标的存在。如图 5-5 所示。

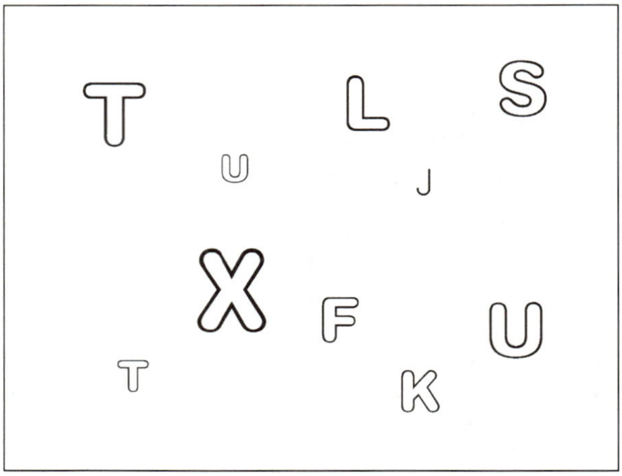

图 5-5　搜索任务刺激的典型实验

围绕这类问题，大量的研究充实了视觉搜索模型，目标搜索的实验需要遵循该模型的以下结论。

（1）被搜索项目数对搜索时间有显著影响。搜索项目数越多，搜索时间越长。这是因为搜索通常是序列的，即各个项目是被逐个检测的（Drury and Clement，1978）。在序列搜索中，各个项目逐个被搜索。自行终止搜索中，当目标项目被找到后，搜索就停止了。平均而言，至少有一半的项目被检测过。

（2）如果目标是被某个显著维度的某个水平确定，就会出现序列搜索的不同情况。在搜索中，目标好像是突然显现，即当目标能用一个简单规则定义时，平行搜索就发生了（Treisman and Gelade，1980）。在图 5-5 中，目标是被一个维度（颜色）的一个简单水平（黑色）定义的。与绩效相关的眼动数据表明，平行搜索比序列搜索有较大的有效性（较少扫视）（Williams et al.，1997）。

（3）当目标项与干扰项难以区分时，操作者更可能采用序列搜索（Geisler and Chou，1995）。当目标项和干扰项的亮度和颜色差异较小时，搜索时间会随干扰项的数目增加而增长，但是当这种差异较大时，搜索时间则不会增长（Nagy and Sanchez，1992）。

（4）当目标项定义为具有某一特征而不是缺少某一特征时，也会出现与序列搜索不同的情况。例如，被试在很多 O 中搜索一个 Q 时往往采用平行搜索，而在很多 Q 里搜索一个 O 时往往采用序列搜索。

（5）搜索目标项在空间上是否接近，对扫描没有多大的影响。随着搜索目标项距离增加而增加的扫描只使搜索时间略微有些增加（Drury and Clement，1978）。

（6）搜索几种不同目标中的任意一种通常要比只搜索一种目标慢（Craig，1981）。在图 5-5 中，如果指导语是“搜索 X 和 K”，被试可能会发现，只有 X 和 K 是唯一处在对角线上的字母，这确定了非目标特定集合，因而，被试可以通过这个共有的特性进行有效的搜索（Neisser et al.，1964）。

（7）目标搜索的深入的联系有时可以使操作进入自动化水平。这时搜索是平行搜索，搜索时间不受目标数量的影响（Fick et al.，1988）。

以上视觉搜索模型总结的一般结论（工程心理学与人的作业，2003），将作为视觉搜索实验的主要设计、分析和讨论的依据，并围绕这些结论展开出错因子的视觉行为和生理反应实验。

5.3 出错因子的实验分析方法

5.3.1 出错因子——实验变量的设定方法

本节将主要围绕视觉搜索模型展开视觉行为和生理反应的相关实验。在第 3 章的视觉信息界面任务分析及出错因子表征阐述中，出错因子是在典型监控任务界面中提取的。首先进行了操作员的认知行为分析和认知失误辨识分析；然后采用模拟实验法提取了各种出错，并按照监视/发觉、状态查询、响应计划和响应执行四个认知行为过程分类；最后，经过错误表征获得了视觉信息界面的所有出错因子。

在第 4 章的出错因子视觉认知机理阐述中，出错因子的视觉认知机理是基于出错-认知分层模型建立的。首先从视觉感知、视觉注意、记忆加工以及思维加工四个视觉认知角度建立了五种出错类型；然后建立了每种出错类型的认知分层模型。

因此，本章将探寻出错因子的视觉行为和生理反应实验分析方法，在出错因子视觉认知机理的基础上建立一种提取出错因子作为实验变量的方法，从视觉行为和生理反应方面进一步分析出错因子的认知机理。本节将按照出错因子提取—对应视觉认知理论（模型）—对应实验范式—以出错因子为变量的实验设计的程序进行。如图 5-6 所示，主要分为以下三个步骤。

（1）出错因子提取。

在五种出错-认知类型中，可以看到每种出错类型聚集了大量的出错因子。这些归纳为不同出错类型的出错因子，将在以后的视觉信息界面设计中作为可提取的分析元素。在本章视觉认知实验的行为和生理反应分析上，将提取操作员在认读、辨识及选择判断信息过程中高出错率的因子作为自变量。这些因子频繁出现在各个出错类型中，如遗漏、误读、误判、错误理解等。然而，每个出错因子对应的出错类型不同，就会与不同的认知理论（模型）相对应，这就需要进行下一步选择相对应的实验范式。

（2）选择实验范式。

针对一种出错因子，需要选择相对应的认知模型（理论）和心理学实验范式。这就需要在出错-认知分层模型中进行，这将可能与视觉感知、视觉注意、记忆加工以及思维过程的不同认知层面上产生交叉。例如，工作记忆中的注意捕获理论，这需要结合记忆加工和注意加工进行实验设计。

（3）实验设计。

在认知心理学前人研究的基础上，结合出错因子的相关认知理论（模型）以及视觉搜索模型实验范式，设计以出错因子为自变量的视觉认知实验。按照视觉搜索模型的一般结论，采用反应时和眼动跟踪相结合的方法开展实验。运用方差分析方法对反应时间指标和错误率指标，以及生理数据中的注视总时间、注视次数、扫视次数和凝视/扫视比等指标进行统计分析，获得视觉界面信息因素的错误感知分析结果。如图 5-6 所示。

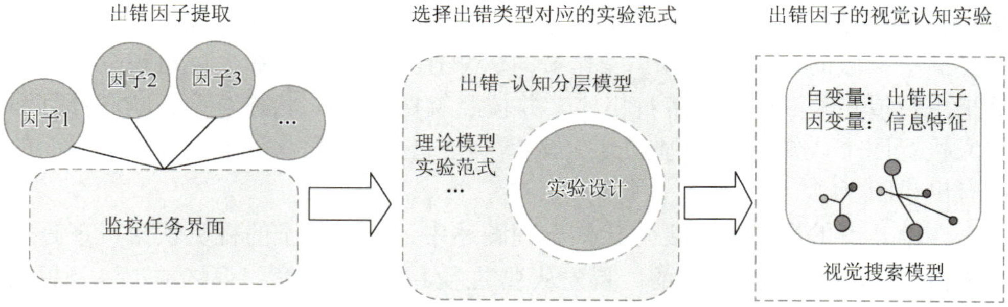

图 5-6　出错因子的视觉认知实验

5.3.2　视觉认知实验的总体设计

出错因子的视觉认知实验方法为复杂信息系统监控任务界面提供了一种可行的分析模式。针对不同的出错因子可以提取相对应的实验范式与认知理论（模型）开展视觉认知实验。本章主要探讨的是出错因子的视觉行为反应和视觉生理反应机理，不可能将所有出错因子一一提取，这样也不具有针对性。因此，为了进一步分析出错因子的视觉反应机理，需要针对性地开展若干视觉认知实验，逐步探讨复杂系统视觉信息界面中出错因子的认知机理，从而为视觉信息界面的出错因子-视觉认知-设计信息的关联性构建提供可靠的理论基础。

本章将采用心理学实验方法展开，这种方式能够科学地解释心理和行为规律，也正符合出错因子在行为和生理方面的进一步探讨。实验设计将按照逐一扩展的模式进行，如图 5-7 所示。

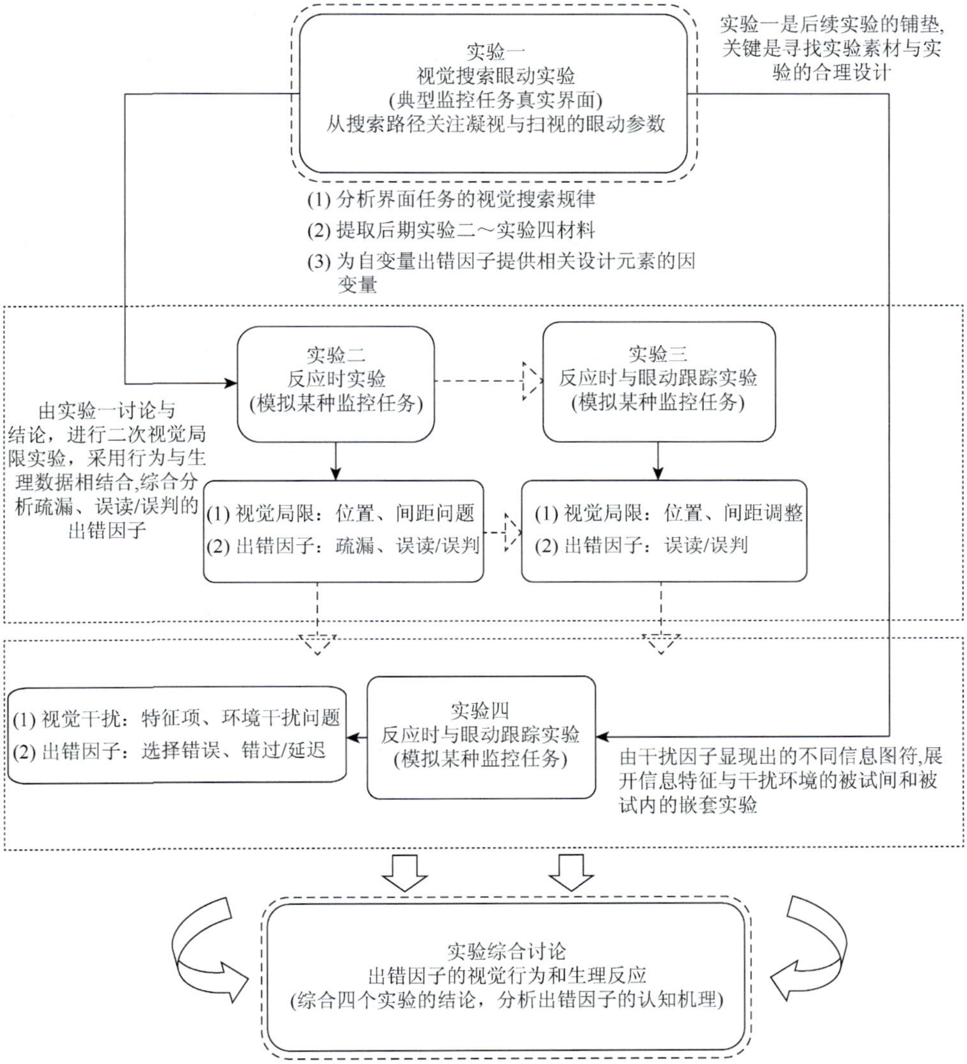

图 5-7　视觉认知实验总体设计

出错因子的视觉认知实验包含四个实验。由监控任务界面导入的心理学实验为基础，运用心理学实验技术手段，开展反应时和眼动跟踪的嵌套认知实验，运用方差分析方法对反应时间指标和错误率指标，以及眼动数据中的注视轨迹、注视时间、扫视时间、扫视路径长度、凝视/扫视比等指标进行统计分析，逐步开展在不同监控子界面、子任务环境下进行的不同出错因子视觉认知实验，主要阐述如下。

（1）实验一：监控任务的视觉搜索眼动跟踪实验。

实验一采用典型监控任务的真实视觉信息界面作为材料，开展眼动跟踪的视觉搜索实验。目的是通过被试眼动跟踪的任务搜索轨迹，分析材料的界面布局、设计元素，获取与出错类型相关的实验素材。本实验主要为后期的出错因子实验做铺垫，关键是寻找实验素材并为后期实验提供分析依据。

（2）实验二：监控任务子界面的视觉局限反应时实验。

在典型监控任务界面搜索路径中凝视与扫视眼动参数的分析上，提取因疏漏、误读/误判引起的监控界面子任务，作为实验材料。设计模拟某种监控任务的反应时实验，主要探讨因位置、间距引起的视觉局限问题。

（3）实验三：监控任务子界面的视觉局限反应时和眼动跟踪嵌套实验。

在实验二的基础上，分析造成疏漏、误读/误判的关键因子，并深入分析实验材料，在反应时和和出错率基础上调整自变量，开展基于行为反应（反应时与出错率）和眼动跟踪（搜索路径）的嵌套实验。

（4）实验四：监控任务子界面的视觉干扰反应时和眼动跟踪嵌套实验。

基于实验一和实验二的位置、间距分析结果，从实验一中提取相关特征项、环境干扰项的实验材料，进一步分析引起干扰的不同因素。同实验三，开展反应时与眼动跟踪嵌套实验，分析视觉干扰情况下出现的选择错误、错过/延迟等出错因子。

（5）实验综合讨论。

在以上四个实验的结果、讨论与结论基础上，需要以实验一为主体对不同出错因子实验进行综合讨论，从而进一步分析视觉行为和生理反应层面上，出错因子的认知机理，为后期的出错因子-视觉认知-设计信息的关系构建提供理论基础。

5.4 视觉认知实验相关技术与分析方法

5.4.1 E-Prime 视觉行为实验生成系统

E-Prime 是由卡内基·梅隆大学和匹兹堡大学联合开发，用于行为研究的心理学实验生成系统。可它通过实验功能图标的形式设计，建立以刺激材料为主题的任务程序。E-Prime 的刺激呈现及反馈信号的时间精确度达到了毫秒，并提供了详细的时间信息和事件细节（包括呈现时间、反应时间的细节），达到了实验设计、生成、运行、收集数据、编辑和预处理分析数据的全过程。

在监控任务界面的视觉认知实验中，模拟的任务环境将作为刺激材料。被试的反应时和出错率是关键提取的两种行为数据，能够反映出对任务的执行度和任务失败的概率。

5.4.2　眼动跟踪技术

眼动的时空特征是视觉信息提取过程中的生理和行为表现，它与人的心理活动有着直接或间接的关系，这也是许多心理学家致力于眼动研究的原因所在。因此，将眼动研究应用在视觉认知实验中，能够通过大量眼动数据的基础研究，分析操作者在视觉搜索过程中的视觉特性，需找信息认读、理解、辨识过程的行为和生理反应以及任务执行过程的视觉认知困难程度，这是分析出错因子视觉认知的关键所在。

通过图像传感器采集的角膜反射模式和其他信息，眼动仪可以计算出眼球的位置和注视的方向。结合精密复杂的图像处理技术和算法可以构建出一个注视点的参考平面图，如图 5-8 所示。

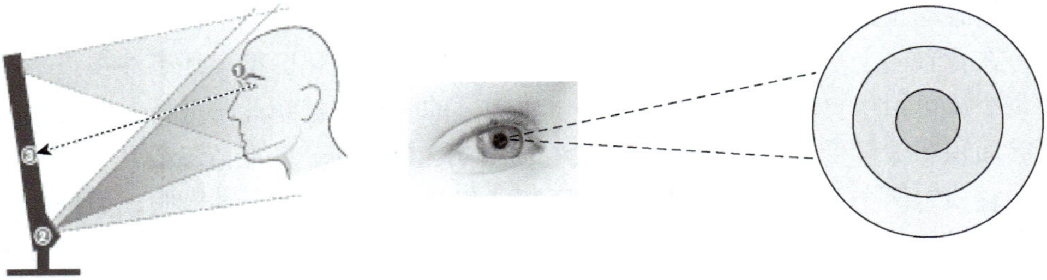

图 5-8　眼动跟踪技术

5.4.3　实验相关的眼动参数与设备

1）注视点及注视持续时间（凝视）

本章在阐述凝视与扫视时，介绍了视觉搜索过程是凝视—扫视—凝视的循环过程。凝视到扫视产生的浏览路径就是一个注视点跨越到另个注视点，在注视点会有持续时间。在眼动跟踪技术中，一般按 16.7ms 或 8.3ms 采集原始眼动数据（依据采样率分别为 60Hz 或 120Hz）。每个数据点都按一个时间标签“X，Y”坐标来识别，把这个数据点定义为注视点。注视点算法是由 Salvucci 和

Goldberg（2000）提出的眼动速度识别的基准值算法（I-VT）。注视点的位置有原始眼动数据中的 X 和 Y 值的均值确定。注视点的时间标签是从注视点的第一个样本获得的，而持续时间是按注视点的第一个样本和最后一个样本之间的持续时间计算的。

2）扫视时间和距离

在表 5-2 中关于扫视的参数包括搜索路径长度（scanpath length）和搜索路径持续时间（scanpath duration）。这可以分析被试在扫视过程中的路径，其长短说明了预搜索效率，很可能扫视时间超过了凝视时间，这将会影响搜索目标的效率，容易出错。扫视长度需要根据注视点的“X，Y”坐标计算出斜边的长度，这主要用来分析某个被试的扫视路径，不适合多个被试的叠加。因此搜索路径长度应该是每个长度的总和（Goldberg and Kotval，1999）。搜索路径持续时间包括凝视时间，也就是说需要将扫视时间加上注视持续时间。

3）集簇分析

“有用的视觉域”（UFOV）来定义环绕凝视中心，是不超过大约 2°视角的一个视野区域。在这个环绕凝视点的环形区域中，可以提取任务的必要信息（Mackworth，1976）。UFOV 大小决定于信息的密度和目标与背景的分辨率。UFOV 的大小和不同凝视（2～4 次/s）之间最大的转换率限定了在既定时间内搜索区域的数量。

在眼动跟踪技术中，把 UFOV 作为一种集簇（cluster）分析图，并定义为一种可在背景图上呈现注视点数据密度最大的区域的可视化图型。还有注视点数据的每个簇可用于自动创建兴趣区和基于兴趣区的眼动数据统计与分析。图像中的集簇面积和数量受 Distance 基准值设置的影响。Distance 基准值参数是一个空间值，它决定两个不同集簇之间的最小距离。集簇算法就是为了找到眼动数据的空间分布模型。首先将扫视点进行密集设置直到模式值之间的距离大于距离基准值时，做重复运算，并将每个在相同模式值周围的扫视点分配到同一个集簇中（Santella and Decarlo，2004）。该过程可总结为式（5-1），其中，σ 代表距离基准值（或空间尺度）：

$$\text{Spatial Kernel}(x_i, y_j) = \exp\left(-\frac{x_i^2 + y_j^2}{\sigma_s^2}\right) \tag{5-1}$$

簇的计算如下：首先，距离基准值设置为 σ 像素；其次，计算基于以 σ 个像素为半径的周围的一个扫视区域并使用与该区域相邻的扫视点数据计算 X 和 Y 坐标的均值，这样扫视点数据都移动到 X 和 Y 均值的位置；需要把所有扫视数据点都移到新位置，这样会紧密地聚集在模型区域附近，并且所有模型区之间的距离都大于 σ 像素；最后，将位于相同模式值周围的每个扫视点分配到同一个簇中，就能够呈现出集簇图，包含在原始位置上的扫视点，如图 5-9 所示。

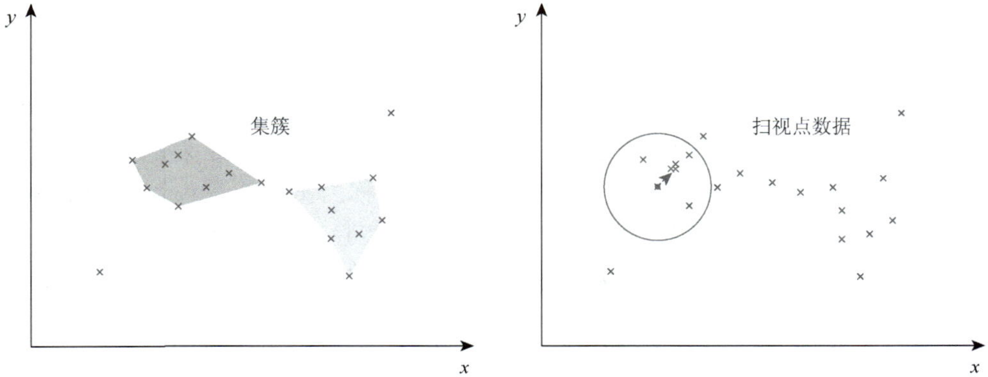

图 5-9　集簇分析的算法

4）眼动实验设备——Tobii X120

本书中的眼动跟踪实验将采用新一代眼动追踪系统 Tobii X120，它提供了世界领先的非接触式眼动追踪解决方案。采用头动补偿算法，被试在实验中可自由移动头部，数据不受影响。这样，实验可以在完全轻松自然的状态下完成，数据采集的可靠性很高。

Tobii 应用了 I-VT 的算法，按照注视点的第一个样本和最后一个样本之间的持续时间计算凝视所占有的持续时间。若眼睛在两个不同的注视点之间移动，则可能是由于信号片段的不变或者漂移造成的缓慢移动，这都会归类为一个注视点。因此通过 I-VT 算法提取为注视点，并通过单个注视点的每个时间帧所包含的信息预测它的空间位置。

虽然 Tobii X120 是最先进的采集眼动数据的仪器，但是直接导出的数据中并不包含扫视的相关数据，还需要通过算法得出搜索路径长度、持续时间以及凝视/扫视比等参数值。可直接获得的数据包括注视轨迹图、热点图，以及不同兴趣区（AOI）的相关注视眼动数据。当然也包括从第一注视时间到完整任务（按键盘或鼠标）的结束时间，即反应时。若设置了需要被试回答的问题，同时记录了被试回答问题的正确与否，即为出错率。

5.4.4　实验设计的方法

实验包含自变量与因变量，自变量的不同水平会引起因变量数值的变化。心理学实验设计包括被试间（between-subjects design）、被试内（within-subjects design）以及单被试（single-subject design）的设计。在出错因子的视觉认知实验中，为了探测不同因素、不同水平的行为差异和生理差异，主要采用被试内设计的方法，也会用到被试间与被试内的组合设计方法。

（1）被试内设计。

被试内是每个被试只接受一个水平的处理，结果反映的是不同水平的处理差异。而本书使用的被试内设计是每个被试都要接受自变量的所有水平。由于参与者的行为是重复测量的，因此被试内设计时常也称为重复测量设计（repeated-measure design）。根据实验内容的不同，视觉认知实验将安排 10～25 个不等的被试参加监控任务的出错因子实验，也就是说，每个被试相互间实质上是“克隆”（clone）的被试相匹配关系。被试内设计可以缩小误差方差，这样就更可能检测出自变量的效应。

（2）嵌套设计。

嵌套设计（nested design）是被试间和被试内组合的一种方式。可以这样描述，它有一个组间变量（因子 X）和一个组内变量（因子 Y），一个被试间因子 X 有几个水平 A_1、A_2、A_3 等，每个水平下都“嵌套”着变量 Y 的几个水平 B_1、B_2、B_3 等。这样，因子 A 的每个水平都包含了因子 B 的一种被试内操纵。这种嵌套设计亦将在出错因子实验中应用。

（3）主效应。

每一个自变量的单独效应称为主效应（main effect）。当研究设计被呈现为一个矩阵，并且第一个因素定义行，第二个因素定义列的时候，行与行之间的平均数差异描述就是第一个因素的主效应，列之间的平均数差异描述的是第二个因素的主效应。

（4）交互作用。

当一个自变量的效应随另一个自变量的水平而变化时，就出现一项交互作用（interaction）。目前有现成的统计检验可以同时确定一个参数实验里的主效应和交互作用的概然信度（probable reliability）。

5.4.5 实验的分析方法

实验按照设计程序进行后，将得出相关的数据，E-Prime 编写的程序将输出所有被试的反应时与出错率，而眼动跟踪实验将输出所有被试的注视轨迹、热点图、集簇图、注视时间、注视次数、任务执行时间等数据。这将要用科学的分析方法进行数据处理。

图 5-10 列出了将要处理的参数以及相关的数理统计方法。在实验结果的统计

基础上，将应用统计分析软件 SPSS 对相关系数、回归系数等统计量进行差异检验，分析各种因子及误差，发现对实验数据的变异有影响的因子以及各因子的主效应或因子间的交互作用。通过多元回归、因素分析、主成分分析、聚类分析、判别分析等多元统计方法对数据进行分析。

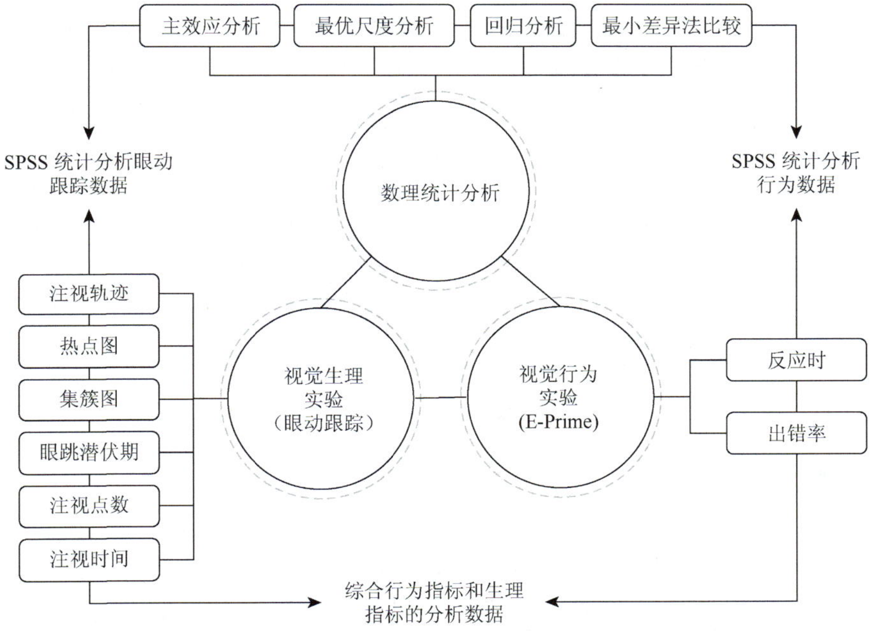

图 5-10　实验的分析方法

5.5　监控任务界面中信息特征的视觉搜索研究

5.5.1　研究思路

实验一的研究目的是分析监控任务界面中各种信息的不同特征，包括信息布局、信息呈现方式、任务种类、信息提取时可能遇到的种种问题等，以便在后期的实验中提取出错因子，展开相关的视觉认知实验。

特征分析的一种直接研究方法是辨识观察眼睛的运动和定点注视。研究发现，如果被试在相对较长的时间内凝视视觉信息界面中某一特征，那么被试从中提取到的信息要多于草草看一眼所提取的特征。Yarbus（1967）做了一个注视实验，实验中呈现了一张客人进入家门的图片，要求被试根据复杂模式作出某些估计（图中的人物及其关系）。在被试要求关注某个人物、墙上的画或者判断人物之间的关系时，结果显示注视点倾向于集中在那些对被试意图而言很重要的特征上。Yarbus 认为，特征承载的信息越多，双眼停留其上的时间就越长。因此，在视觉信息界面进行任务搜索，不仅取决于物理刺激的本质（信息的颜色、形状、位置等），也包含注意和意图等高级认知过程，眼动跟踪能够解释视觉搜索的认知过程。

因此，视觉搜索是信息认知过程的重要阶段，而注意支配着视觉搜索过程的凝视与扫视。视觉搜索主要是前注意信息的加工处理，前注意可以说是无意识的。前注意信息多指视觉信息界面中能够引起无意注意的信息自身属性，如颜色、大小、形状、方位等。

按照 Yarbus 实验的范式，实验一将采用眼睛运动与定点注视的分析方法，分析在监控任务过程中，操作员是如何将视觉注意分配到不同信息内容上的。结合 Goldberg 和 Kotval 提出的凝视—扫视的信息搜索过程，分析典型监控任务界面中不同任务的眼动跟踪轨迹。从而获得视觉信息界面中不同信息特征的行为和生理反应规律，并探讨信息搜索过程中可能产生的出错因子，以及这些出错因子与信息特征存在的内在联系。

5.5.2 实验材料

实验一将采用典型监控任务界面（航战显示系统）作为实验材料。选择该界面作为实验材料，也就是实验二～实验四开展的出错因子实验的母版，它们的实验材料都将以这个真实的航战界面为基础进行模拟，从而展开实验室环境的心理学实验。

图 5-11 所示为航战显示系统的监控任务界面，它由飞行数据显示、水平位置显示、雷达态势以及武器挂载四个界面组成。上部为信息导航栏，包括燃油、飞机状态、装载信息、警告信息、防御信息等。左边第一个为飞行状态界面，可以监控飞行数据界面、飞行高度、空速和航向等数据信息；在它的下方有仪表盘显示，可以读出目前飞行数据的详细信息，以及飞行控制系统信息和故障信息。左边第二个是水平位置显示界面，可以显示区域跟踪、导弹搜索、瞄准等信息数据；下方的信息栏提供了通信、导航以及识别信息。第三个是防御显示界面，显示了敌机数据、友机数据、无线电、导航控制点、敌我识别（IFF）模式和编码等信息。最后一个为武器挂载界面，提供了选择不同武器的功能，各种武器的详细信息列于下部的信息栏，并按照不同模式显示。

在实验材料中，包含了大量的信息特征，全部承载于监控任务界面中。它包括表示不同含义的信息图标，如敌机友机符号、武器符号、角度符号、

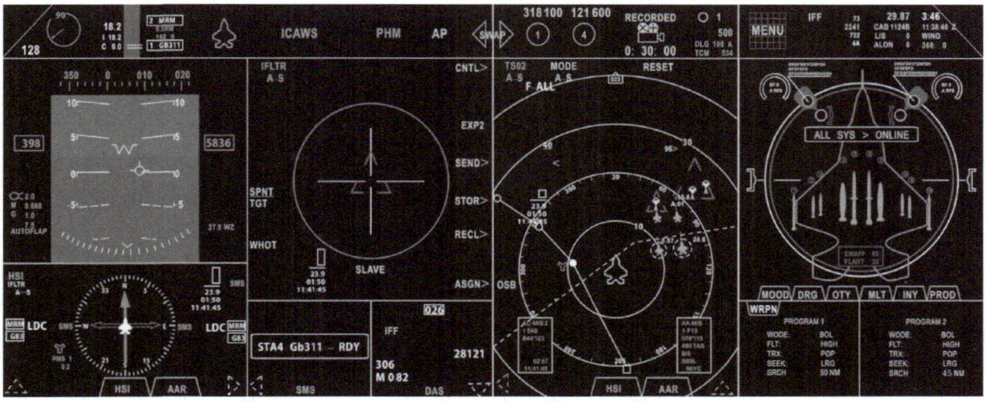

图 5-11　实验材料

向量符号、起落装置符号等；包括各种不同模式的信息表达方式，如已选模式为框选、直线发射的最大值和最小值、发射选中；包括各种数据表达形式，如空速、高度、射程、马赫数、探测敏感度等；包括各种方位的指示符号，如方位角掌舵线、速度向量方位、目标瞄准线等；还包括各种状态信息的表达方式，如正常运行、系统损坏、自动追踪等；系统还有大量的简写符号，以大写字母表示。如此多的信息承载，对于优秀的飞行员，必须具有专业的飞行技术以及飞行经验，才能将这些信息熟知，作为专业知识存储于长时记忆中。

本实验将真实的监控任务界面作为眼动跟踪的视觉搜索材料，在不同任务中，呈现同一个信息界面。

5.5.3　实验设计与程序

1）实验目的

本实验考察在监控任务界面呈现复杂的信息特征时，人眼搜索信息的注意加工特性。在不同任务与不同信息区域中，研究是否在眼动指标上存在差异，并且考察不同信息区域搜索过程中的相对差异。

2）实验设计

本实验采用 4（任务）×9（区域）两因素被试内设计。其中，按照操作员监控过程的主要任务分为任务一、任务二和任务三，并增加一个无任务的自变量。被试执行的不同任务如下。

（1）无任务：观看，无目的地看。

（2）任务一：寻找所有代表飞机的符号（无论大小），记住它们的颜色和位置。

（3）任务二：寻找可能受到威胁的信息，无论符号还是数字，并记住它们的特征。

（4）任务三：查看不同数据信息，理解有多少不同的数据信息表达方式，如不同颜色、字符大小、强调格式等。

针对三个任务有相应的问卷，作为视觉搜索任务后，根据记忆回答不同信息的特征以及方位，如重要信息的颜色、容易忽略信息的方位等。

复杂航战信息的监控任务界面分为不同的区域，按照信息特征的不同，划分为以下九个区域：

（1）信息栏：上部信息栏左和上部信息栏右，分别标记为 INFO1、INFO2。

（2）子界面：飞行数据显示、水平位置显示、雷达态势以及武器挂载四个界面，分别标记为 INFO3、INFO4、INFO5、INFO6。

（3）子界面对应状态信息栏：飞行数据状态信息栏、水平位置显示状态信息栏和武器挂载状态信息栏，分别标记为 INFO7、INFO8 和 INFO9。

3）被试

本实验中被试的选取很关键。因为有经验的操作员（飞行员）已经对界面的信息非常熟知，并由于常年记忆对信息的特征、方位以及术语非常了解，并不能反映信息理解上的差异。在实验中，要想真实反映界面信息特征对视觉搜索的影响以及可能出现的出错因子，应该选择新手用户。因此，本实验中，选择具有多年计算机操作经验，并对信息设计有一定经验的专业人员作为被试。

被试为 10 名具有信息设计背景的研究生，4 女，6 男，年龄在 21～25 岁，视力或矫正视力正常，无色盲或色弱。实验之前，录入被试的相关信息，包括性别、年龄及视力。

4）实验设备与程序

实验在河海大学人因交互实验室进行，实验设备采用瑞士 Tobii X120 眼动仪，采样频率为 120Hz，凝视定位精度为 0.5°；一台计算机，显示分辨率为 1920×1280，颜色质量 32 位，双眼采集方式，头部运动范围为 30cm×16cm×20cm。该系统视线凝视位置数据延迟低至 3ms，具有理想的凝视-瞬时显示应用。系统每隔 20ms 对受试者的眼球位置进行取样，用来探测并搜集受试者的眼球移动的数据。

被试首先要求阅读监控任务界面的图片和文字材料，由专人介绍材料背景，使被试熟悉航战系统环境。实验开始，首先被试在无任务状态下，随意查看界面信息，时间为 6000ms。然后进入视觉搜索任务，依次呈现任务一、任务二和任务三，被试完成后按空格键结束。每个任务后，被试需要结合问卷做出回答。每人完成全部实验耗时约 30min。

5.5.4 实验结果与分析

由 Tobii X120 眼动仪对被试信息搜索的眼动信息进行记录，采用 Tobii Studio Version 3.1.0 软件进行数据的收集，包括输出搜索路径、凝视持续时间、扫视次数、访问次数、凝视/扫视比等数据；根据眼动数据的采集率显示，剔除两个采集率不到 70%的被试（42%和 26%），将 8 个被试眼动数据导出，采用 Excel 进行数据统计；采用 SPSS Statistics 19.0 分析软件主效应、交互作用、显著性等。

1）凝视与扫视

通过 Tobii Studio Version 3.1.0 软件的数据可视化，可以得出被试信息搜索的整个凝视—扫视过程。在无任务状态下，被试无目的地观看，形成了密集的凝视—扫视过程，如图 5-12 所示。从图中可以看出，被试虽然是无目的地观看，也会在某个区域聚集较多的注视点，扫视路径的长度也可以看出有反复的左右、上下往返查看信息内容。

图 5-12　被试无任务时的凝视与扫视

在不同任务驱动下，被试的凝视—扫视过程呈现出明显变化。如图 5-13 所示，可以看到注视点聚集的区域有很大不同。任务一需要寻找代表飞机的符号，被试的注意集中在与飞机相关的图标类信息；任务二查看的是威胁相关的信息，被试会根据颜色、形状、数据等表达方式查看是否具有威胁的意义，视觉注意随着威胁相关性在移动，可以明显看到在出现敌机处有大量的凝视，可见这时被试在进行理解与辨析；任务三查看的是数据信息，在监控任务界面中有大量的数据信息，以不同方式表达并分布在不同的方位，明显扫视的次数远多于任务一和任务二，这与信息的布局有关。

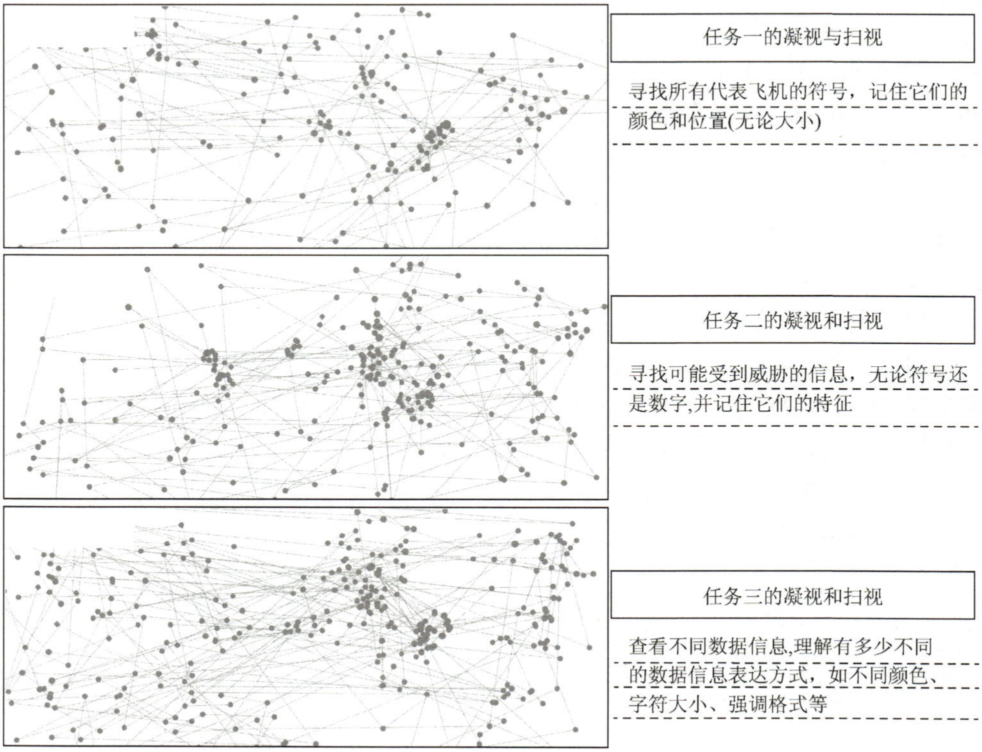

图 5-13　三种不同任务驱动的凝视与扫视

2）被试的凝视/扫视比

下面专门分析一个被试的凝视—扫视过程，比较不同任务下的搜索路径与搜索效率，即凝视/扫视比（fixation/saccade ratio）。图 5-14 给出了三种任务下被试的反应时、凝视持续时间和扫视次数，左边为监控任务界面中的轨迹图，右边为提取后的搜索路径。可以看出，无论从反应时还是凝视持续时间上，三种任务呈依次递增趋势，说明任务三对数据信息的搜索时间远远大于任务一和任务二，任务一搜索最快。

从任务一的搜索路径上看，扫视次数为 21 次。该被试集中在了雷达态势界面中多架飞机的搜索上，并产生多次周边的扫视，寻找是否还有飞机，发现了装载武器的大飞机。然而，被试忽视了 INFO1 区域中的飞机状态以及 INFO6 区域中的主机，因此在回答信息栏中的绿色飞机和白色飞机代表的是否都是主机时，被试很难回答，一半认为是，另一半认为不是。说明在飞机信息的搜索过程中有严重的信息疏漏。

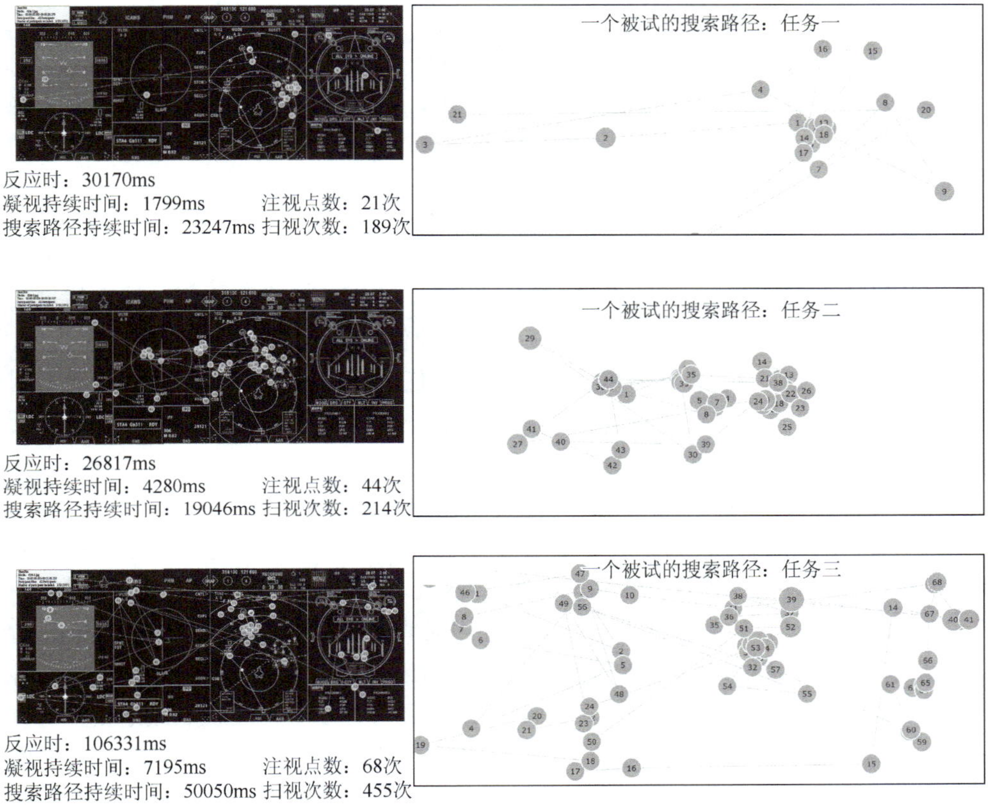

图 5-14　一个被试在三种不同任务驱动的搜索路径

从任务二的搜索路径上看，扫视次数为 44 次。明显扫视长度较短，凝视多集中于雷达态势与水平位置显示界面中，并没有过多扫视其他区域，查看威胁信息。这说明雷达态势显示的敌友机状态已经可以吸引被试的注意，特别是从颜色特征的红色、绿色、黄色所表达的信息，能够引起强烈的注意。

从任务三的搜索路径上看，由于数据信息量较大，并分布于不同区域，被试表现出大量的凝视—扫视，扫视次数达到了 68 次。同时，发现注视点较多集中在敌机和友机区域，说明视觉性强的符号，即使在其他任务搜索中，也会引起注意，即视觉干扰。

Goldberg 和 Kotval 提出的视觉搜索效率公式如下：

$$\text{Ratio} = \frac{\text{认知处理信息的时间}(f)}{\text{搜索信息的时间}(s)} \tag{5-2}$$

式中，认知处理信息的时间指凝视持续时间，记为 f; 搜索信息的时间指扫视时间，也称为搜索路径持续时间，记为 s。因此，有

$$R_{任务一} = \frac{f}{s} = \frac{1799\text{ms}}{23247\text{ms}} = 0.0774$$

$$R_{任务二} = \frac{f}{s} = \frac{4280\text{ms}}{19046\text{ms}} = 0.2247$$

$$R_{任务三} = \frac{f}{s} = \frac{7195\text{ms}}{50050\text{ms}} = 0.1438$$

搜索效率可以说明界面信息布局的优劣（Goldberg et al.，1999），认知处理时间应远大于搜索信息时间，即 Ratio 的值大于 1，说明信息布局合理，搜索信息的效率高。从数值可以明显看出，监控任务界面的信息搜索不利于被试的快速搜索，在任务二执行过程中信息分布略好于任务三和任务一。

针对不同任务的凝视与扫视，可进一步结合反应时、凝视总时间、注视点数、扫视时间和扫视次数等数据，分析不同任务的差异性。

3）不同任务下视觉搜索反应时和眼动数据的差异性比较

不同任务下的反应时与眼动参数均值与标准差，如表 5-2 所示。反应时指标表示信息搜索的速度，对反应时的方差分析表明，不同任务的主效应（F=19.463，P=0.048，p<0.05）达到显著性水平；总注视时间是完成任务所有凝视持续的总时间，表示花费在视觉编码的时间长短。对凝视持续时间的方差分析表明，不同任务的主效应（F=55.687，P=0.005，p<0.01）达到显著性水平。注视点数指扫视的有效性，表示搜索目标的相对难度。对注视点数的方差分析表明，不同任务的主效应（F=54.918，P=0.005，p<0.01）达到显著性水平。扫视时间即为搜索路径持续时间，表示处理信息的复杂性程度。对扫视时间的方差分析表明，不同任务的主效应（F=55.907，P=0.005，p<0.01）达到显著性水平。扫视次数指标表示预搜索效率，对扫视次数的方差分析表明，不同任务的主效应（F=55.698，P=0.005，p<0.01）达到显著性水平。可见，不同任务对信息搜索的视觉认知都有显著性影响。

表 5-2　不同任务下的反应时与眼动参数均值与标准差

	反应时/ms		凝视持续时间/ms		注视点数 n		扫视时间/ms		扫视次数 n	
	均值	标准差	均值	标准差	均值	标准差	均值	标准差	均值	标准差
无任务	—	—	5435.75	5868.98	47.13	38.83	42108.13	6540.77	370.75	41.71
任务一	29949.38	12749.72	2847.38	2326.12	24.50	13.94	22598.88	11330.33	196.63	68.50
任务二	45356.75	32579.52	3736.88	3183.25	32.75	18.73	29990.75	15157.98	254.00	113.73
任务三	67027.38	36417.68	4590.25	4772.31	40.50	32.03	39542.63	13643.28	324.63	125.45

注：无任务下的反应时设定为 6000ms，故不统计。

从眼动参数的比较可以看出，扫视时间远大于注视时间，扫视次数也远大于注视点数。按照凝视/扫视比，认知处理信息的时间与搜索信息的时间比值，比较界面信息的搜索效率。根据式（5-2），计算后可以获得总的凝视持续时间与扫视时间比值，也可以获得平均每次凝视时间与扫视时间的比值。对两种凝视/扫视比的方差分析表明，不同任务的主效应（F=792.817，P=0.001，p<0.01）达到显著性水平。

结果表明，凝视/扫视比与平均每次的凝视/扫视比有很大差异，如图 5-15 所示。平均每次的凝视/扫视比中，无任务和任务一的比值大于 1，任务二和任务三也趋近于 1（分别为 0.967 和 0.931）；总的凝视/扫视比的值均在 0.13 以下，这很难用搜索效率的值说明监控任务界面的信息布局问题。为了更深一步了解，还需要划分不同的监控区域，分析不同信息区域的眼动数据。

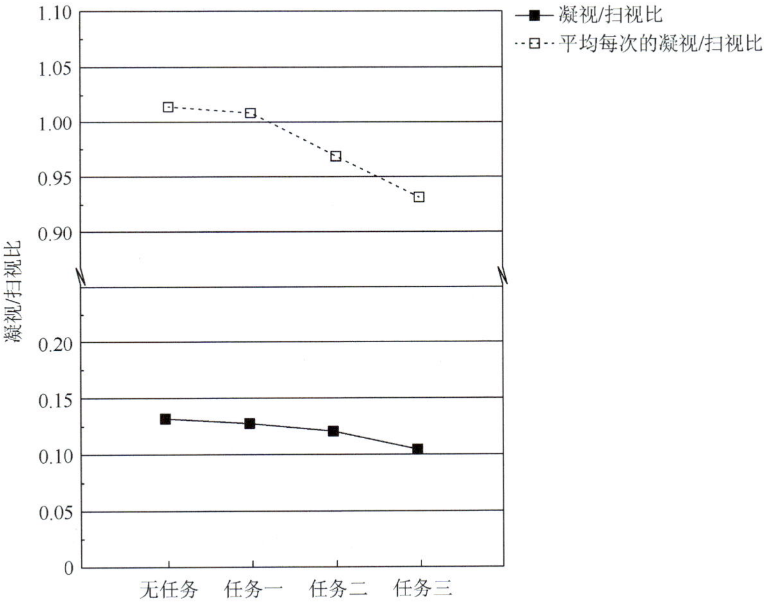

图 5-15　凝视/扫视比

4）不同监控区域的眼动数据差异性比较

（1）总注视时间（total fixation duration）。

对监控任务界面划分了 9 个区域，在 Tobii Studio 软件分析里称为被试的兴趣区（AOI）。在不同任务下，总注视时间表示被试凝视持续的时间长短。对监控区域总注视时间的方差分析表明，不同区域的主效应（F=7.939，P=0.045，p<0.05）达到显著性水平。如图 5-16 所示，监控区域 INFO1 和 INFO2 为上部信息栏，可以看出右侧信息栏的注视时间明显多于左侧；监控区域 INFO3、INFO4、INFO5 和 INFO6 分别为飞行数据显示、水平位置显示、雷达态势以及武器挂载四个子界面，雷达态势界面明显多于其他区域的注视时间；监控区域 INFO7、INFO8 和 INFO9 分别为飞行数据显示、水平位置显

示和武器挂载对应的下部状态信息栏，水平位置显示界面信息少，注视时间也相对小。从不同任务角度分析，在注视时间上似乎无明显趋势。从图 5-16 中可以看出，任务一总体上注视时间相对其他任务短一些，说明寻找飞机图标的任务执行相对容易。

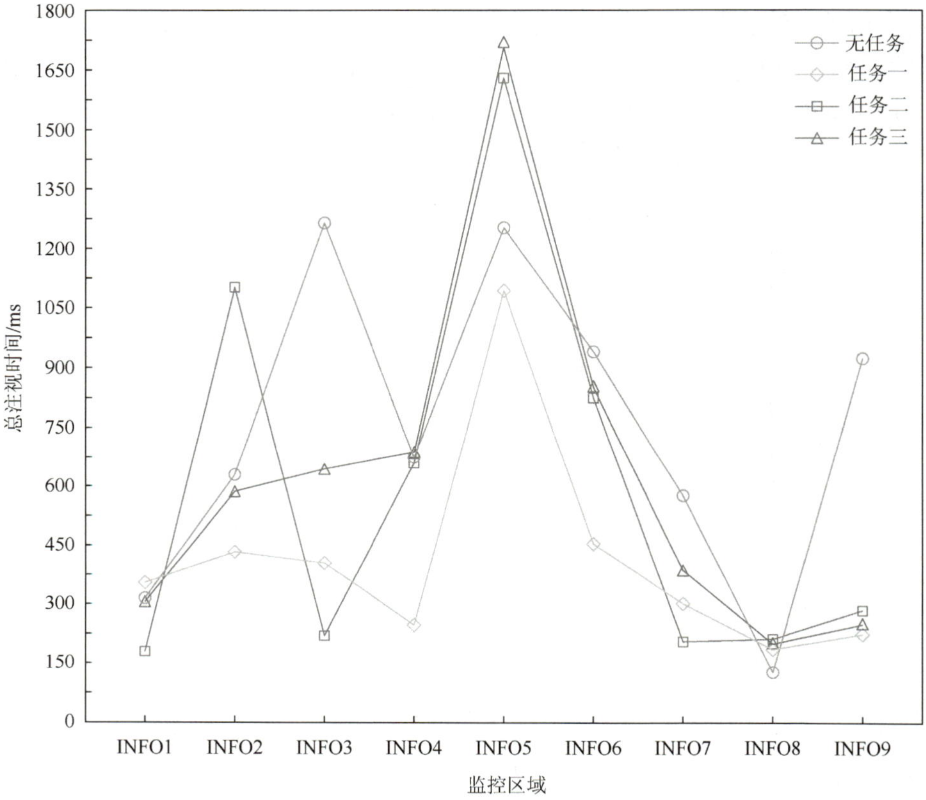

图 5-16　不同监控区域的总注视时间

（2）注视点数。

注视点数指凝视的总数目，表示被试寻找任务信息并进行认知加工的次数。对不同任务的监控区域方差分析表明，监控区域的主效应（F=7.786，P=0.039，$p<0.05$）达到显著性水平。从图 5-17 可以看出，9 个不同监控区域的注视点数趋势与总注视时间趋势基本保持一致。

（3）访问次数（visit counts）。

访问次数表示被试反复搜寻目标的过程，这与信息的复杂程度有关。对不同任务的监控区域方差分析表明，监控区域的主效应（F=9.033，P=0.004，$p<0.01$）达到显著性水平。从图 5-18 可以看出，INFO3、INFO4、INFO5 和 INFO6 区域的访问次数明显多于其他区域，特别是 INFO5 雷达态势子界面的访问次数达到最大

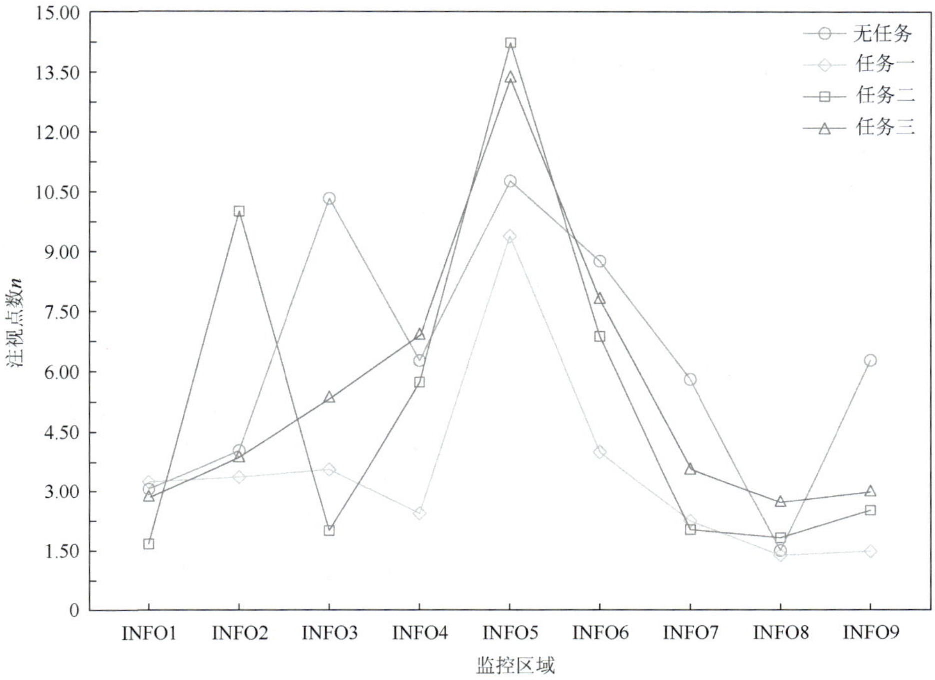

图 5-17　不同监控区域的注视点数

值，说明该区域的信息搜索的往返率高，表明信息的分布密集，也可能是该区域的信息识别较差，需要反复搜索目标。

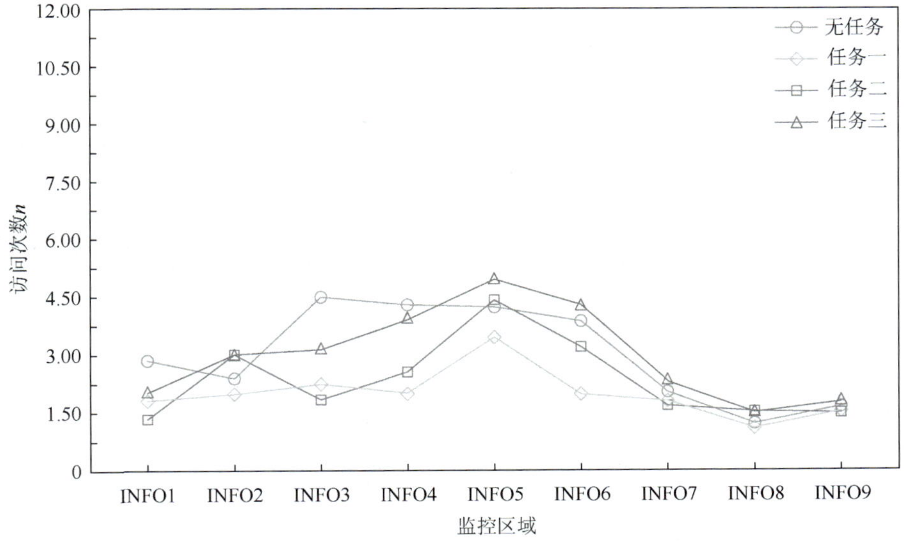

图 5-18　不同监控区域的访问次数

5.5.5 讨论一：认知信息处理与任务的关系

从监控任务界面的行为和生理反应指标，可以看出被试在同一个界面执行不同的任务，其相应的反应时、凝视持续时间、注视次数、扫视时间和扫视次数也有显著性差异。信息的搜索路径表现出任务一、任务二、任务三逐渐繁杂。被试的搜索路径表明了任务与信息内容的关联性，由于任务的导向，被试可能会关注某个区域并增加认知信息处理的时间。

由于信息的不同区域分布，每个被试凝视和扫视的区域面积不尽相同。这说明任务执行中并不是全部区域的信息搜索，被试也会出现信息遗漏、寻找不到的情况。任务搜索后的问卷测试能够进一步说明认知信息处理的过程。问卷测试结果如表 5-3 所示。

表 5-3 被试对不同任务中认知信息处理过程的测试与结果

任务	测试范围	问题	测试结果
任务一	敌机	是否发现敌机	80%认为有红色敌机
	飞机图标	飞行状态仪表盘上白色飞机代表的是否都是主机	有一半认为是主机，有一半认为不是，说明被试并没有观测到两种主机的不同
	武器挂载	是否看到武器挂载有多少种	70%认为有三种以上
任务二	威胁信息	最具表达威胁的信息符号	都认为红色飞机最具有威胁
	紧急任务	最紧急任务的表达方式	认为红色三角区域是最紧急的任务
任务三	颜色	最重要数据信息的颜色	最重要颜色顺序为绿色、蓝色，其次为白色，没有人认为紫色信息重要
	格式	引起注意的数据信息格式	最引人注意字符的顺序为绿色字符、白框蓝字、符号附近的字符
	方位	容易忽略的数据信息方位	50%认为上部数据信息容易忽略，40%认为下部数据信息容易忽略，10%则认为图符附近的数据信息容易忽略

在任务一中，被试搜索飞机图标。大部分被试都能首先看到红色的敌机以及绿色的友机，均分布在雷达态势界面中，被试在对这个区域认知信息处理后，还会寻找其他相关的飞机信息，这时至少有一半的被试会忽略主机符号。因此，凝视时间（认知信息处理时间）主要集中在雷达态势界面，在眼动数据中可以看到该区域有集中分布的注视点数（9.375 次）。

在任务二中，被试搜索威胁信息。监控任务界面中敌机以红色凸显出了威胁信息的存在，紧急任务会以黄色图标、数据提示其威胁的程度，在其他的信息区域也会有相应的信息表达。同样，在雷达态势界面中，眼动数据表明了集中分布的注视点数（14.250 次），远大于任务一。测试结果还表明，红色三角的指示符号认为是最紧迫的任务，与威胁相关。在这些图标、符号上，被试都花了大量的认知信息处理时间。

在任务三中，被试搜索数据信息的不同表达方式。监控任务界面中含有大量的数据信息，并分布于不同的区域，这将会产生大量的扫视。眼动数据表明，任务三的凝视持续时间和扫视时间最长（4590.25ms 和 39542.63ms）。问卷测试的结果发现，绿色和蓝色的数据信息最重要；绿色的字符最容易引起人的注意，加框的字符也会引起注意。搜索轨迹和测试结果都表明了上部信息栏的数据最容易被忽略。因此，采用不同方式的表达信息，也会增强认知信息处理的时间，从而达到信息被搜索到的目的。

通过以上分析可以发现，由于被试对信息的理解程度和视觉注意力的分配，在认知信息处理过程中，会产生信息遗漏，如没有搜索到主机的符号、上方信息栏数据信息没有查询等；同时由于信息的方位，被试也会产生信息的误读/误判，如武器种类的数目、威胁信息等；查看数据信息时也会受到其他信息的干扰，造成注意转移分散，从而错过、忽略相关的数据信息。这将是界面优化设计中凸显的出错因子。

5.5.6　讨论二：信息搜索与监控区域的关系

从不同监控区域的眼动数据差异性比较可知，总注视时间、注视点数以及访问次数，都说明了 INFO1，INFO2, …，INFO9 不同监控区域的差异性显著。信息搜索的效率与信息的方位有很大关系，这也与视觉特性有关。根据视觉特性，眼睛的搜索行为一般受到界面中的物理位置的引导，当被试在搜索目标中采用系统扫视模式时，视线的变化习惯于从左到右、从上到下和顺时针方向运动（Megaw adn Richardson，1979）。然而，在复杂的信息界面中，人眼的运动特性会随着任务而改变，这正是视觉搜索模型所提出的序列搜索和平行搜索，如果任务目标是被某个显著维度的某个水平确定，就会出现序列搜索的不同情况。在搜索中，目标好像是突然显现，即当任务目标能用一个简单规则定义时，平行搜索就发生了（Treisman and Gelade，1980）。

眼动数据表明，被试的搜索路径按照信息的方位和任务导向为依据，进行序列搜索。界面信息的设计要求以视觉行为规律为依据，更应该按照最短搜索路径对界面设计优化。根据凝视/扫视比可以看出，监控任务界面的信息布局很差（Ratio＜0.13），扫视时间远远大于凝视时间，说明被试信息搜索的时间大多花在了寻找上，产生了大量的扫视。

由此可见，扫视过程中会由于意向性减弱，造成记忆消退或注意转移，从而错过或忽略信息；同时信息所处方位，没有对该方位进行扫视，也会造成信息疏漏。

5.5.7 讨论三：信息特征的集簇关系

被试的任务主要是寻找监控任务界面中的信息特征。不同的信息特征会对注视时间和点数、扫视时间和次数均产生影响。如敌机的图标特征、绿色字符特征、武器特征、红色三角框特征等，眼动数据表明在这些特征区域有较多的凝视持续时间和注视点数。Tobii Studio 软件里可以根据注视点数据密度程度，生成可视化的集簇分析图。如图 5-19 所示，图像中的集簇面积说明了注视点数集中的区域。

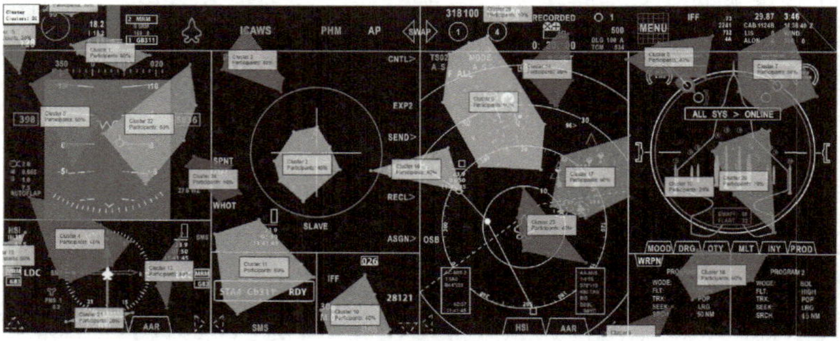

图 5-19 监控任务界面集簇图

在 4.1.2 节中，视觉注意分为目标导向（goal-directed）的内源性注意和刺激驱动（Stimulus-driven）的外源性注意（Yantis and Hillstrom，1994）。前者受到任务目标和主观意图控制，后者是显著刺激的自动捕获。在监控任务界面中，被试在任务驱动下进行信息搜索，然而认知信息加工过程中，也会受到其他显著信息特征产生注意转移，即信息的突出特征捕获了被试的注意。例如，任务三中，被试在寻找数据信息时，在敌机、友机特征上也产生了较多的注视点。因此，注视点数能够说明信息搜索中，信息特征的集簇关系。

集簇图中根据注视点数划分了 24 个集簇区域，如表 5-4 所示，列出了飞行数据界面、水平位置显示界面、雷达态势界面和武器挂载界面主要的集簇区域分布百分比。数据表明，敌机图标、敌机上方数据、飞行坐标、武器符号的集簇分布百分比达到 70%以上，说明被试的在认知信息处理和信息搜索时间上更多关注于这些信息特征。由于任务不同，无论内源性注意，还是外源性注意，都表明了这些信息特征的显著性。以上分析表明，注视点的集簇凸显了容易被注意捕获的信息特征。

表 5-4　集簇区域分布的百分比

飞行数据界面			水平位置显示界面			雷达态势界面			武器挂载界面		
Cluster1	飞行坐标	80%	Cluster2	红框瞄准十字	40%	Cluster6	敌机图标	90%	Cluster7	武器选择符号	50%
Cluster4	飞行方向指针	60%	Cluster3	绿色字符	40%	Cluster14	白色框字符	90%	Cluster8	武器选择数据	40%
Cluster5	飞行高度标	50%	Cluster10	绿色字符	40%	Cluster17	黄色符号	60%	Cluster18	模式数据	60%
Cluster13	白色字符	40%	Cluster11	白色框字符	40%	Cluster23	主机符号	40%	Cluster19	武器符号	20%
Cluster22	飞行空速标	60%	Cluster24	白色字符	50%	Cluster16	连线符	40%	Cluster20	武器符号	70%

5.5.8　结论与下一步研究

监控任务界面中信息特征的视觉搜索实验通过无任务、敌机信息搜索任务、威胁信息搜索任务、数据信息搜索任务，获得了行为和生理反应数据，通过不同监控任务区域的划分，分析了 9 个区域的眼动指标，得到如下结论。

（1）监控任务界面的搜索轨迹表明，其搜索路径受任务驱动的认知信息加工和信息搜索时间影响，不同任务的反应时和眼动数据均具有显著差异性。

（2）凝视/扫视比表明，在信息搜索过程中，扫视时间和扫视次数都远大于凝视持续时间和注视点数，这说明此监控任务界面的搜索效率较低。

（3）不同监控区域的注视时间、注视点数和访问次数均具有显著差异性，雷达态势子界面分布的信息特征容易被注意捕获，这与任务驱动和自动捕获都有相关性。

（4）信息的方位和信息特征（颜色、形状、大小等）视觉搜索都有显著影响，在不同任务下，容易造成信息的疏漏、误读/误判、错过/忽略等问题。

在实验一的基础上，已完成了不同任务的信息搜索影响因素研究，为了进一步研究信息方位、信息特征等影响因素，需要继续开展的研究如下。

（1）视觉局限引起的信息疏漏、误读/误判研究。

根据不同区域的信息搜索差异性，容易导致信息疏漏、误读/误判问题，需要从信息方位结合信息特征，展开视觉注意的模拟任务界面实验，研究信息的位置、间距对信息搜索的影响。

（2）视觉干扰和注意转移分散引起的信息错过、忽略研究。

根据不同任务的信息搜索过程，突显信息特征引起的注意捕获而导致目标信息的错过、忽略问题，需要从信息特征的分布区域、数量、环境等角度，展开视觉干扰对信息搜索的影响研究。

以上继续开展的研究，需要在实验一监控任务界面的基础上，模拟相关子界面的布局与信息呈现，采用被试内、混合等实验设计方法，结合 E-Prime 行为反应和眼动跟踪生理反应技术手段，开展认知心理学实验，研究出错因子的视觉认知机理。

5.6 视觉局限引起的信息疏漏、误读/误判研究（Ⅰ）

5.6.1 出错因子提取

由实验一的研究结果发现，容易导致信息疏漏、误读/误判问题在于操作员没有找到目标。在第 4 章中，图 4-5 中的 MP-D2 遗漏、MP-D4 误读和 MP-D5 误判属于错误感知类型中的视觉局限问题。这需要从信息方位结合信息特征，展开视觉注意的模拟任务界面实验，研究信息的位置、间距对信息搜索的影响。实验二将提取视觉局限中的遗漏、误读/误判作为出错因子，展开视觉认知实验。

5.6.2 选择实验范式

在 4.3 节中，根据图 4-7 构建的错误感知（MP）分层模型，视觉局限对应的视觉搜索认知加工理论为视觉优先选择机制。视觉优先选择（prioritizing selection）现象及其机制一直是视觉搜索研究关注的焦点，如图 5-20 所示，目标搜索是一种主动的注意选择机制为目标导向（goal-directed）注意或内源性（endogenous）注意，它以自上而下的方式控制注意选择。为目标导向的注意和刺激驱动的注意。Posner（1980）的行为研究结果表明，无效提示、中性提示和有效提示的反应时由慢到快，能预料刺激出现方位的反应时显著地快于没有提示或相反提示的状况，该实验成为视觉注意研究的经典范式。按照视觉标记所阐述的实验范式，本实验将采用典型的预搜索实验范式（Watson and Humphreys，1997）。

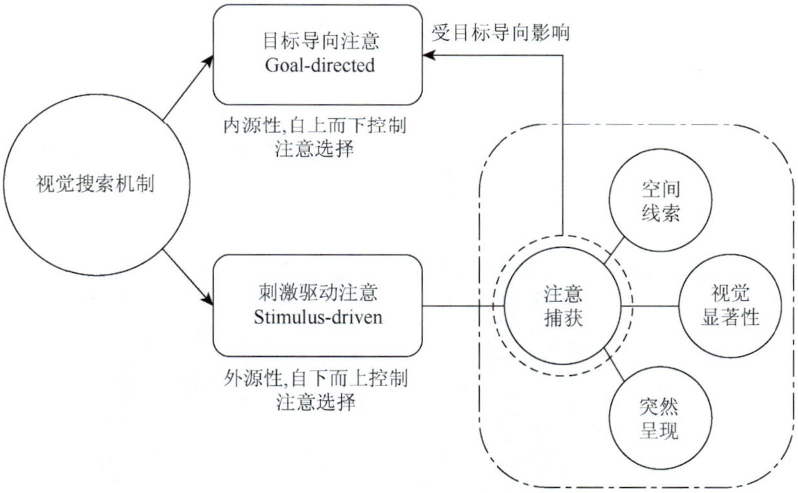

图 5-20　视觉优先选择机制

5.6.3　研究思路

根据视觉优先选择机制的实验范式，本实验将提取实验一材料中的子界面雷达态势界面，刺激特征项设计为雷达 AD-攻击态势界面的模拟信息物，分别为敌机、友机及不明物，针对视觉局限引起的出错与目标物位置、间距的关系研究，主要考察视觉局限的出错因子，设计阻碍视觉感知过程的若干特征项，运用反应时与出错率的数据分析，主要关注出错数据的关联因素，因此该实验对于被试的心理努力程度会逐渐加大，考察反应时、不同时间压力下的出错率将作为重要指标。在过去的反应时实验中，正确率是主要的参考数据，但是很少有实验对其错误率进行分类统计，寻找错误率在不同考察项中的值是否有所变化，探讨敏感值与干扰项的关系，这是寻找出错-认知内在关联性的关键所在。

实验目标物包括友机、敌机以及四种不明物，共 6 个，其大小充满 12mm×15mm 的黑色方框内，如图 5-21 所示。目标物交替出现敌机、友机、红色和绿色不明物。因攻击态势界面环境有红色和绿色，具有强烈的干扰性，为了使目标物的干扰强度相同，在这里黄色不明物仅作为干扰项，将不作为目标物考察。

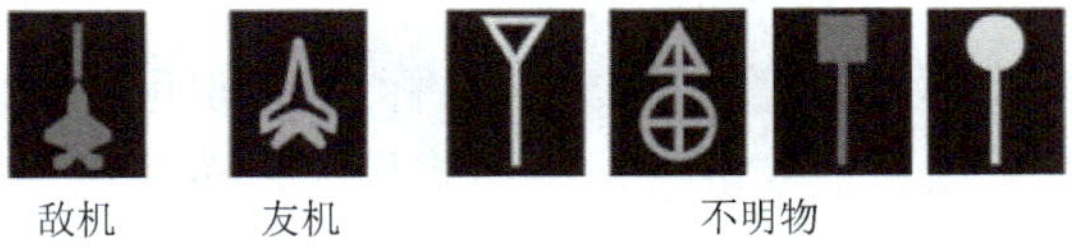

图 5-21　目标物及干扰物材料

材料均呈现在战斗机攻击态势界面中半径为 78mm 的圆内。39mm 的圆内为攻击范围，在中央处呈现主机的形态，并在周围呈现目前态势的各种数据，以白色、红色和绿色三种颜色呈现，这会给被试造成固定的干扰，这些呈现元素均为定量，形成了复杂的态势环境，如图 5-22 所示。而敌机、友机及不明物作为变量随机呈现在大圆与小圆组成的圆环内。

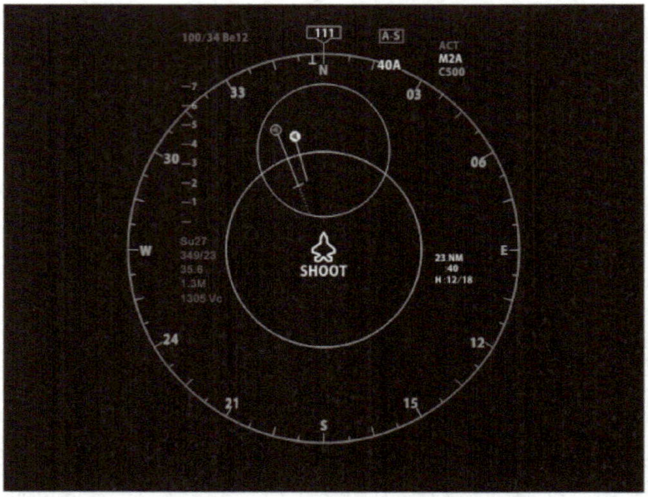

图 5-22　实验中的模拟攻击态势界面

5.6.4　实验设计与程序

依据实验材料的 6 个特征项，实验将考察有多少个敌机、友机或不明物出现。当其中一个（敌机、友机或不明物）作为目标物出现时，将以 2 个、4 个、6 个三个数量级别呈现。在实验中，按照短时记忆中记忆量的大小（7±2），固定呈现的总数量为 9 个保持不变。因此，无论目标物还是其他特征项亦可重复出现，需要强调的是保持呈现为三种颜色（红、绿、黄）不变。

视野位置按照集中视野和周围视野两种布局方式。因战斗机界面各种数据信息多呈现在上视野位置，将集中视野设定为上视野，不考虑下视野；而周围视野以 39mm 和 78mm 组成的圆环内分布。因考虑到实际战斗机的信息分布，本实验将不按照心理学实验要求均匀分布刺激项。

实验中目标物间距将作为变量考察。目标物的间距为 12mm、48mm 以及 96mm 三种级别。为了让三个数量级别的形式呈现自然随机性，不至于完全为固定间距，将 4 种和 6 种两个级别呈现时，仅一半数量按照 48mm、96mm 间距分布，如表 5-5 所示。这里需要提出，不考虑非目标物（即目标物以外的特征项）

的间距问题，各特征项之间以 5mm 为最小间距，这样能使刺激项呈现自然随机性。并规定在目标物 5mm 附近尽可能出现不同颜色的干扰特征项。

表 5-5　不同间距与不同数量级别的组合分布形式

数量	1 倍间距	4 倍间距	8 倍间距
2 个	2×12mm	2×48mm	2×96mm
4 个	4×12mm	2×48mm，2×12mm	2×96mm，2×12mm
6 个	6×12mm	3×48mm，3×12mm	3×96mm，3×12mm

通过以上分析，本实验将采用 3×2×3 的组内设计，三个因素分别是目标物数量（2 个、4 个、6 个）、视野位置（上视野，周围视野）、目标物间距（12mm、48mm、96mm）。为了不让被试发现数量呈现的规律性，目标物数量将不以递增出现，随机分布在实验顺序中。敌机、友机与不明物三种为 3 个试次，每组 3×2×3 个试次，共计 54 个试次。

实验程序采用心理实验专用开发软件 E-Prime 进行编写，在 CPU 主频为 3.0GHz 的计算机上测试，刺激呈现在 17 英寸（1 英寸=2.54cm）显示器中央，屏幕分辨率为 1280×1024，亮度为 92cd/m^2。实验在东南大学人机交互实验室进行，被试为 20 名在校本科生，10 女，10 男，年龄在 19～23 岁，视力或矫正视力正常，无色盲或色弱。实验之前，录入被试的相关信息，包括性别、年龄、专业及视力。如图 5-23 所示。

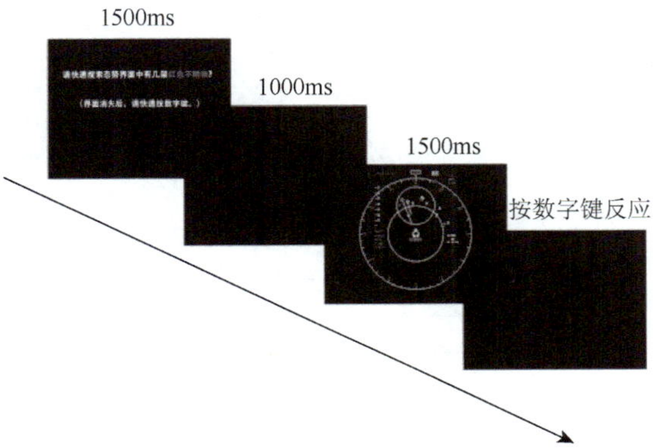

图 5-23　实验程序示意图

被试首先要求熟悉战斗机雷达态势攻击的任务环境，该态势环境中的信息一直保持不变，并努力不被这些信息干扰。然后给被试介绍敌机、友机、不明物三种目标物的特征（颜色和形状），将会作为目标搜索的对象。实验开始，首先呈现一句话，问被试有几架敌机、友机或不明物出现在态势环境中，请被试努力记住要寻找的目标，呈现时间为 1500ms；黑屏后，将呈现出刺激项数量 9 个，其中有被试要搜索的目标物 2～6 个；在 1500ms 的呈现中，请快速搜索有几架目标物出现，黑屏后快速按数字键反应。每人完成全部实验耗时约 15min。

5.6.5 实验结果与分析

1. 不同视野位置的反应时与出错率

当敌机、友机和不明物以刺激物的形式出现在攻击态势界面中不同视野位置，并以不同数量、不同间距呈现时，被试的反应时与出错率如图 5-24、图 5-25 所示。对反应时的方差分析表明，上视野位置的间距主效应（F=14.416，P=0.012，p<0.05）和周围视野位置的间距主效应（F=6.990，P=0.001，p<0.05）达到显著性水平；对出错率的方差分析表明，上视野位置的间距主效应（F=2.380，P=0.013，p<0.05）和周围视野位置的间距主效应（F=9.308，P=0.014，p<0.05）达到显著性水平。可见，间距大小对视野位置的目标搜索视觉认知都有显著性影响。

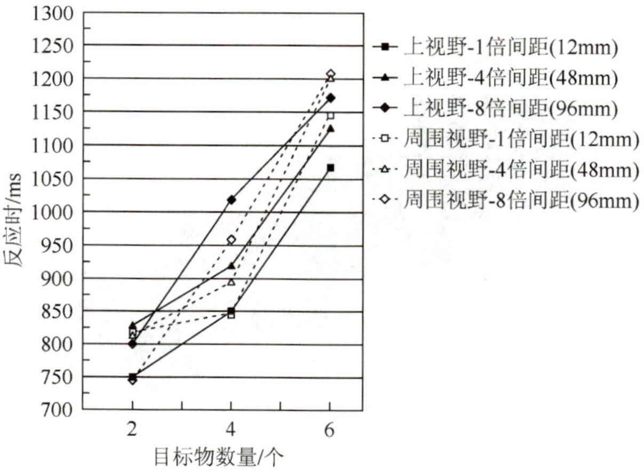

图 5-24　不同视野位置下的三种间距反应时

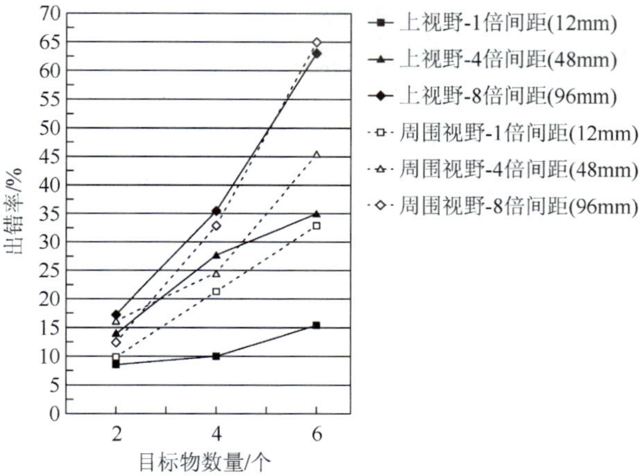

图 5-25　不同视野位置下的三种间距出错率

对其进行最小显著差异法的验后多重比较检验，结果如表 5-6 所示。目标物数量少时，间距并不影响视觉搜索时间，错误率低。而搜索目标呈现为 4 个、6 个时，无论上视野还是周围视野，反应时和出错率在呈现间距 12mm、48mm、96mm 之间有显著性差异，即随着间距增大，搜索目标的反应时长逐渐加大，间距最大时更为显著，从出错率可以看出随着间距增大，极易造成误读、判断错误等。因此，态势界面中的目标搜索不宜太大间距，间距适中和过大对视觉搜索影响很大。

表 5-6　最小显著差异法的验后多重比较检验

评价指标	间距（I）	间距（J）	上视野			周围视野		
			平均误差（I–J）	标准误差	P	平均误差（I–J）	标准误差	P
反应时	12mm	48mm	–75.85	40.135	0.072	–31.46	45.760	0.499
		96mm	–114.71*	40.135	0.009	–46.30	45.760	0.323
	48mm	12mm	75.85	40.135	0.072	31.46	45.760	0.499
		96mm	–38.87	40.135	0.343	–14.84	45.760	0.749
	96mm	12mm	114.71*	40.135	0.009	46.30	45.760	0.323
		48mm	38.87	40.135	0.343	14.84	45.760	0.749
出错率	12mm	48mm	–0.14*	0.051	0.013	–0.08	0.052	0.166
		96mm	–0.27*	0.051	0.000	–0.15*	0.052	0.008
	48mm	12mm	0.14*	0.051	0.013	0.08	0.052	0.166
		96mm	–0.13*	0.051	0.016	–0.08	0.052	0.156
	96mm	12mm	0.27*	0.051	0.000	0.15*	0.052	0.008
		48mm	0.13*	0.051	0.016	0.08	0.052	0.156

*表示达到显著性水平，平均误差在 0.05 级别上显著。

2. 高出错率下的不同间距分析

1）目标物为 6 个的不同间距反应时与出错率分析

从图 5-24、图 5-25 可以看出，随着数量增加均呈现为出错率增大趋势。为了进一步了解高出错率下不同间距的反应时，提取呈现数量为 6 个时，敌机、友机和不明物各自的反应时与出错率，如图 5-26、图 2-27 所示。

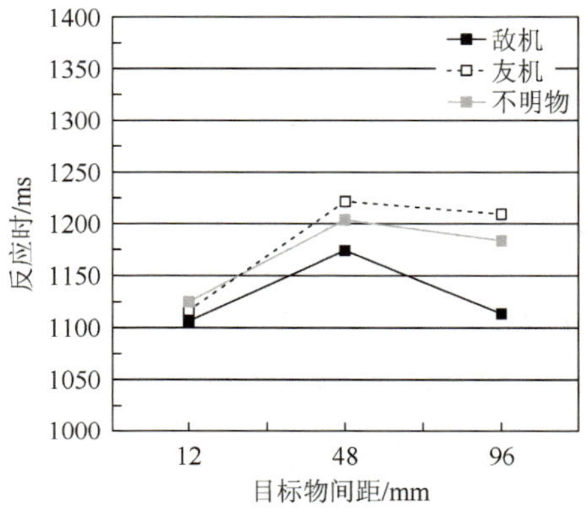

图 5-26　目标物为 6 个的不同间距反应时

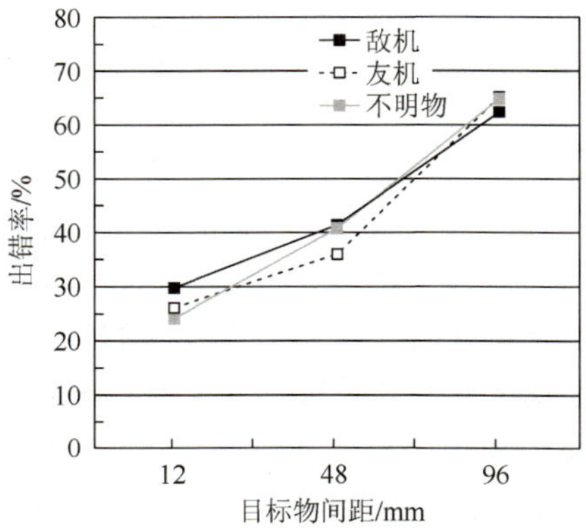

图 5-27　目标物为 6 个的不同间距出错率

对出错率的方差分析表明，不同目标物（敌机、友机、不明物）主效应达到显著性水平（F=3.049，P=0.0136，p<0.05）；对反应时重复测量方差分析显示，不同目标物主效应达到显著性水平（F=8.65，P=0.0149，p<0.05）。出错率无论敌机、友机还是不明物在间距上有显著性差异，随着间距的增大，出错率也增大，其各自并无明显差别；而反应时的呈现规律与出错率并不一致，随着间距的增大，反应时呈现倒“V”变化，当间距为 48mm 时，反应时最长。这说明出错率最高时，需要的反应时间不一定更多，这也说明作出错误判断时，并不需要最长的反应时间。

2）目标物为 6 个的不同间距错误答案统计分析

当呈现目标物为 96mm 间距时，在有限的呈现时间内（1500ms），对 6 个目标物很难做出正确搜索。通过对 20 名被试 6×3 试次，剔除奇异数据后，共计 340 次目标搜索统计，出错率高达 43.246%，即近一半的被试会作出错误判断。按照被试真实搜索到的目标数进行统计比对，表 5-7 给出了 6 个目标物搜索出错的答案统计。从表中可以看出，不同间距的总出错率呈现显著性差异，随着间距的增加出错率逐渐增大，达了 96mm（8 倍间距）时，出错率过半（64.2%）；在记录被试的答案分类中发现，错误答案集中在 7 个、5 个、4 个、3 个，呈递减趋势，主要为≤6 个，即接近数字 6 的 5 个和 4 个错误。这也说明了被试容易遗漏掉 1～2 个目标物，或者将同色、相似的干扰物也作为目标物，做出错误答案 7 个。还需要结合眼动指标的凝视次数、眼跳轨迹等，进一步分析遗漏或者多报的刺激项的视野位置，这对于视觉局限的研究尤为重要。

表 5-7　目标物为 6 个的不同间距错误答案及出错率统计

间距	被试搜索到的目标数（实际目标数为 6 个）				总出错率/%
	搜索到 7 个	搜索到 5 个	搜索到 4 个	搜索到 3 个	
1 倍间距（12mm）	2	17	2	0	25.1
4 倍间距（48mm）	9	29	4	2	40.4
8 倍间距（96mm）	3	58	19	2	64.2
总计	14	104	25	4	—

5.6.6　讨论与结论

实验二从视野位置和目标物间距两个变量探讨了雷达态势界面的视觉搜索问题，发现视野位置和目标间距是影响视觉局限而导致遗漏、误判等出错原因的关键因素。本节从出错角度，采用模拟的战斗机信息物作为实验材料，实验结果说明了在信息识别中，随着信息物数量逐渐增加（2 个、4 个、6 个），周围视野比上视野的目标物反应时逐渐增长，不同间距的目标物搜索反应达到显著水平；提取了高出错率下的数据，分析发现，不同间距信息的视觉搜索，出错率呈线性增大，而反应时呈倒“V”变化，因此易误判、疏漏的出错并不一定需要最长的反应时间。本节不是在真实的战斗机舱内进行，敌、友机及不明物的信息物均为模拟，得到的数据为模拟仿真，得到的结论可以作为态势界面信息布局设计的参考。

Wickens 等（1990）对多信息通道下不同颜色编码和空间位置的信息辨识情况进行了研究，提出颜色和位置对信息辨别的影响不同；Dukic 等（2005，2006）研究了驾驶员视觉搜索模式，提出了相关视觉搜索策略。基于前人的结论，实验中选择视野位置和目标间距为变量，它们是相关视觉局限较为关键的两个因素。实验结果也表明了视野位置和间距是视觉搜索中易出现遗漏和误判的主要因素，例如，当 6 个目标物搜索时，主要集中在 5 个和 4 个，周围视野的目标物更容易遗漏。

航战显示系统的雷达态势界面信息量复杂，容易造成视觉局限的认知问题，有效发现视觉局限引起的出错因子，对于改善界面布局尤为重要。主要得到如下结论。

（1）间距大小和视野位置对目标搜索视觉认知都有显著性影响。态势界面中的目标搜索间距不宜太大，4 倍间距（48mm）和 8 倍间距（96mm）对视觉搜索影响较大，反应耗时长，易疏漏、误判。

（2）不同视野位置信息的视觉搜索，出错率呈线性增大，而反应时呈倒“V”变化，因此易误判、疏漏的出错并不一定需要最长的反应时间。

（3）相对上视野，周围视野呈现目标数量为 6 个时出错率高，最容易产生 1～2 个信息物疏漏，说明高出错率下的周围视野位置研究与疏漏问题还有待深入。

5.7 视觉局限引起的信息疏漏、误读/误判研究（Ⅱ）

5.7.1 出错因子提取

由实验一的研究结果发现，容易导致信息疏漏、误读/误判问题在于操作员没有找到目标。在第 4 章中，图 4-5 中的 MP-D2 遗漏、MP-D4 误读和 MP-D5 误判属于错误感知类型中的视觉局限问题。这需要从信息方位结合信息特征，展开视觉注意的模拟任务界面实验，研究信息的位置、间距对信息搜索的影响。实验三将提取视觉局限中的遗漏、误读/误判作为出错因子，展开视觉认知实验。

5.7.2 选择实验范式

在 4.3 节中，根据图 4-7 构建的错误感知（MP）分层模型，视觉局限对应的视觉搜索认知加工理论为视觉优先选择机制。视觉优先选择（prioritizing selection）现象及其机制一直是视觉搜索研究关注的焦点，如图 5-20 所示，目标搜索是一种主动的注意选择机制为目标导向（goal-directed）注意或内源性（endogenous）注意，它以自上而下的方式控制注意选择。为目标导向的注意和刺激驱动的注意。Posner（1980）的行为研究结果表明，无效提示、中性提示和有效提示的反应时由慢到快，能预料刺激出现方位的反应时显著地快于没有提示或相反提示的状况，该实验成为视觉注意研究的经典范式。按照视觉标记所阐述的实验范式，本实验将采用典型的预搜索实验范式（Watson and Humphreys，1997）。

5.7.3 研究思路

根据视觉优先选择机制的实验范式，实验三将提取实验一材料中的子界面雷达态势界面，刺激特征项设计为雷达 AD-攻击态势界面的模拟信息物，分别为敌机、友机及不明物，针对视觉局限引起的出错与目标物位置、间距的关系研究，主要考察视觉局限的出错因子，设计阻碍视觉感知过程的若干特征项，运用反应时与出错率的数据分析，主要关注出错数据的关联因素，因此该实验对于被试的心理努力程度会逐渐加大，考察反应时、不同时间压力下的出错率将作为重要指标。在过去的反应时实验中，正确率是主要的参考数据，但是很少有实验对其错误率进行分类统计，寻找错误率在不同考察项中的值是否有所变化，探讨敏感值与干扰项的关系，这是寻找出错-认知内在关联性的关键所在。

实验目标物包括友机、敌机以及四种不明物，共 6 个，其大小充满 12mm×15mm 的黑色方框内，如图 5-21 所示。目标物交替出现敌机、友机、红色和绿色不明物。因攻击态势界面环境有红色和绿色，具有强烈的干扰性，为了使目标物的干扰强度相同，在这里黄色不明物仅作为干扰项，将不作为目标物考察。

材料均呈现在战斗机攻击态势界面中半径为 78mm 的圆内。39mm 的圆内为攻击范围，在中央处呈现主机的形态，并在周围呈现目前态势的各种数据，以白色、红色和绿色三种颜色呈现，这会给被试造成固定的干扰，这些呈现元素均为定量，形成了复杂的态势环境，如图 5-22 所示。而敌机、友机及不明物作为变量随机呈现在大圆与小圆组成的圆环内。

5.7.4 实验设计与程序

根据实验二得到的结论，需要在此基础上进一步深入探讨易产生出错（疏漏、误判等）的视觉局限问题。若将错误率高的 6 个目标物作为视觉搜索的基本数量，针对上、下和周围视野的不同角度，通过眼动实验数据，能够获得疏漏、误判的注视时间和注视次数，从生理数据分析出错的内在关联。实验在河海大学眼动跟踪实验室进行，实验设备与实验一相同，被试与实验二相同。

实验三在实验二的数据分析基础上，调整了自变量的设置，进一步深入探讨易产生出错（疏漏、误判等）的视觉局限问题。将 6 个目标物作为视觉搜索的基本数量，为了给被试造成数目上的随机性，将目标物调整为 6±1 个；为了进一步了解位置特征，增加下视野因素；间距的设计上排除了 12mm 的 1 倍间距，主要探讨 4 倍（48mm）间距和 8 倍（96mm）间距。因此，本实验将采用 3×2 的组内设计，两个因素分别是视野位置（上视野，下视野和周围视野）、目标物间距（48mm，96mm）。整个实验过程按照实验二的程序进行。

5.7.5 实验结果与分析

1. 注视轨迹分析

眼动跟踪实验最先得到的数据是注视轨迹图（gaze plot），从图 5-28 可以看出不同视野位置的注视轨迹。在上视野时，被试能够集中在上部视区搜索敌机的数量；在下视野视区搜索敌机时，明显看到眼睛会不由自主地扫视上视野，容易受到上视野的干扰；而周围视野的注视轨迹更散乱一些，整体扫视路径也以上部视区分布较多。可见，以视野位置探讨雷达态势界面中的信息搜索具有较鲜明的特性。可以从注视轨迹与目标物的位置角度探讨导致信息疏漏、误判的相关因素。

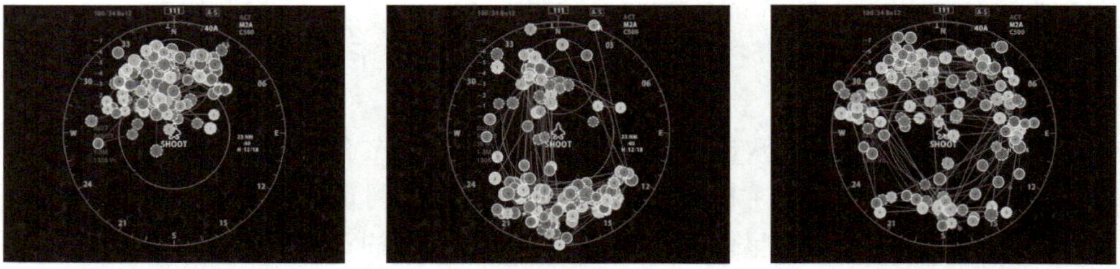

(a) 上视野　　(b) 下视野　　(c) 周围视野

图 5-28　不同视野位置的注视轨迹图

被试要求搜索敌机出现的总数量为多少个，可以看到图 5-29 是 1 名被试分别在上视野和下视野搜索目标物的注视轨迹，图（a）中的被试注视点数为 7 个，第一注视点靠近中心，然后转移到红色数据部分停留，随后又受到上方攻击范围图标的影响做注视停留，到第四注视点才开始搜索到目标物。显然，该被试在 1500ms 内很难搜索到所有敌机，这就造成了目标物的疏漏。图（b）中的被试注视点数为 8 个，它的前三个注视点都停留在了攻击范围内红色显示的区域内，到第四注视点才转移到了下视野的目标物上。这说明，搜索目标时，不相关的其他（不明物、信息数据显示等）非目标信息物成为了信息搜索的干扰物，占用注视时间，造成注意转移。

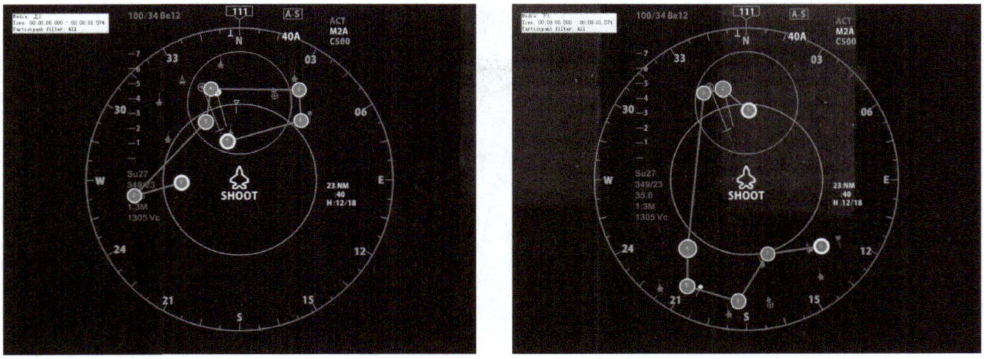

(a)　　(b)

图 5-29　1 名被试在上视野和下视野搜索目标的注视轨迹

2. 热点图分析

通过 20 个被试兴趣区域合成的热点图（heat map），同样可以看到上视野（图 5-30（a））、下视野（图 5-30（b））和周围视野（图 5-30（c））的热点分布。其中，最亮的红色区域表示被试在该区域凝视的时间最长，分布在该区域的注视点数也最多。而在上视野、周围视野同时出现的热点区域为攻击范围的指示图标，说明这个信息指示严重影响了目标物的搜索，是导致信息疏漏的主要因素。可根据注视点时间和次数进一步说明。

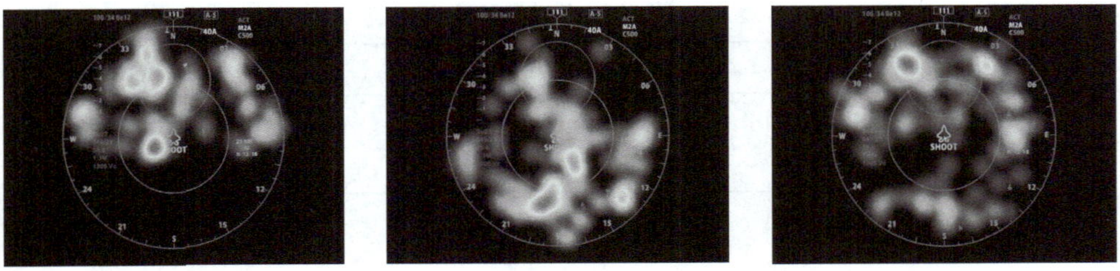

(a) 上视野　　(b) 下视野　　(c) 周围视野

图 5-30　不同视野位置的热点图

3. 总的反应时与出错率

当敌机以刺激物的形式出现在攻击态势界面中上、下与周围视野位置，并有其他不明物分布在周围，两种间距呈现时被试的反应时与出错率如图 5-31、图 5-32 所示。对反应时的方差分析表明，视野位置的间距主效应（F=81.227，P=0.004，$p<0.05$）达到显著性水平；对出错率的方差分析表明，视野位置的间距主效应（F=7.562，P=0.021，$p<0.05$）达到显著性水平。可见，视野位置对目标搜索视觉认知都有显著性影响。

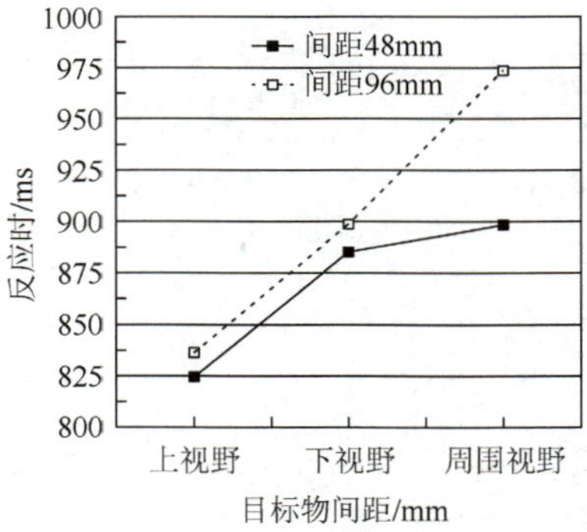

图 5-31　不同视野位置的反应时

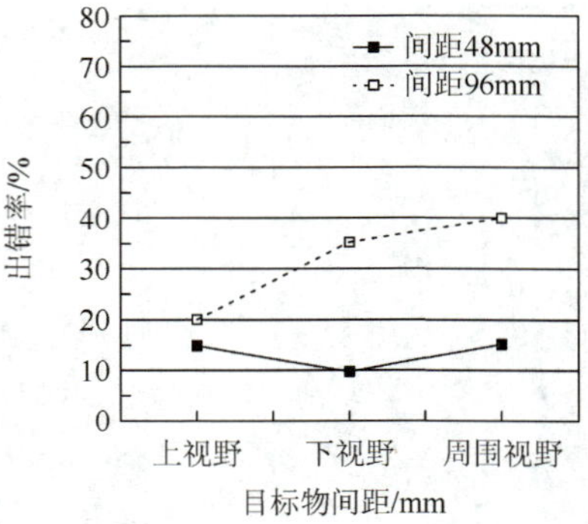

图 5-32　不同视野位置的出错率

4. 平均注视时间

注视点的平均注视时间（mean of fixation duration）是指任务中的总注视时间（total fixation duration）和全部注视点数（fixation court）的比值。正常的视觉观察过程中，眼动表现为在被观察目标上一系列的停留以及停留点之间的飞速跳动。眼动停留一般至少在 100ms 以上则称为注视。绝大多数的信息只有在注视时才能获得加工。目标搜索过程受到了视野位置的显著性影响，上视野的注视时间和注视点数明显少于下视野和周围视野，容易捕获目标，不易产生信息遗漏，如表 5-8 所示。

表 5-8　平均注视时间和注视点数

区域划分		平均注视时间/ms	注视点数
上视野	间距 48mm	240	5.80
	间距 96mm	285	6.55
下视野	间距 48mm	490	4.15
	间距 96mm	365	5.10
周围视野	间距 48mm	235	6.15
	间距 96mm	215	6.65

第一注视时间（time to first fixation）是指被试眼球最先注视的位置。图 5-33 中三个不同视野位置的态势界面信息排布，根据热点图的分布情况，按照目标物与干扰物的位置划分了可能的视觉搜索区域，在眼动跟踪领域称为兴趣区（AOI）。其中，AOI 1～AOI 4 主要为被试眼球容易注视到的区域，AOI 5 为目标物敌机所处的区域。可以得出不同区域的平均注视时间，从表 5-9 的数据对应图 5-33 的兴趣区可以看出，上视野 AOI 3 平均注视时间最长

（760ms），即受到左上角数字信息干扰是最强烈的，容易引起注意转移；当目标物出现在下视野时，第一注视时间落在攻击信息指示区域（1040ms），其次是下视野呈现的目标物（540ms）。由于干扰物的颜色（表现为红色）与目标物相同，容易产生注意转移；被试对红色的不明物也容易误判为敌机，从而作出错误判断。

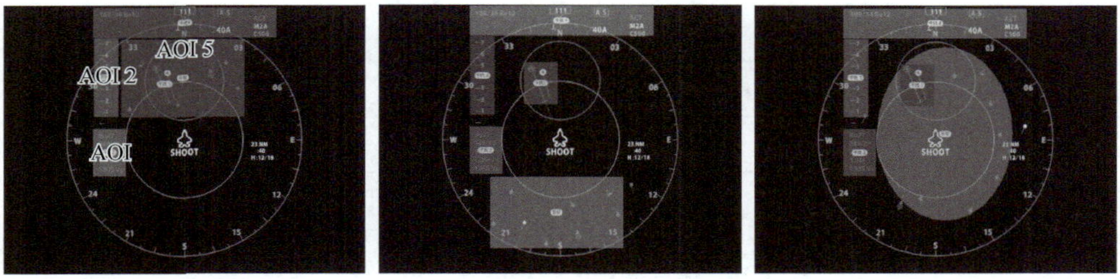

(a) 上视野　　(b) 下视野　　(c) 周围视野

图 5-33　不同视野位置的 AOI 划分

表 5-9　按不同兴趣区划分的注视时间和注视点数

兴趣区划分	AOI 1		AOI 2		AOI 3		AOI 4		AOI 5	
	注视总时间/ms	注视点数	注视总时间/ms	注视点数	注视总时间/ms	注视点数	注视总时间/ms	注视点数	注视总时间/ms	注视点数
上视野	330	19	170	1	760	1	—	—	150	20
下视野	1040	3	440	2	—	—	280	1	540	20
周围视野	370	7	700	3	840	2	—	—	100	20

5. 首次眼跳潜伏期

首次眼跳潜伏期（saccade latency）指从刺激呈现开始，到被试做出第一次眼跳的时间间隔，包括了信息的传入、传出所需要的时间和由所经通路和复杂程度决定的中枢加工时间。重复测量方差分析显示，目标物视野位置对被试的首次眼跳潜伏期影响显著，达到了显著性水平（F=3.571，P=0.036，$p<0.05$），目标物出现在下视野时，被试的首次眼跳潜伏期明显长于上视野的目标物呈现，说明目标物的视野位置在一定程度上影响了被试的注意，使其延迟了眼跳的时间；目标物间距影响被试的首次眼跳潜伏期，比较发现被试对呈现 8 倍间距的刺激的首次眼跳潜伏期要显著长于 4 倍间距的刺激呈现；各自变量之间的交互作用不显著，如图 5-34 所示。

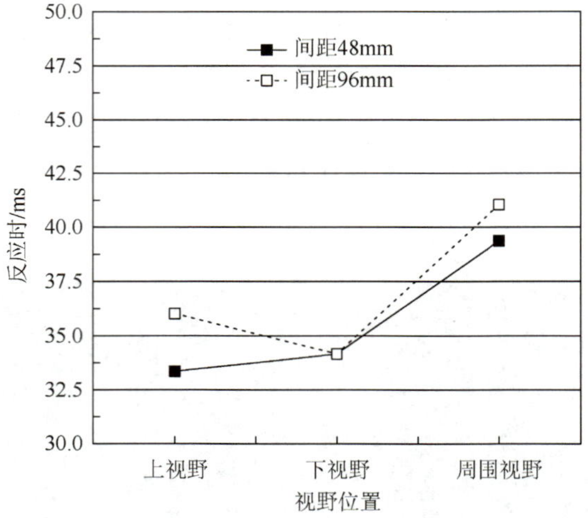

图 5-34　不同间距的视野位置反应时比较

5.7.6　讨论与结论

实验三从视野位置和目标物间距两个变量探讨了雷达态势界面的视觉搜索问题，发现视野位置和目标间距是影响视觉局限而导致遗漏、误判等出错原因的关键因素。基于实验二的结论，实验三中选择视野位置和目标间距为变量，是相关视觉局限较为关键的两个因素。实验三结果表明视野位置以及视区的其他信息物是视觉搜索中易出现遗漏和误判的主要因素，下视野和周围视野的目标物更容易遗漏。实验三的眼动研究，在实验二的基础上深入探讨易产生出错（疏漏、误判等）的视觉局限问题。将错误率高的六个目标物作为视觉搜索的基本数量，针对三种不同的视野，通过眼动实验数据，获得了眼动轨迹和热点图，并分析了疏漏、误判的注视时间和注视次数，从生理数据分析被试视觉搜索的眼动规律；实验结果发现，由于视觉搜索规律，在下视野的目标搜索中，被试总会从上视野的其他信息物开始搜索，在第 2、3 次眼跳才开始下视野目标物的搜索；下视野和周围视野的首次眼跳潜伏期明显长于上视野的目标物呈现；实验还发现，视觉干扰也会造成疏漏、误判，后续还需要进行视觉干扰因子的相关实验。

根据以上讨论与实验二结论，还可得到如下结论。

（1）上视野、下视野、周围视野的目标搜索中，注视时间和注视点数呈显著性变化，下视野的平均注视时间最长，注视点数最少，更容易造成信息的误判、疏漏。

（2）眼动轨迹能够良好地表现出信息搜索的过程，注视轨迹和热点图能够呈现出信息疏漏的相关因素；不同视野位置和间距也对首次眼跳潜伏期影响显著。

（3）视野位置并不是最主要的出错因素，眼动数据表明了信息物的特征，如颜色、形状等更容易产生注意转移，造成信息的疏漏。

5.8　视觉干扰和注意转移分散引起的信息忽略、错过研究

5.8.1　出错因子提取

由实验一的研究结果发现，容易导致信息忽略、错过问题在于操作员任务执行中被干扰或转移了注意力从而中断。从第 4 章中，图 4-5 中的 AF-D1 忽略和 AF-D3 错过属于注意失效类型中的视觉干扰和注意转移分散问题。这需要从信息特征的呈现方式，展开视觉注意的模拟任务界面实验，研究不同干扰程度造成的注意转移分散。实验四将提取视觉干扰、注意转移分散子集中的忽略、错过作为出错因子，展开视觉认知实验。

5.8.2　选择实验范式

在 4.3 节中，根据图 4-7 构建的错误感知（MP）分层模型，视觉干扰对应的干扰敏感性模型，包括注意的知觉选择和抵制干扰两方面；注意捕获对应的偏向竞争模型，包括竞争注意资源和优先选择。在视觉搜索场景中，视场中充满许多物体，由于注意资源有限，视场中的物体就会竞争注意资源。若某一物体表征与当前工作记忆中所保持的目标模板相同，那么该物体表征就会取得竞争优势而被视觉注意优先选择（Desimone et al.，1995）。研究表明，在认真执行双任务的情况下，意识控制的任务之间会互相干扰造成失误和延迟。但是通过训练，其中的一项或两项都变成自动化活动后，这种干扰就会减少，甚至彻底消失（LaBerge，1980）。Rasmussen（1983）研究多个案例发现，30%的出错属于分散注意。在视觉搜索模型中，注意分散需要研究扫视与注意的关系，实验表明，一经发现扫视并不是注意转移的标志，扫视的准备阶段就已经发生了注意转移（沈模卫等，2004）。根据以上实验案例，将结合各自优点设计环境干扰和信息特征干扰的视觉搜索实验，分析注意转移引起的信息忽略、错过问题。

5.8.3　研究思路

实验四欲模拟实验一材料中雷达态势显示界面，将相关信息图符简化为可实验用的概念化符号作为实验材料，采用黑色背景，以及航战常用绿色、红色、黄色、蓝色及白色作为特征项的色彩选择。

本实验将采用实验二和实验三结合的手段，对行为数据（反应时和出错率）和生理反应（眼动跟踪数据）相结合讨论在视觉搜索过程中不同干扰和不同特征造成的视觉干扰和注意转移分散；再对干扰环境和信息物特征展开多因素搜索任务，分析不同干扰程度和不同特征对视觉搜索的影响。

5.8.4 实验设计与程序

提取实验一材料中雷达态势显示界面中表示不同含义的信息物，模拟绘制后选择 12 种作为实验的刺激特征项，其大小充满 6mm×7.5mm 的黑色方框内。结合不同信息物形状特性，选取红色和绿色为主要颜色，将其定义为三类。特征 1 为规则形状（下方有竖线的单一形状体）的单色呈现个体，特征 2 为不规则形状的单色呈现个体，特征 3 为不规则形状（多以圆为主体的内部变形体）的混合色（红色、绿色在一体）呈现个体，具体如图 5-35 所示。实验主要探讨不同特征项内部的相互干扰程度，即其中一个为目标物时，其他同类特征子对它干扰的作用。

(a) 特征1:规则形状-单色　(b) 特征2:不规则形状-单色　(c) 特征3:不规则形状-混合色

图 5-35　不同特征材料呈现形式

材料均呈现在界面中半径为 78mm 的圆内，圆内有一个 39mm 的攻击范围界限，在中央处呈现主机的形态，并在周围呈现目前态势的各种数据，给被试造成固定的干扰，这些呈现元素均为定量。而敌机、友机及不明物作为变量随机呈现在防御视野中。因考虑到本实验为实际态势界面中信息呈现，故不能固定中央视野，以模拟防御态势界面为固定呈现视野。因此，当刺激项呈现时，尽可能要求使其间距均保持在 25mm 左右，目标物刺激物随机呈现，但均集中在 6°～11°的上视野范围内。实验中设计了低干扰和高干扰两种环境下的实验界面，作为考察因素，如图 5-36 所示。

通过以上分析，本实验将采用 3×2×4 的组内设计，三个因素分别是刺激项特征（1、2、3 种类型）、干扰程度（低干扰环境、高干扰环境）、刺激项数量（2、4、6、8 种）。按照干扰程度将实验分为两组进行，干扰程度将在实验中交替出现，各占 50%。一个因素进行 2 个试次，每组 3×4×2 个试次，共计 48 个试次。实验设备与程序和实验二、实验三相同。

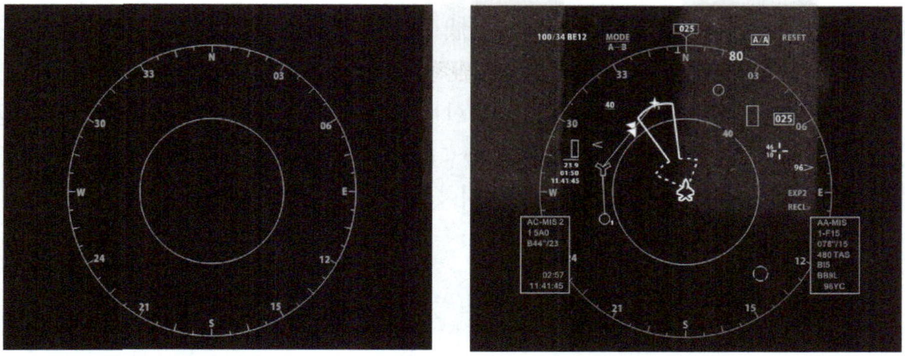

(a)　(b)

图 5-36　实验中的低干扰和高干扰环境

5.8.5　实验结果与分析

本实验主要分析被试在目标搜索过程中的行为数据，分析各因素之间相互干扰作用下反应时的差异，以及不同干扰程度下的出错频率。

1. 总的反应时与出错率

对反应时进行 3×2×4 重复方差分析，结果表明特征项和数量均有显著的主效应，而且存在复杂的多因素交互作用。对出错率进行 3×2×4 重复方差分析，结果表明只有特征项的主效应显著，特征和数量因素之间存在显著的交互作用，三个自变量之间也存在显著的交互作用（表 5-10）。

表 5-10　各自变量在反应时和出错率上的主效应及其交互作用

变异源来	反应时			出错率		
	df	MS	*F*	*df*	MS	*F*
干扰	1	21530.157	0.129	1	0.000024	0.003
特征	2	967379.164	11.634***	2	0.22	3.956*
数量	3	443387.417	3.772*	3	0.013	2.060
干扰×特征	3	652096.162	7.563**	3	0.015	2.514
干扰×数量	4	337923.102	2.756	4	0.010	1.469
特征×数量	5	652984.116	28.251***	5	0.017	3.743*
干扰×特征×数量	6	547741.789	23.603***	6	0.014	2.948*

* $p<0.05$；** $p<0.01$；*** $p<0.001$。

在低干扰与高干扰环境下，测试三种不同特征项以不同数量呈现时被试反应时和出错率。对反应时的方差分析表明，低干扰环境下的特征项主效应（F=24.781，P=0.001，$p<0.05$）和高干扰环境下的特征项主效应（F=10.184，P=0.012，$p<0.05$）达到显著性水平（图 5-37、图 5-38）；对出错率的方差分析表明，低干扰环境下的特征项主效应（F=5.297，P=0.047，$p<0.05$）达到显著性水平，高干扰环境下的特征项主效应（F=1.613，P=0.275）不显著（图 5-39、图 5-40）。

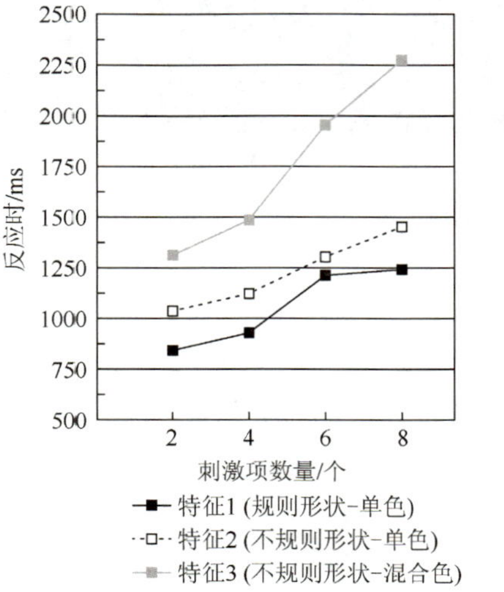

图 5-37　低干扰环境下三种特征项的反应时

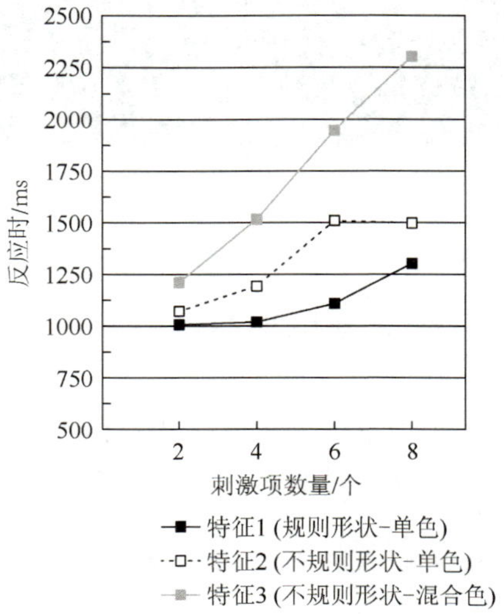

图 5-38　高干扰环境下三种特征项的反应时

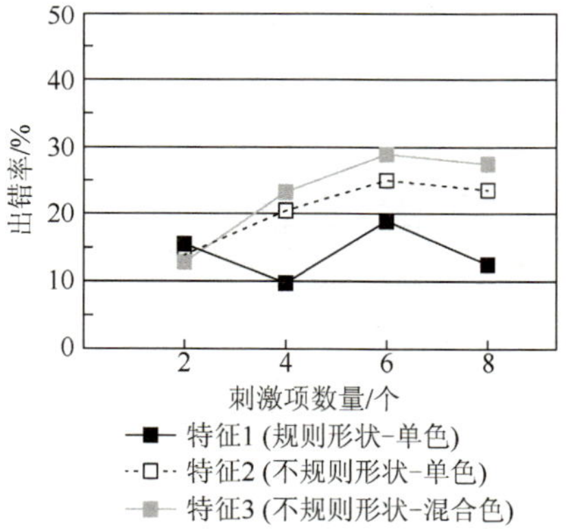

图 5-39　低干扰环境下三种特征项的出错率

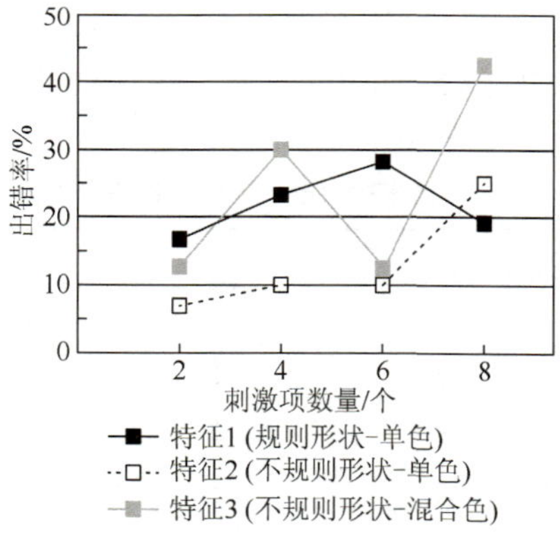

图 5-40　高干扰环境下三种特征项的出错率

2. 干扰环境对不同特征项搜索的影响

对特征因素和数量因素进行最小显著差异法的验后多重比较检验，结果如表 5-11 所示。低干扰和高干扰环境下的反应时在呈现特征 3 与特征 1 均与特征 2 之间有显著性差异，即不规则形状-混合色特征项与规则形状-单色特征项、不规则形状-单色特征项相比，形状和颜色都相对复杂的信息物搜索难度大，反应时长。因此，在雷达态势界面中，低干扰环境下的出错率在呈现特征 3 与特征 1 之间有显著性差异，而高干扰环境下的出错率并无出现显著差异，这也说明高干扰环境下，出错率与出错因子之间还存在关联性，这有待深入探讨，如图 5-41、图 5-42 所示。

表 5-11　最小显著差异法的验后多重比较检验

评价指标（*I–J*）			低干扰			高干扰		
			平均误差（*I–J*）	标准误差	*P*	平均误差（*I–J*）	标准误差	*P*
反应时	特征 1	特征 2	–207.65600	106.810958	0.100	–212.63625	141.720018	0.184
		特征 3	–729.72050*	106.810958	0.000	–628.72200*	141.720018	0.004
	特征 2	特征 1	207.65600	106.810958	0.100	212.63625	141.720018	0.184
		特征 3	–522.06450*	106.810958	0.003	–416.08575*	141.720018	0.026
	特征 3	特征 1	729.72050*	106.810958	0.000	628.72200*	141.720018	0.004
		特征 2	522.06450*	106.810958	0.003	416.08575*	141.720018	0.026
出错率	特征 1	特征 2	–0.06450	0.029148	0.069	–0.08025	0.064618	0.261
		特征 3	–0.09250*	0.029148	0.019	–0.11275	0.064618	0.132
	特征 2	特征 1	0.06450	0.029148	0.069	0.08025	0.064618	0.261
		特征 3	–0.02800	0.029148	0.374	–0.03250	0.064618	0.633
	特征 3	特征 1	0.09250*	0.029148	0.019	0.11275	0.064618	0.132
		特征 2	0.02800	0.029148	0.374	0.03250	0.064618	0.633

* 表示达到显著性水平，平均误差在 0.05 级别上显著。

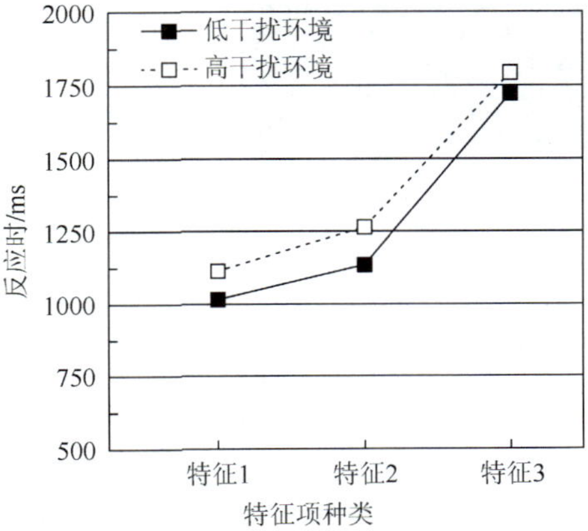

图 5-41　不同干扰环境下三种特征项的反应时

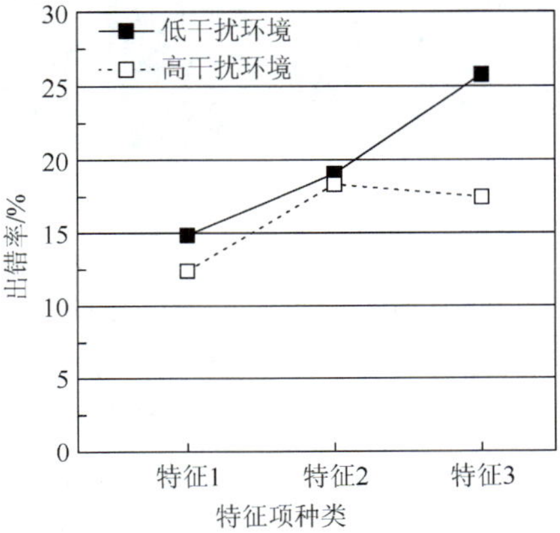

图 5-42　不同干扰环境下三种特征项的出错率

3. 不同干扰环境中热点图与轨迹图比较

从图 5-43 可以看出，图片提取了眼动实验的同一特征项（不规则形状-单色）的低干扰与高干扰两种环境下的热点图和凝视-扫视轨迹图。

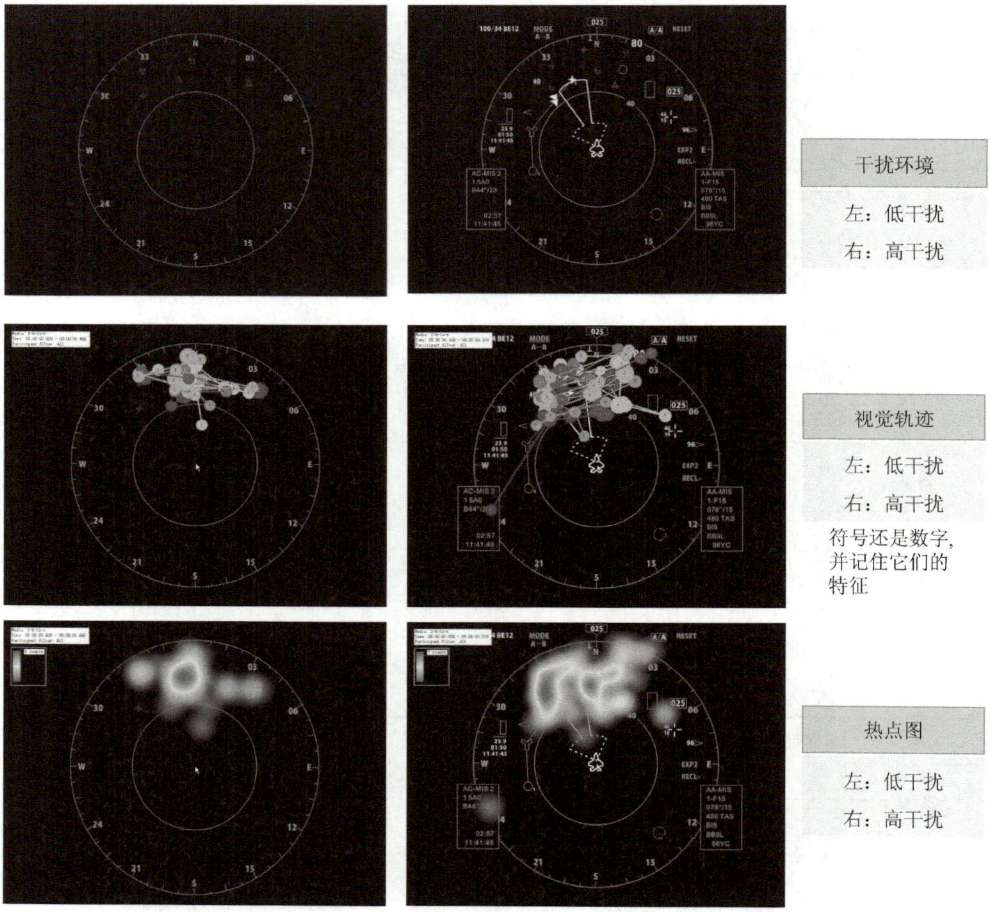

图 5-43　不同干扰环境下的热点图和轨迹图

由于受到不同干扰程度的影响，10 个被试叠加后的眼动轨迹明显不同，低干扰环境下的扫视平均次数为 4.1 次，而高干扰环境下的扫视平均次数为 8.2 次。可见，高干扰环境中的不同干扰物严重影响了被试搜索目标的反应时长。同样可以看到，热点图表现出低干扰注意力集中，而高干扰环境，注意力较分散，甚至有的被试将注意力转移到左下角的数据信息显示、中部的主机图标、右侧的里程显示等，从而分散了快速搜索目标的注意力。

4. 不同特征项对注视时间的影响

以特征项为分析对象，提取高干扰环境中三种不同特征项的眼动轨迹图，并以目标物区域、干扰物区域划分了 4 个 AOI，如图 5-44 所示。其中，AOI 1 是特征项的所在位置，眼动数据记录了第一注视时间、注视持续时间和注视点数。表 5-12 中数据均表明了特征项 1、2 和 3 呈递增趋势，与行为数据中反应时趋势相同，特征项 1 注视时间最短，并集中在 AOI 1 区域；特征项 2、特征项 3 的注视点在 AOI 2、AOI 3、AOI 4 有所分散，说明该区域的干扰特征影响了不规则形状-单色和不规则形状-混合色的搜索任务，这也表明规则形状-单色的搜索任务快，不容易受到环境干扰。

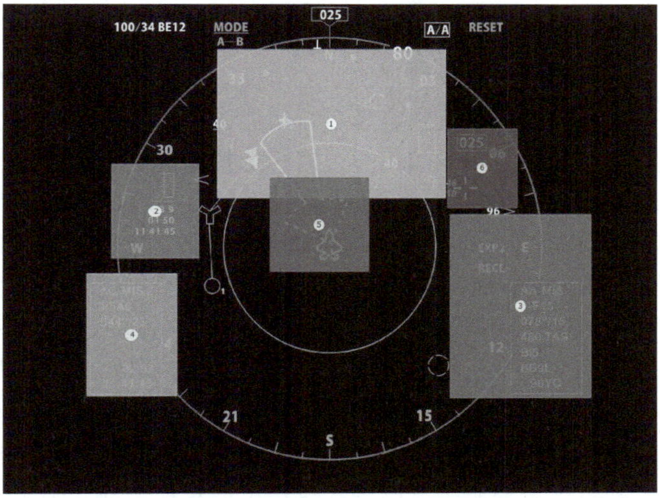

图 5-44　AOI 区域划分

表 5-12　按不同 AOI 划分的注视时间（ms）和注视点数

兴趣区划分		AOI 1（目标物）		AOI 2		AOI 3		AOI 4	
		平均	总和	平均	总和	平均	总和	平均	总和
第一次注视时间	特征项 1	2	21	—	—	—	—	—	—
	特征项 2	30	300	—	—	—	—	1061	3184
	特征项 3	69	693	805	805	1227	3680	—	—
注视持续时间	特征项 1	685	6846	—	—	—	—	—	—
	特征项 2	1303	13032	—	—	—	—	128	383
	特征项 3	1308	13081	167	167	257	770	—	—

续表

兴趣区划分		AOI 1（目标物）		AOI 2		AOI 3		AOI 4	
		平均	总和	平均	总和	平均	总和	平均	总和
注视点数	特征项 1	3.2	32	—	—	—	—	—	—
	特征项 2	6.2	62	—	—	—	—	1	3
	特征项 3	6.2	62	1	1	1.67	5	—	—

5.8.6 讨论与结论

（1）特征项的视觉搜索效应。

在复杂信息界面中的信息物特征的研究方面，李晶等（2013）通过时间压力实验得出信息物的颜色比形状认知容量多，认知速度快，并以 A320 飞机的电子集成监控系统仿真，验证了不同编码方式对视觉搜索的影响。雷达态势环境中的信息物按照形状和颜色种类特征设计成三种不同的特征项。数据表明（图 5-37、图 5-38），在低干扰和高干扰环境下，随着数量的递增，特征项反应时呈现明显递增趋势，特征 3（不规则形状-混合色特征项）耗时最长；高干扰环境比低干扰环境需要更多的反应时间。数据还表明（图 5-39、图 5-40），出错率呈现规律与反应时不同，在低干扰环境下，特征项 1、2、3 呈递增趋势，说明规则形状单色比不规则形状的单色和混合色都容易搜索，不易产生误判问题；高干扰环境出错率并无明显递增趋势，也说明了在干扰物多的环境下，出错的原因还会有很多因素，这需要结合眼动数据加以分析干扰因子；这也可能与探测项在刺激项中有无出现的随机性有关，还需要进一步分类统计数据。

（2）视觉干扰对目标搜索的影响。

实验中的高干扰环境基本完全模拟了战斗机态势的复杂环境，被试在不受干扰的环境下进行视觉搜索。前人对干扰的实验研究主要以特征子设置干扰项，本实验将单一的界面（低干扰）和真实模拟场景（高干扰）作为变量，数据表明对反应时具有显著影响（图 5-41）。这说明，雷达态势环境的复杂程度对信息物识别干扰很大，有待于深入研究。从出错率数据可以看出（图 5-42），没有呈现规律性变化，也说明出错因素较为复杂，仅从干扰和特征两方面并不能得到一般规律，还需要从多角度分析。

（3）有无探测项对目标搜索的影响。

在被试进行目标搜索时，刺激特征会随机出现有无探测项，各占 50%。经过表 5-13 统计发现，搜索到目标物所用的反应时远远小于搜索不到的反应时，即无探测项时被试会花更多的时间在目标搜索上。按照不同干扰环境统计发现，无探测项时，即目标搜索需要耗时更长时，呈现出随着信息物特征不同，反应时呈递增趋势。而有探测项时，容易找到目标，反应时无明显规律。

表 5-13　有无探测项对目标搜索的影响

变量		有探测项反应时		无探测项反应时		有探测项出错率		无探测项出错率	
		均值	标准差	均值	标准差	均值	标准差	均值	标准差
低干扰	2	1203.833	452.636	1164.158	393.707	0.428	0.222	0.053	0.229
	4	1460.474	862.011	1499.526	476.553	0.496	0.368	0.105	0.315
	6	1656.895	707.531	1930.529	816.107	0.478	0.316	0.235	0.437
	8	2072.950	1306.35	2501.100	1348.64	0.444	0.250	0.300	0.47
高干扰	2	1048.200	342.774	1375.100	1029.71	0.366	0.150	0.100	0.308
	4	1498.350	666.334	1587.684	734.76	0.366	0.150	0.421	0.496
	6	1845.550	595.438	2034.900	774.488	0.41	0.200	0.050	0.224
	8	2520.400	1469.76	2551.250	2908.8	0.47	0.300	0.600	0.503

（4）出错原因分析。

根据图 5-39、图 5-40 所示的出错率分布情况，结合眼动数据进一步分析出错因子与干扰项的关系。提取出错率高的特征项 2 和特征项 3 为分析对象，图 5-45（a）、（b）分别为两个被试的眼动轨迹。图 5-45（a）为特征项（不规则-单色）的刺激图（无探测项），目标物特征项为，刺激材料中呈现的特征项为。可以从图 5-45（a）中看出被试在三个红色的非目标物中反复眼跳，共 11 次，反应时长为 1366ms（反应时均值为 1517.806ms，出错率均值为 0.278）。可见，该被试没有受到其他非目标物的影响，也没有受到干扰环境中不同干扰信息的影响，出错原因在于同色特征的分辨，遗忘了原来目标物的特征，作出了错误的判断。这说明，相同颜色的干扰容易出错。图 5-45（b）为特征项（不规则-混合色）的刺激图（有探测项），目标物特征项为，刺激材料中呈现的特征项为。可以从图 5-45（b）中看出被试经过 8 次眼跳，未受到干扰环境的影响，很快对相似特征项进行了搜索，对两个特征项辨别，注视时间也较长，最后眼跳停留在目标物上。说明被试在目标搜索时，对相似目标物的注视时间偏长；形状相似度影响了目标物的辨别。

实验四得到以下结论。

（1）干扰环境和信息物特征是雷达态势界面中影响信息物识别的主要两个因素，这是复杂态势界面中信息布局时需要考虑的设计信息。

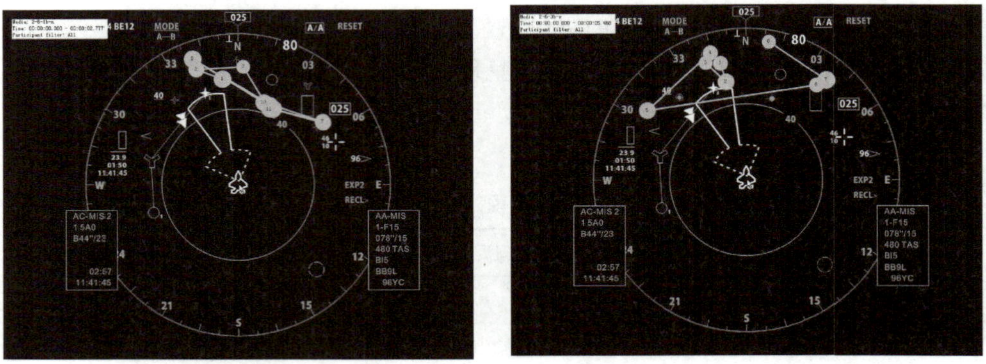

(a) 不规则-单色　　(b) 不规则-混合色

图 5-45　某被试对特征项的搜索路径

（2）低、高干扰环境下信息识别有显著性差别。雷达态势界面中呈现的各种信息形成了高干扰环境，飞行员只有强制不被干扰，才能准确进行信息识别。

（3）在雷达态势界面中，不同的信息物构成三种不同种类的特征项，其反应时与出错率呈现明显规律性变化。规则形状-单色、不规则形状-单色及不规则形状-混合色三种特征项反应时呈现递增趋势，说明不规则形状-混合色认知困难，反应时长。

（4）眼动数据也表明，高干扰环境明显比低干扰环境下注视时间长，眼跳次数多，扫视路径也较长；特征项搜索的第一次眼跳时间、总注视时间及眼跳次数也与反应时相同，呈现递增趋势；特征项的颜色和形状对目标物的判断有很大影响。

5.9　视觉认知实验综合讨论

基于视觉行为和生理反应的出错因子实验分析方法，采用眼动跟踪技术生理实验和 E-Prime 编程反应时相结合的实验手段，以出错因子认知分层模型中对应的实验范式，并结合视觉搜索模型的一般结论，展开了四个视觉认知实验。

从四个实验讨论和结论可以看出，以出错因子作为变量开展的心理学实验，能够科学地反映监控任务界面中信息特征与出错因子的内在联系。

在实验一同一界面中不同视觉搜索任务下，能够反映“任务-界面布局-视觉流向”反应链和出错因子的相关性。例如，反应时和眼动数据的显著差异均表明搜索路径受任务驱动的认知信息加工和信息搜索时间影响；由于信息的方位和信息特征（颜色、形状、大小等），视觉搜索过程中容易造成信息的疏漏、误读/误判、错过/忽略等问题。

在实验二和实验三中，间距大小和视野位置对目标搜索的视觉认知过程产生较大的影响，也能够反映界面布局中的“信息间距-位置-视觉轨迹”反应链和出错因子的相关性。例如，信息物的间距过大，容易产生疏漏；周围视野耗时最长，在有限的搜索时间内容易忽略目标物；眼动轨迹能够看到信息物的特征引起注意转移，产生疏漏。

在实验四中，信息特征和干扰因子对目标搜索的视觉认知过程产生较大影响，也能够反映信息呈现中的“信息特征-信息容量-视觉轨迹”反应链和出错因子的相关性。例如，低、高干扰环境下反应时和出错率的显著差异性，是产生出错的关键因素；不同信息特征的行为数据和眼动数据均表明了信息特征的设计合理性与误读/误判的直接关系。

因此，通过视觉行为和生理反应的实验分析方法，清晰地建立了出错-认知集合（各种出错因子）与界面信息（信息呈现与界面布局）的相关性，如图 5-46 所示，在视觉搜索过程中产生的出错因子直接和任务-界面布局、信息间距-位置、信息特征-容量等因素有直接联系。在第 6 章将深入讨论出错因子-视觉认知-信息特征的相关性，从而建立由出错因子导入的复杂信息界面设计新思路。

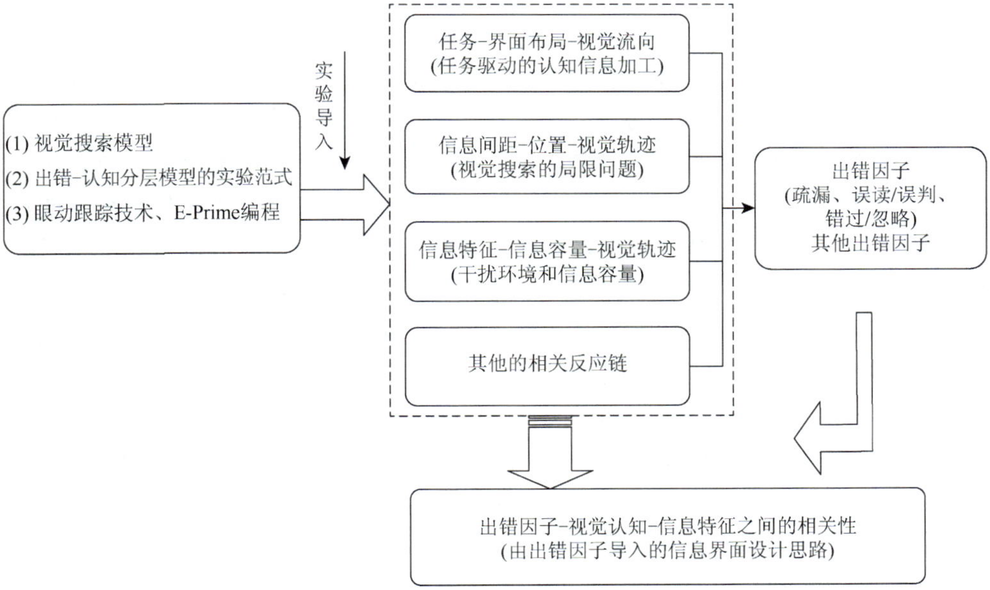

图 5-46　出错因子的生理反应实验综合分析

5.10　本 章 小 结

（1）通过视觉行为与生理特性，分析了视觉的基本规律；从凝视与扫视的生理反应机理，分析了眼睛在视觉搜索过程中凝视-扫视-凝视的一个周期，并归纳了凝视与扫视实验的相关参数；将 Drury 等提出的视觉搜索模型，作为本章实验开展的主要分析依据。

（2）本章提出了出错因子的实验分析方法，由监控任务界面导入的心理学实验为基础，运用心理学实验技术手段，开展反应时和眼动跟踪的嵌套认知实验，运用方差分析方法对反应时间指标和错误率指标，以及眼动数据中的注视轨迹、注视时间、扫视时间、扫视路径长度、凝视/扫视比等指标进行统计分析，逐步开展在不同监控子界面、子任务环境下进行的不同出错因子视觉认知实验。

（3）实验一采用典型监控任务的真实视觉信息界面作为材料，获得了被试眼动跟踪的任务搜索轨迹，从而获取与出错类型相关的实验素材，为后期的出错因子实验进行铺垫。得出结论：其搜索路径受任务驱动的认知信息加工和信息搜索时间影响，不同任务的反应时和眼动数据均具有显著差异性；凝视/扫视比表明，在信息搜索过程中，扫视时间和扫视次数都远大于凝视持续时间和注视点数，这说明此监控任务界面的搜索效率较低；不同监控区域的注视时间、注视点数和访问次数均具有显著差异性；信息的方位和信息特征（颜色、形状、大小等）视觉搜索都有显著影响，在不同任务下，容易造成信息的疏漏、误读/误判、错过/忽略等问题。

（4）实验二和实验三主要研究了信息疏漏、误读/误判的视觉局限问题，设计模拟某种监控任务的反应时实验，主要探讨因位置、间距引起的视觉局限问题。并在反应时和出错率基础上调整自变量，开展基于行为反应和眼动跟踪的嵌套实验。得出结论：间距大小和视野位置对目标搜索视觉认知都有显著性影响，周围视野耗时最长，也呈现显著性变化；注视轨迹和热点图能够呈现出信息疏漏的相关因素；不同视野位置和间距也对首次眼跳潜伏期影响显著；眼动数据表明了信息物的特征，如颜色、形状等更容易产生注意转移，造成信息的疏漏。

（5）实验四提取相关特征项、环境干扰项的实验材料，分析视觉干扰情况下出现的选择错误、错过/延迟等出错因子。得出结论：低、高干扰环境下信息识别有显著性差别；不同的信息物构成三种不同种类的特征项，其反应时与出错率呈现明显规律性变化，不规则形状-混合色认知困难，反应时长；眼动数据也表明，高干扰环境明显比低干扰环境下注视时间长，眼跳次数多，扫视路径也较长；特征项搜索的第一次眼跳时间、总注视时间及眼跳次数也与反应时相同，呈现递增趋势；特征项的颜色和形状对目标物的判断有很大影响。

（6）通过视觉行为和生理反应的实验分析方法，清晰地建立了出错-认知集合（各种出错因子）与界面信息（信息呈现与界面布局）的相关性，在视觉搜索过程中产生的出错因子和任务-界面布局、信息间距-位置、信息特征-容量等因素有直接联系。

第 6 章　由出错-认知到设计信息的映射关系研究

人机交互领域一直在探究合理可行的设计方法，从而改进目前数字化、智能化的视觉信息界面的信息呈现以及布局问题。特别是在复杂信息系统研究领域，国内外为了寻求合理的信息显示方式，一直致力于信息编码和布局的研究。例如，美国空军主持修订的军用标准 MIL-STD-1787B（USAF）“飞机显示器符号”描述了军用飞机电/光显示器在起飞、导航、地形回避、武器投放和着陆过程中应向飞行员显示的信息内容、信息符号和符号格式等方面信息编码的标准化及规范化。然而，各种可行的设计方法并没有与任务失败的出错因子建立直接联系，目前还没有学者提出由出错因子导入界面设计的新方式。

因此，本章提出了出错（error）-认知（cognition）-设计（design）形成一条渠道的框架方法，将研究出错因子、视觉认知、设计信息三者的关联属性，应用矩阵描述和网络分析法建立由出错-认知域到设计信息域的映射关系。

6.1　监控任务界面的设计信息表征

6.1.1　监控任务界面的设计因素——信息特征

在第 3 章中，对界面任务分析的阐述时，提出了信息作为任务执行的认知单元的重要性，任务执行过程中需要进行信息搜索、信息认读、信息辨识、信息判断选择和信息决策；在第 5 章中，首先针对信息特征的视觉搜索展开实验，提出了信息的形状、大小、颜色以及信息的方位、间距等特征，并在后续实验中逐步将不同的信息特征与出错因子联系起来。这都说明了信息特征作为信息认知处理的要素分布于监控任务界面中。

复杂信息界面的要素与普通的人机交互界面相同，也主要包括图标、控件、导航、色彩、布局和交互六大要素。这些信息要素的不同组成与呈现形成具有独特性、识别性强的各种信息特征。例如，在监控任务界面中，飞行数据、警示信息、速度向量符号、武器符号等信息特征需要结合不同要素的设计，并显示在合适的位置以达到准确、快速的视觉搜索。

复杂监控任务界面的信息非常庞大，具有多维性和复杂交错性。首先从信息呈现方式表达，包括图符、字符和颜色三种方式；还需要从信息界面布局表达，包括图元关系、功能结构分区、任务分区和视觉流向四种方式，如图 6-1 所示。

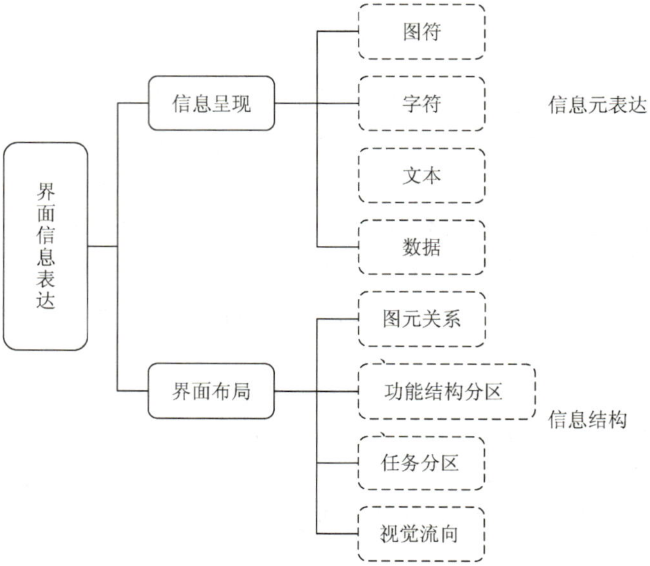

图 6-1　界面信息表达方式

1. 信息呈现

在复杂信息系统的监控任务界面中，信息呈现是至关重要的，通过图符、字符以及颜色所表达的信息呈现方式，与有效展开复杂信息的监控有直接的联系。对于信息呈现的研究，特别是航战显示系统界面，国内外为了寻求合理的信息显示方式，一直致力于信息编码和布局的研究。例如，NASA（1996）在 HMPP（Human Measures and Performance Project）项目中特别研究了航空领域各种复杂图形界面显示中的色彩安全性和可用性设计问题。美国军用标准 MIL-STD-1787B（USAF）涉及新型歼击机显示器信息内容。Michelle 等（2001）通过实验研究了如何更好地在混乱环境中呈现战斗的相关信息。Montgomery 等（1996）就亮度对界面信息辨识度的影响进行了实验研究。Tullis（1981）和 Schum（1991）研究了数字显示和图形显示信息编码的辨识效率。Patrick（2003）运用视觉延迟搜索任务的实验范式，对颜色、位置及颜色与位置的绑定实验进行了对比实验，结果表明绑定实验与其他两组实验相对比，并没有使搜索时间明显变短。我国早期航空学者李良明（1984）分析研究了几种国内飞机座舱使用圆形刻度仪表的情况，建议增加数字式、垂直式、水平式显示，并结合实际采用综合显示形式，对于仪表刻度、指针、显示数字、飞行姿态显示基准、仪表尺寸和布局提出了具体建议。这些研究均表明，信息呈现在监控任务执行的过程中重要性，并指出了图符、字符以及颜色是信息呈现的主要表达方式。

对于复杂监控任务界面，如航战显示系统界面，信息元的表达内容包括字符、文本、图像、图标、符号、色彩等，这些元素应用于界面的窗口、菜单、导航、文本、数据、地图及相关图形的设计中传达交互信息的内容。这项研究需要结合飞行员已经形成且易于理解的航空飞行中特有符号或显示方式、飞行员日常熟悉的各操作系统中的图形界面元素，在合理保留和引用他们易于认知的图形-信息关系的基础上进一步根据需要引申这些元素的抽象特征设计新的图形符号。经验表明使用加粗、闪烁、亮度变化、形状变化、色彩变化等动态显示方式引起飞行员对于系统状态变化和危急信息的注意，而且使用某种带含义的显示方式时，要保持该显示方式在整个界面系统中的一致性。

2. *界面布局*

复杂监控任务界面信息承载量大，信息结构关系错综复杂，并以动态、多变的形式展示给使用的人（操作者）。然而，这些庞杂的信息最终呈现在一个固定的界面里，这就需要布局。界面布局（interface layout）是指在一定限定面积范围内合理安排图形图像和文字的位置，将庞大、复杂的信息依整体布局的需要进行分组归纳，通过内在联系的组织排列，以期达到高效的信息搜索与任务执行。在界面布局的研究方面，国内外已有大量的研究成果针对普通界面如何合理布局。有学者从认知心理学和实验心理学出发，依据视觉规律，研究视觉搜索过程中存在注意的空间分布不均衡性，并提出不同象限的视觉注意力（Carrasco and Chang，1995；任延涛，2006）。我国航空领域学者刘宝善（1987）和丁亚平等（1994）分别对歼击机和直升机仪表板的普通显示界面研究了各区位的识别效果。Habuchi 等（2006）通过将界面分成几种功能区，考察信息的分类、用户经验和功能区域三种因素。结果发现，界面视觉设计和习惯性偏好路径都会对视线产生影响。Parsons 等（2014）介绍了交互式视觉呈现的 10 个属性（包括重要性、关系、交互的可调性等），并通过调整这些属性值，详细介绍了这些属性值是如何影响人的认知加工和视觉推理，从而证明其价值和必要性，建立了一个理论框架，有助于理解视觉呈现方式与复杂认知活动的交互性。

以上研究均表明界面布局需要从图元关系、功能结构以及任务角度进行合理分区，并结合视觉流向的特性，通过信息元之间的关联性，建立不同结构的信息搜索、认读、辨识、选择判断等任务执行过程。例如，可以通过信息元与目标任务的关联性提高信息识别，通过不同区域的合理划分，缩短组间的搜索时间，以提高认知绩效。

根据信息呈现和界面布局的分析可以看出，对监控任务界面优化的主要内容就是良好的信息呈现和合理的界面布局。那么，信息呈现的方式（信息元表达）和界面布局的具体实施计划（信息结构）即为设计监控任务的主要内容。因此，为了对监控任务界面的设计元素详细表达，可从信息呈现和界面布局两个方面展开设计信息的表征。

6.1.2 信息呈现的设计信息表征

为了对复杂监控任务界面的设计信息进行表征，本节同样按照第 3 章所述，对航战显示系统的监控任务界面进行信息元提取，即为设计因素。在 3.2.1 节和 3.2.2 节中，战斗机所处的整个战场环境包含 12 个可切换的、不同显示内容的界面，需要提供给飞行员了解战场态势的所有信息。本节主要提取了有代表性的各种信息，通过设计因素、信息元提取、信息元解释、信息呈现格式以及呈现属性几个方面进行表达，如表 6-1 所示。

表 6-1 复杂监控任务界面的信息元提取

设计因素	信息元提取	信息元解释	信息呈现格式	呈现属性（动态、静态）
牛眼图标		如在 HIS 量程刻度中，牛眼位置显示在屏幕上，图标上的箭头永远指北	图符	静态
地面轨迹指示标志		这个符号一直处于页面顶部中心用于指示当前方向	图符	静态
塔康站标志		如果塔康站在 HIS 的量程刻度中，则在显示页面上出现	图符	动态
塔康站方位指示器		小三角形，位于罗盘的外侧，表示塔康站的当前方向	指示符	动态：随飞机位置改变，但符号本身无变化
塔康方位指示器尾指针		在塔康方向指示器相反方向并随其变化	指示符	动态同上
方向选择设置		当前方向选择的数值显示在此处，如果要修改该数据，用 HSEL 旋钮，该旋钮在多功能彩色显示器左侧	字符	动态
航路点方向指示器		三角形位于罗盘内侧，指示到选定航路点的方向	指示符	动态：随飞机位置改变而改变，但符号本身无变化

续表

设计因素	信息元提取	信息元解释	信息呈现格式	呈现属性（动态、静态）
航路点方向尾指针		图标处于罗盘内，与航路点方向指示器始终反向相对，随其变化而变化	形状符	动态 同上
方向刻度	010	显示当前方向，方向刻度基本上是一个数字化的罗盘，在水平条外侧，北是000，东是 090，南是 180，西是 270，在核对符号上按每 10°分布，在移动条上一次只显示 30°的数据	字符	动态
方向标		当操作模式为 HSI 时显示当前选中的航路点、目标或塔康站的方向	形状符	动态
空速	398	当前测量到的速度	带框字符	动态
高度	5836	显示大气压力或者雷达高度，这取决于 HUD 控制面板上 ALT 转换装置。当开关在 BARO 位置，显示大气压力高度，在 RDR 位置上，显示雷达高度且显示“R”在高度旁边	带框字符	动态
速度向量		速度向量（飞行路径显示器）指向飞机真实航向。例如，使用重舵，飞机头指向一个方向而飞机向另一个方向滑行	图符	静态
攻击角度	α 2.0	当前攻击的角度数	图符/字符	动态
马赫数	M 0.668	飞行速度与声速之比	字符	动态
飞机重力	G 1.0	拉力加速度	字符	动态
飞机重力峰值	G 1.0 7.5	显示可达到的最大加速度，在某重量和 *G* 限制下所产生	字符	动态
副翼模式	AUTOFLAPS	当前副翼模式（AUTO、FULL、HALF）显示在该处	字符	动态
距航路点的距离	27.5	显示当前位置（海里）到被选航路点的距离	字符	动态
被选择的航路点	W2	显示当前选中的航路点	字符	动态
俯仰梯度	_ _ _ ⌋10	俯仰梯度线每 5°划分一格，飞机 40°爬升，则俯仰线相对地面为 20°，正俯仰梯度为实线，负的为虚线，每条线都是编号的，且数字围绕转轴转动	线符/字符	动态
方向选择 CSEL 显示开关	CSEL	当激活时，方向选择线可能通过当前航路点图标，也可能通过当前塔康站图标，也可能通过已选择的目标图标。方向选择线的方向基于当前方向选择值。如果在 HIS 距离标尺中无上述点，线就不显示	带框字符	静态

续表

设计因素	信息元提取	信息元解释	信息呈现格式	呈现属性（动态、静态）
自动驾驶模式图标		图标上一层左边用于显示 CPL（当在 UFC 上选择了该模式），右侧用于显示 WPT、TCN、GPS、HDG、TGT、BNK、ACL 等 7 种自动驾驶模式	组合字符	动态
射击提示	SHOOT	显示在目标指示器方框外侧上方当所有的武器射击条件满足时，当目标在“不能逃脱”范围内和武器截断最佳时，该图标连续闪烁	字符	动态
次要射击目标视线提示	×	在 Track-While-Scan 雷达模式下，可以同时跟踪一级和二级目标。如果一个二级目标存在，小 X 显示来表示这个目标	指示符	静态
指示十字		指示十字相对于大十字准线的位置显示搜索器位置	指示符	静态
精密视场括号		仅显示在当大视场被选中且显示狭窄视场显示相对大小下	线符	静态
方位角和正面图网格		方位角和正面图网格显示在±30°HARM 视场内	指示符	静态
侦查到的目标		在 HARM 视场内所有侦查到的目标符号（与 EW MDI 符号相同）显示在页面上	图符/线符	静态
视场外箭头		当雷达报警系统侦查到 HARM 视场外的威胁发射器，适当的箭头（左或右或两个）显示	指示符	静态
当前 HARM 模式	TOO	直接显示在 HRM OVRD 选项上	字符	动态 状态改变
火炮准心十字	+	火炮准心十字显示在火炮静态目标点下方（水线上方 2°），提供 3000 英尺确定的瞄准点	指示符	静态
炮网		当雷达处于 STT 模式时，炮网显示在炮模式下。炮网包括圆圈核对符号、准星和射程杆。当“in solution”（如果当下射击效果良好）时，射击提示显示在炮网上面	指示符/字符/图符组合	静态
正常射程范围内显示/容许操纵误差圈	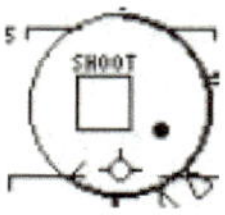	一个 6°直径的圆圈，圆圈的中心在飞机水线上。圆圈的单个元素分别在下方描述。圆圈不会出现除非有目标出现	指示符/字符/图符组合	动态

续表

设计因素	信息元提取	信息元解释	信息呈现格式	呈现属性（动态、静态）
相关射程标		相关射程标示 NIRD 圈中的小线段，开始于 12 点钟位置，当目标范围增加时顺时针旋转。其刻度与 RAREO 和 RMIN 有关	线符	静态
最大空气动力范围		直线发射物范围的最大绝对值。在这个范围内攻击目标	线符/指示符	静态
最大发射范围		导弹攻击目标的最大绝对值，目标在导弹飞行绝大部分时间内直线水平飞行	线符/指示符	静态
不能逃脱范围		估算的不能逃脱范围代表最佳火力范围攻击一个机动目标	线符/指示符	静态
最小发射范围		在该范围发射导弹可能不能击中目标。一旦目标在该范围内，大的 X 在 HUD 上（和 MDI 雷达上）连续闪烁	线符	静态
射击最大范围		当雷达是 STT，RMAX 表出现在 NIRD 圈上显示最大有效射程，该标记仅当在 STT 时显示，一个 A/A 导弹选中，目标范围小于 12000 英尺	线符	静态
武器选择和剩余数量	AM 6	显示当前选择的武器，伴随着该武器的剩余数量。数量显示在“GUN”下方，X 穿过被选武器表示武器设置为安全	字符	动态
目标范围	27.5 RNG	一旦有视线目标，目标范围就显示	字符	动态
目标范围比率	'200Vc	一旦有 L&S 目标，目标范围比率则会显示。当目标向飞机靠近，则显示一个正数，当目标离飞机远去，则显示一个负数	字符	动态
地平指示杆		横向划分 HUD	线符	静态
攻击角度括号		显示在速度向量左侧，括号的中心表示最适宜的攻击角度（8.1°校准）。括号的长度大约±1.2°。括号移动到速度向量下面表示 AOA 增加，反之减少	线符	静态
倾斜标度盘		显示当前与地平的倾斜角度。核对符号表示 5°、15°、30°和 45°	线符	动态
仪表着陆系统滑翔斜率杆		“飞向”符号，与速度向量相连，显示飞机位置在着陆时上或下。仅当 ILS 模式下显示	线符	静态
仪表着陆系统定位杆		“飞向”符号，与速度向量相连，显示飞机位置在中心的左侧或右侧。仅当 ILS 模式下显示	线符	静态

续表

设计因素	信息元提取	信息元解释	信息呈现格式	呈现属性（动态、静态）
水线图标		显示在 HUD 上（在视觉中心以上 4°）可移动的“W”符号。当起落装置放下时水线图标消失	线符	静态
罗盘	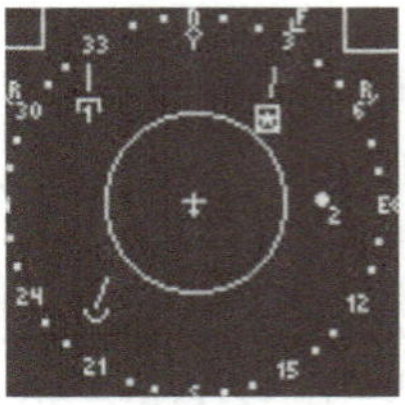	相对飞机的标志以圆形来 100%表示选中的范围，周围分布有刻度 顶端的内部指示器一直显示在顶端以指示当前航向	图形（包含线符/字符）	动态 可旋转使飞机的航向一直处于显示的顶端
AIM-7 导弹视场	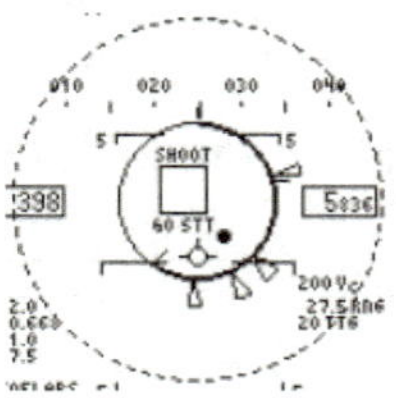	当雷达选择 FLOOD 模式时，麻雀导弹的视场圈显示在界面上。如果麻雀导弹发射时雷达不是 STT 且麻雀导弹不是 Home on Jam 模式，雷达将进入 STT 模式跟踪发射操作目标。如果失败（或没有 L&S 目标），则进入 FLOOD 模式	图形（包含线符/字符）	静态
姿态指示球	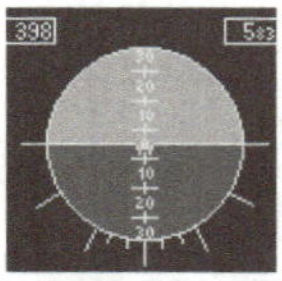	“旋转”表示滚动，有色区域代表地面，而空白区域代表天空	图形（包含线符/字符）	动态 飞机姿态
姿态指示器		上面三个方框是固定的，下面的方框通过左右移动来表示当前的偏航率	图形（包含线符/字符）	动态 状态显示
空速和高度		方框内显示当前空速和高度	带框数据符	动态 状态显示

注：1 英尺=30.48cm。

从设计角度而言，首先要对界面的设计元素理解，才能对界面的信息呈现进行优化设计。根据表 6-1 可以看出，每种信息元都有对应的名称和表达的含义，并以不同的呈现方式表达。有特殊的单一图符，如牛眼图标、地面轨迹指示标志、塔康站标志、速度向量等，每种图符都表示自身的含义；有不同的连接线符，如最大空气动力范围、最大发射范围，这两种线符包含图符的信息元具有相似的形态，却具有较大差别的含义，这也说明这些符号的认知差异性不大，容易产生误读；还有带框的字符，如空速和高度、方向选择 CSEL 显示开关，这些带框的字符，有的表示已选定的状态，有的仅表示当前的数值，这种表达方式亦会出现知觉混淆。

通过以上分析发现，表 6-1 中的信息元存在了很多设计问题，容易导致操作者认读过程中的误操作。这也表明设计信息与出错因子本身具有的联系性，而操作者作为认知行为的执行者，与两者产生着交织的连带关系。

为了客观地表达复杂监控任务界面的设计信息，针对信息元的表达，进一步对设计信息表征。在这里把设计信息看做由各种不同的符号组成，本书将设计信息分为图符、指示符、线符、字符、数据符、图形以及组合符，这里的组合符指两种及两种以上的符号组成的表达形式，如带框的字符。详细的复杂监控任务界面设计信息表征如图 6-2 所示。

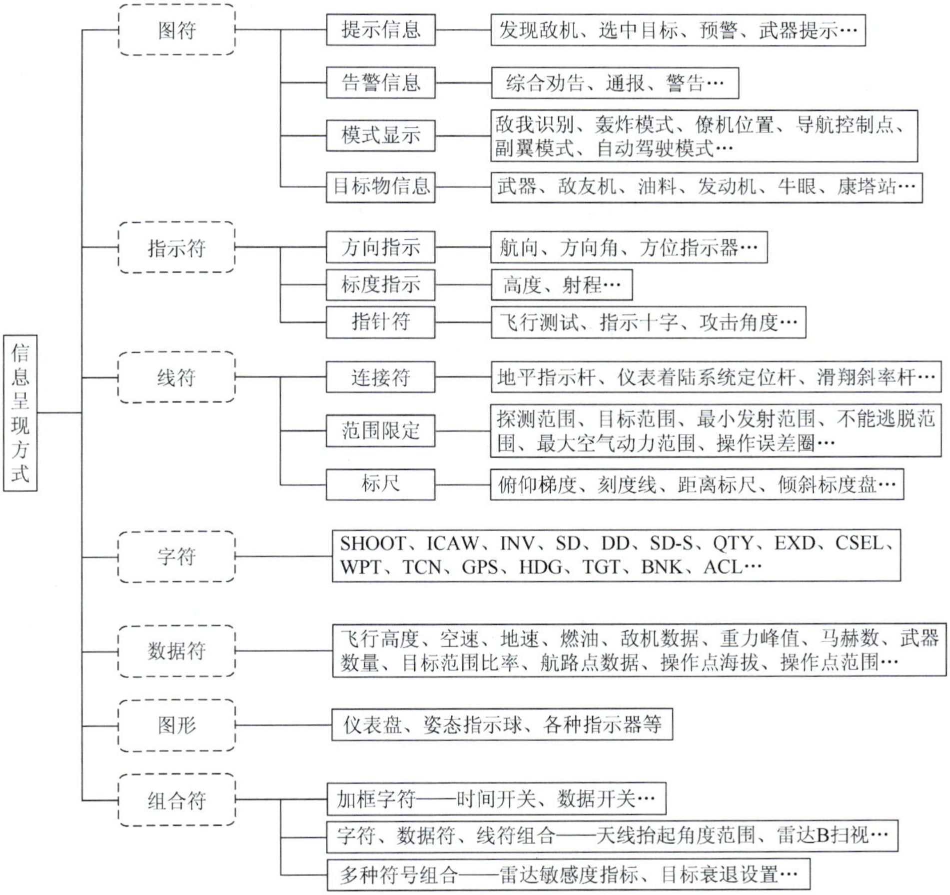

图 6-2　信息呈现的设计信息表征

（1）图符。

图符（icon）是指实体信息简洁、抽象的符号。按照任务状态不同，包括提示信息、告警信息（如综合劝告、通报、警告等）、不同模式显示信息（如敌我识别模式、轰炸模式、僚机位置、导航控制点、飞机自身位置、副翼模式等）、目标物信息（如武器、敌友机、不明物、油料、发动机等）。

（2）指示符。

指示符（indicator）是指具有指示意义的符号，特别是具有方向性、高度、指针等含义的符号。根据含义的不同，包括航向指示、高度指示、飞行测试指示等。

（3）线符。

线符（line）是指用来连接图符、限定范围、标尺等的符号。根据内容不同，包括探测范围线符、导弹飞过指示、导航对比参数以刻度线表示、高度对比信息、HIS 距离标尺等；有的线符也直接可作为图标使用，如水线图标。

（4）字符。

字符（character）专指以英文单词或简写形式的，具有某种含义的专业术语或者文本信息，某些简写形式亦可作为符号表达信息。例如，ICAW 字符用红色文本表示警告，黄色文本表示劝告，淡绿色文本表示通报；在界面中，多以简写形式的字符呈现，并具有图符的意义，例如，SHOOT 即为射击指示；武器挂载中，INV 代表发射间隔、MULT 代表多重发射、QTY 代表发射数量等；不同战术模式也有多种，例如，SD（攻击）、DD（防御）、SD-S（位置显示-次要的）、EXD（扩张）等；自动驾驶模式包括 WPT、TCN、GPS、HDG、TGT、BNK、ACL 七种。

（5）数据符。

数据符（data）专指表示某种值的数据单元，常与字符、线符（如线框）形成组合符表达。如飞行高度、空速、燃油、敌机数据等。

（6）图形。

图形（graph）是指以画面的形式表达一个信息，一般画面中可能有图符、字符组成的主要成分，作为信息量大的单元出现，如仪表盘、姿态指示球，各种指示器（马赫计、空速指示器、预测速度指示器、进攻角度装载指示器、目标指示器等）。

（7）组合符。

组合符（group）多以字符与数据符组合、字符与线符组合或带有线符的指示符等，表达一个完整的信息。已选模式带有不同色彩的框选状态就是典型的组合符。例如，俯仰梯度组合符，俯仰梯度线每 5°划分一格，飞机 40°爬升，则俯仰线相对地面为 20°，正俯仰梯度为实线，负的为虚线，每条线都是编号的，且数字围绕转轴转动，所以反向飞行也很容易确认；再如时间开关、数据开关，均为加框的字符表示。

6.1.3 界面布局的设计信息表征

通过信息呈现的分析，还需进一步对大量的复杂信息进行布局。复杂信息系统中的信息具有非线性、交互性和动态性，需要及时、灵活地组织信息。图 6-2

对信息呈现的设计信息进行了表征，接下来从界面布局角度探讨设计信息表征。首先对复杂监控任务界面的各种子界面进行分析，通过布局抽象，进行信息结构提取，如表 6-2 所示。

表 6-2　复杂监控任务界面的信息结构提取

界面	显示	布局抽象
水平指示器显示	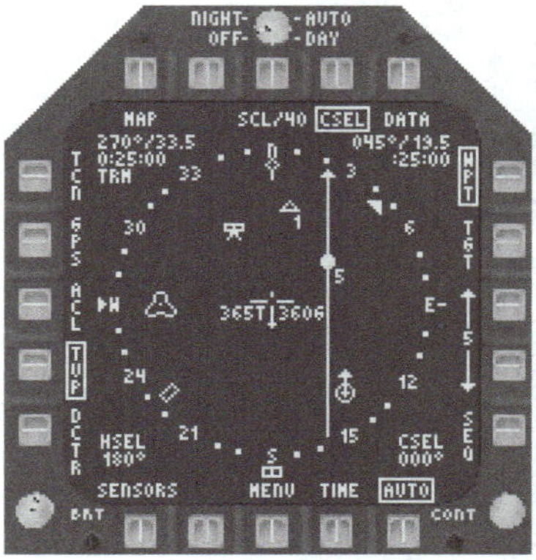	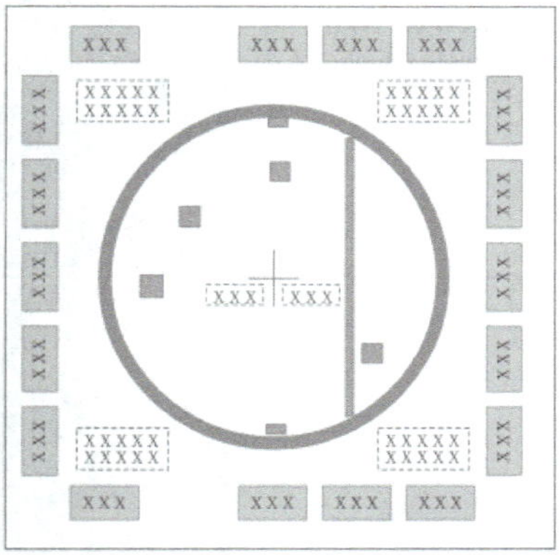
空对空前视红外自动追踪显示	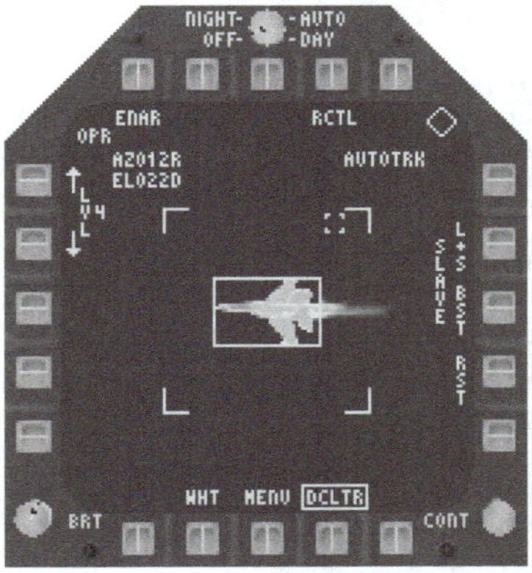	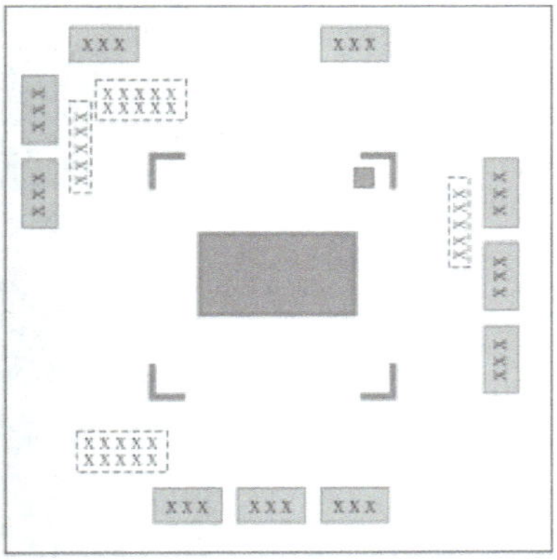
IRON BOMB SMS 显示	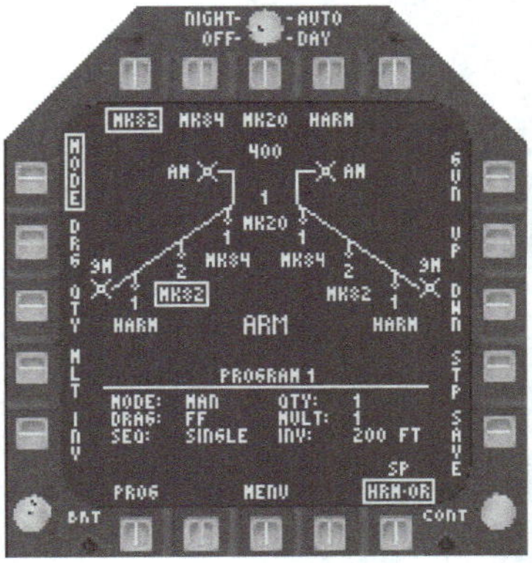	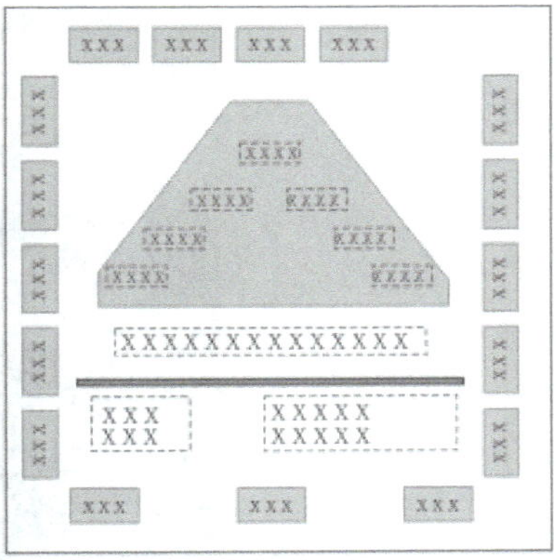

续表

界面	显示	布局抽象
MAVERICK SMS 显示（AGM-65F/G IR Maverick Symbology）	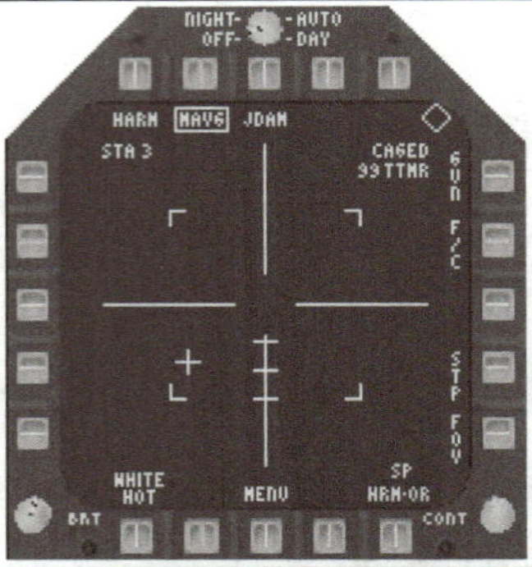	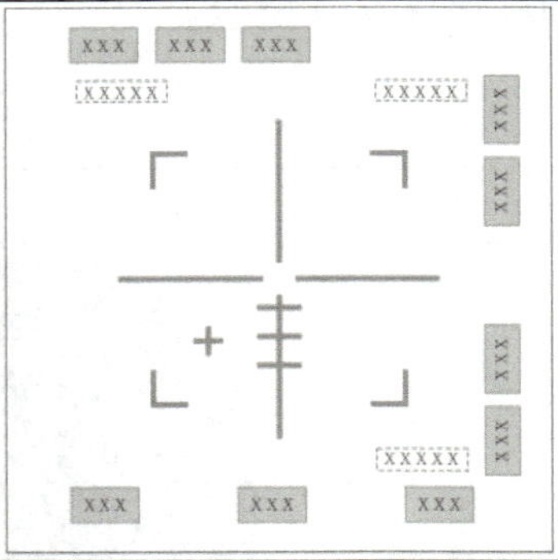
导航吊舱探测显示（NAVFLIR）	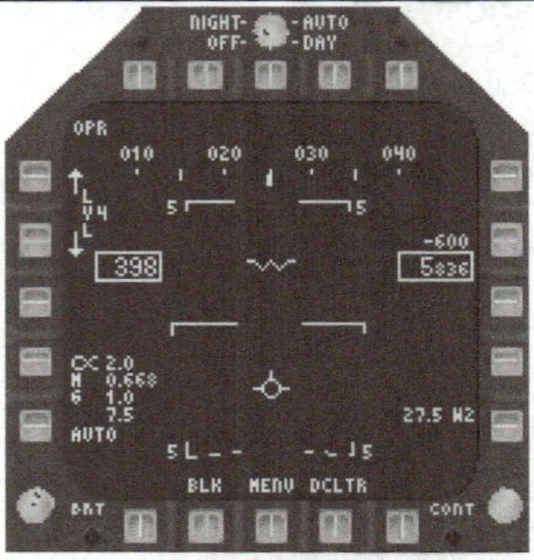	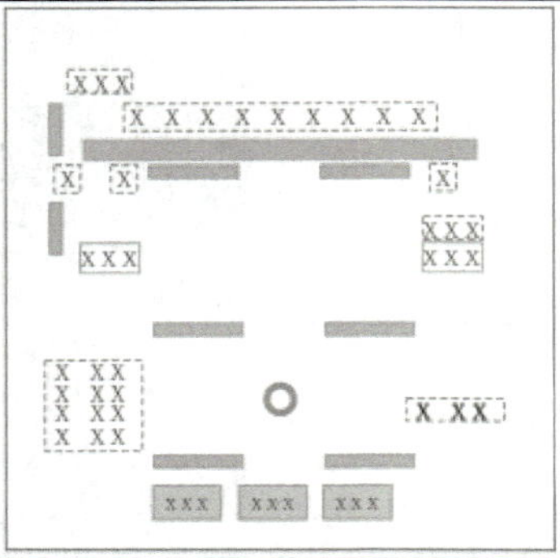
态势感知显示	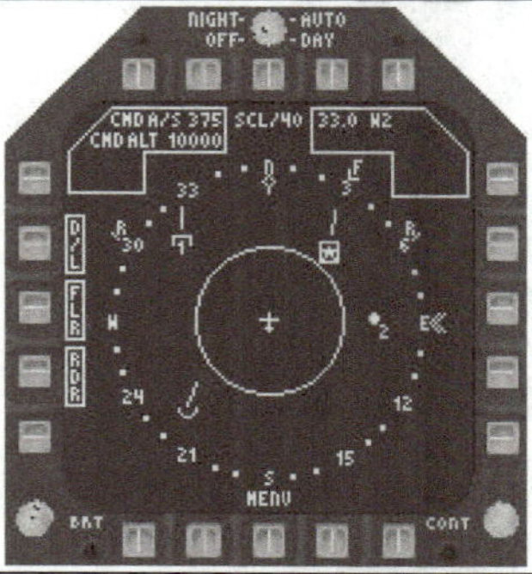	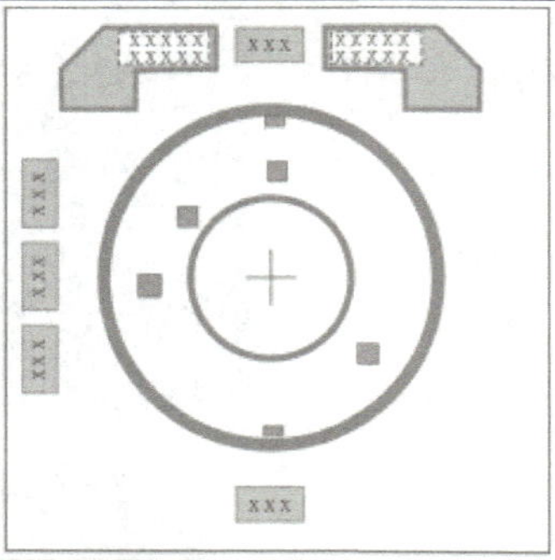
姿态指示器（ADI）显示	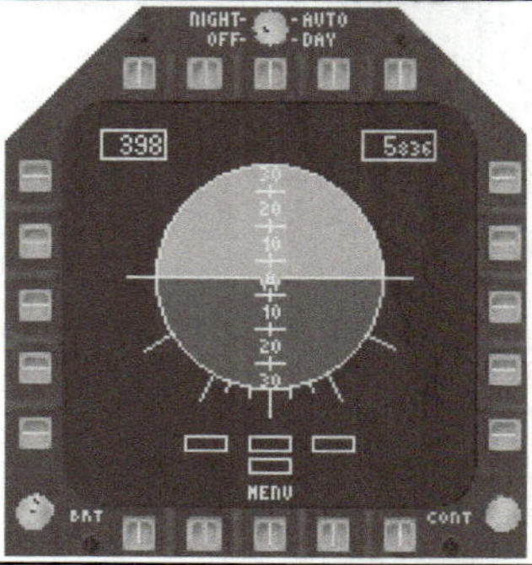	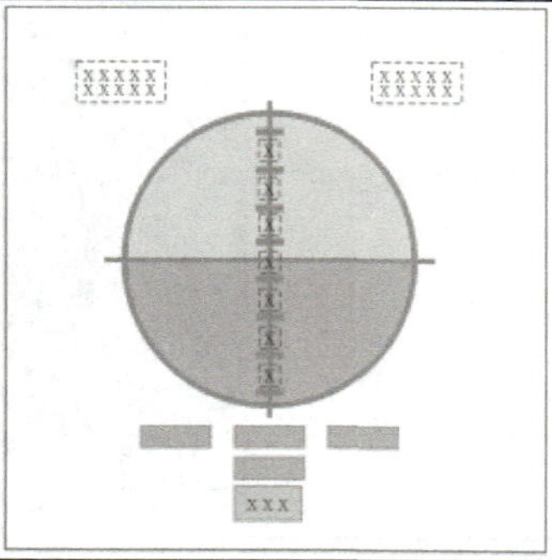

续表

界面	显示	布局抽象
燃料系统（FUEL）显示	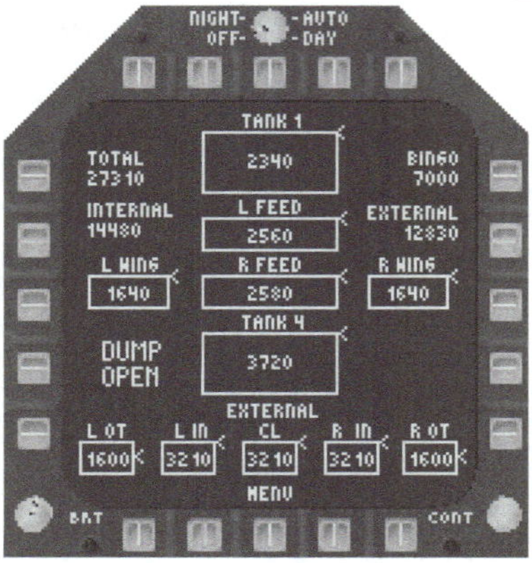	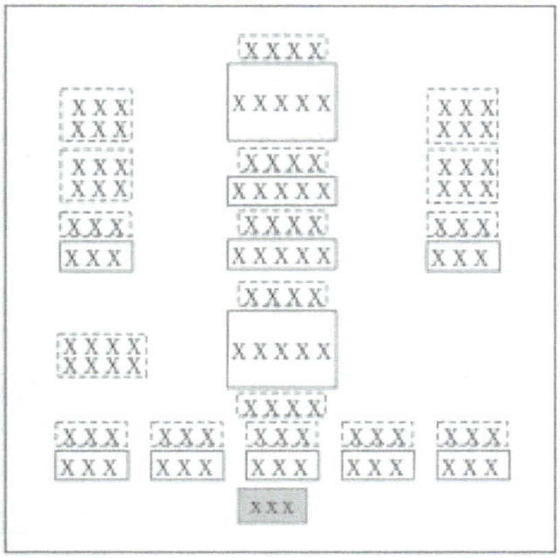

根据表 6-2 所示的各种界面布局抽象，可以看出各种繁杂的信息总是以信息组、区域化的形式集中，并形成大的区块，由不同的线型表达为几种固定的区域。本书将这些有联系的信息组、信息块形成的集合称为信息结构。复杂信息系统监控任务的界面布局包含各种内容（图符、指示符、线符、字符等）的信息片段，通过信息的流通方式将这些信息片段聚集在一起，形成了信息集合。而信息结构即为信息聚集起来的方式。可以从信息结构角度将界面布局分为信息块、功能分区、任务分区以及视觉流向作为设计信息，复杂监控任务界面的界面布局设计信息表征如下。

（1）信息块。

具有图元关系的信息单元可以看做一个信息块。例如，以 SD（攻击）、DD（防御）、EXD（扩张）等不同战术模式作为一个信息单元。在界面布局中需要排列紧密，并划分为一个信息块。复杂监控任务界面中，信息块可以看做一个集合 A：$\{x_1, x_2, \cdots, x_n\}$，界面中会有信息块 A_1, 信息块 A_2, 信息块 A_3, …，信息块 A_n，形成了信息（Info）集合，Info：$\{A_1, A_2, \cdots, A_n\}$。

（2）功能分区。

在信息块的基础上，还需要考虑信息块之间的功能联系，如监控任务中的航速控制区由相关空速、高度、航向等信息块组成一个区域，武器挂载选择区由相关武器类别、武器选择标识等信息块组成一个区域。功能分区可建立集合 B：$\{y_1, y_2, \cdots, y_n\}$，界面中会有功能区 B_1, 功能区 B_2, 功能区 B_3, …, 功能区 B_n，形成了功能区（Conf）集合，Conf：$\{B_1, B_2, \cdots, B_n\}$。

（3）任务分区。

在功能分区的基础上，还需考虑操作员的监控任务，按照监视/发觉、状态查询、响应计划、响应执行任务的不同过程，可将监控任务界面划分为不同区域。如燃油量表查询任务、显示雷达设置及选择、武器计划与轰炸模式选择等，任务分区与功能分区有直接的联系。任务分区可建立集合 C：$\{P_1, P_2, \cdots, P_n\}$。

（4）视觉流向。

在 5.1 节和 5.2 节中，根据视觉行为规律和凝视-扫视过程的阐述，需要从视觉流向考虑界面布局，主要包括刺激的敏感性、物理位置的引导、边缘效应、凝视-扫视过程。

6.2 由出错-认知机理到设计信息的映射关系

6.2.1 出错-认知机理与设计的关联性

通过第 5 章的实验分析方法，建立了出错-认知集合（各种出错因子）与界面信息（信息呈现与界面布局）的大致关系，实验分析表明，视觉搜索过程中产生的出错因子和任务-界面布局、信息间距-位置、信息特征-容量等因素有直接联系。根据该实验方法还可以建立更多信息特征与出错因子的直接联系，这仅仅分析了出错因子与设计信息的模糊相关性，需要进一步应用相关性建立数学表达的相关性。

本书对出错因子认知机理的研究，其目的是对复杂信息系统监控任务界面的优化设计提供可行的研究思路和方法。这种研究思路和方法是以出错因子为导向的，在出错-认知机理上，建立出错-认知类型中的出错因子与设计信息的相关性。本章将深入讨论出错因子-视觉认知-信息特征的相关性，从而建立由出错因子导入的复杂信息界面设计新思路。

6.2.2 由出错-认知到设计的映射

与人机交互较近的设计方法学研究领域，20 世纪末就开始将设计过程看成一个由概念-功能到结构映射的系统模型进行深入研究，应用于机械、产品设计领域。Pahl 和 Beitz（1996）提出的由功能向结构的直接映射是典型代表，Suh（2000）提出以功能-结构映射和结构-子功能映射的交替往复映射，Gero（1996）在 Pahl 的基础上，还提出了在功能域和结构域之间引入行为域的多层次混合映射。利用矩阵描述、遗传算法等映射方法形成的设计求解过程，为机械结构设计开辟了一条有效的设计方法广泛应用于产品创新设计中。对于人机交互领域，复杂信息界面的优化设计方法，亦可探讨由出错-认知到设计映射的求解过程，是否也能开辟一条由出错因子导入界面设计的新方法。

因此，本章将研究出错-认知-设计三者可能存在的映射关系。如图 6-1 所示，由出错域到认知域的映射，过渡到设计域的映射，使如何优化界面信息这一过程，从出错因子导入，并结合信息界面的视觉认知行为，展开复杂信息界面的设计求解过程。

在第 4 章已经建立了出错-认知的映射关系，根据其对应关系，构建了五种出错-认知类型（E-C 映射），出错因子也一一对应在每种出错-认知集中。因此，在此基础上，还需要进一步建立出错-认知到设计的映射（E-C-D 映射）。从图 6-3 可以看出，在出错层、认知层、设计层都建立了相应的关系后，则形成了层间映射的重要纽带，这里的层间都是相对独立的；在同一层里，每项的出错因子/视觉认知/设计信息又是一个相对独立的单元。

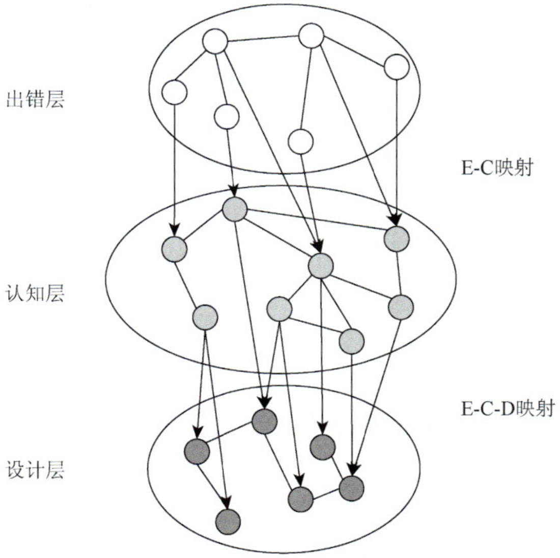

图 6-3　由出错-认知到设计的映射关系

根据以上关系，在 6.3 节将探讨从出错-认知机理到设计信息的映射。首先需要将出错-认知因子转换和映射为信息特征，然后，将设计信息逐步分解、转化和落实到监控任务界面设计优化的过程中。为了分析出由出错-认知导向的设计优化方法，需要研究出错-认知层到设计信息层的映射方法。

下面将对出错-认知集的关联属性以及作为设计信息的信息特征的关联属性进行分析，并获得出错-认知间、设计信息间以及出错-认知层和设计信息层间的交互作用对映射结果的影响。

6.3　出错-认知域与设计信息域的相关性

6.3.1　出错-认知的关联属性分析

在第 4 章中已经得到了出错-认知集。为了进一步分析出错-认知域的关联属性，设 $R_{E0}=\{r_{e1},r_{e2},\cdots,r_{em_1}\}$ 为出错-认知集。其中，$r_{ei}(i=1, 2, \cdots, m_1)$为出错因子，设 r_{ei}，$r_{ej}\in R_{E0}$。

由于对应的认知信息加工过程不同，相同出错因子并不具有包容关系和交叉关系。例如，视觉局限-D4 误读与不合理匹配-D4 误读，不具有包容性，也不具有交叉性。它们属于不同角度的出错因子，确切地解释为不同内因导致的出错。因此，对于 r_{ei} 和 r_{ej} 的关系均表示为独立关系，即如果 r_{ei} 包含的出错因子与 r_{ej} 包含的出错因子无关，则认为 r_{ei} 与 r_{ej} 是独立关系。

在进行出错-认知域的因子筛选时，可能存在以下四种关系。

（1）互斥关系。如果 r_{ei} 与 r_{ej}（部分或全部）不会同时出错，则认为 r_{ei} 与 r_{ej} 是相互排斥的。

（2）不相关关系。如果 r_{ei} 的不出现不会对 r_{ej} 的出现造成任何影响，则认为 r_{ei} 与 r_{ej} 不相关，亦可称“相互独立”。

（3）互相冲突关系。如果 r_{ei} 的频繁出现，不会发生 r_{ej} 形成的出错因子，则认为 r_{ei} 与 r_{ej} 互相冲突，亦可称“负相关”。

（4）相互协作关系。如果 r_{ei} 的频繁出现，会加强 r_{ej} 的出现，则认为 r_{ei} 与 r_{ej} 互相影响，亦可称“正相关”。

根据出错-认知间存在的相关关系，在对出错-认知域的因子进一步筛选时，将具有互斥关系的出错-认知因子间的取舍，可以根据重要度排序进行取舍。

筛选后，出错-认知集可表示为 $R'_E=\{r_{e1}, r_{e2}, \cdots, r_{ep}\}$，其中，$r_{ei}(i=1, 2, \cdots, p\}$ 为出错-认知因子，那么，具有不相关关系、相互冲突和互相协作关系的出错-认知因子，将会通过重要度排序对其删选并精化处理。

本节将采用网络分析法（analytic network process，ANP）对出错-认知间的重要度进行确定。ANP 法是一种被广泛采用的决策工具，主要用于确定在多目标决策问题中一组相互关联的要素间的相对重要度（Lee et al.，2000）。

ANP 法确定出错-认知重要度的步骤如下。

步骤 1：在不考虑出错-认知相关性的情况下，确定出错-认知权重。采用 1～9 数值序列表示，并进行归一化处理，得到出错-认知权重矢量 w_r，$w_r=(w_1,$

$w_2, \cdots, w_p)^{\mathrm{T}}$，其中，$\sum_{i=1}^{p} w_i = 1$。

步骤 2：确定出错-认知间互相关关系。用矩阵 E 来描述出错-认知间的互相关关系。采用 1-3-9 表示出错-认知间的弱协作关系、中等协作关系和强协作关系；采用(-1)-(-3)-(-9)表示出错-认知间的弱冲突关系、中等冲突关系和强冲突关系。0 表示出错-认知间不相关。其中，$e_{ij}=e_{ji}$，$e_{ii}=9$。

$$E = \begin{bmatrix} e_{11} & e_{12} & \cdots & e_{1p} \\ e_{21} & e_{22} & \cdots & e_{2p} \\ \vdots & \vdots & & \vdots \\ e_{p1} & e_{p2} & \cdots & e_{pp} \end{bmatrix} \tag{6-1}$$

通过分析互相关矩阵 E 可以得到有关各出错-认知因子的相关性信息。以出错-认知因子 r_{ci} 为例。

（1）正相关数 R_{pi}，表示与 r_{ei} 正相关的出错-认知数。

（2）负相关数 R_{ni}，表示与 r_{ei} 负相关的出错-认知数。

（3）正相关度 R_{spi}，表示与 r_{ei} 正相关的出错-认知的相关度总和。

（4）负相关度 R_{sni}，表示与 r_{ei} 负相关的出错-认知的相关度总和。

（5）平均相关度 R'_{avi}，表示与 r_{ei} 相关的出错-认知的相关度平均值，$R'_{\mathrm{avi}} = \frac{1}{p}\sum_{j=1}^{p} e_{ij}$。

以上信息是确定出错-认知间相对重要度的基础，也是对具有同等重要度出错-认知进行取舍的依据。对于具有同等重要度的出错-认知的决策方法如下。

（1）首先找出 $R_{ni}=0(i=1, 2, \cdots, p)$ 的子出错-认知集，然后对所得集合中各出错-认知的 R_{spi} 值从大到小排序进行选择。

（2）如果上一步的结果不能满足要求，则令 R_{ni} 值增加 1，找出对应的子出错-认知集，选择集合中 R_{pi} 值大、R'_{avi} 值大并且与其具有负相关关系的出错-认知重要度低的出错-认知因子。

（3）如果上一步的结果不能满足要求，则转至（2）直至结束。

步骤 3：确定出错-认知间的重要度关系。用矩阵 W_r 来描述出错-认知间的重要度关系。以 r_{ei} 为例，在考虑其他出错-认知与 r_{ei} 的相关关系基础上，确定针对 r_{ei} 为其他出错-认知间的相对重要度，得到相对重要度矩阵 W_i。其中，$r_{ij} \in [0,9]$，当 $r_{ij} \neq 0$ 时，$r_{ji}=1/r_{ij}$，当 $r_{ij}=0$ 时，取 $r_{ji}=0$。利用 ANP 法得到针对 r_{ei} 其他出错-认知间的相对重要度矢量 $w_i=(w_{1i}, w_{2i}, \cdots, w_{ii}, \cdots, w_{pi})^{\mathrm{T}}$，其中，$\sum_{j=1}^{p} w_{ji} = 1$。以此可求得出错-认知间的重要度关系矩阵 W_r。

$$W_i = \begin{bmatrix} r_{11} & r_{12} & \cdots & r_{1i} & \cdots & r_{1p} \\ r_{21} & r_{22} & \cdots & r_{2i} & & r_{2p} \\ \vdots & \vdots & & \vdots & & \vdots \\ r_{i1} & r_{i2} & \cdots & r_{ii} & \cdots & r_{ip} \\ \vdots & \vdots & & \vdots & & \vdots \\ r_{p1} & r_{p2} & \cdots & r_{pi} & \cdots & r_{pp} \end{bmatrix} \tag{6-2}$$

$$W_r = \begin{bmatrix} w_{11} & w_{12} & \cdots & w_{1i} & \cdots & w_{1p} \\ w_{21} & w_{22} & \cdots & w_{2i} & & w_{2p} \\ \vdots & \vdots & & \vdots & & \vdots \\ w_{i1} & w_{i2} & \cdots & w_{ii} & \cdots & w_{ip} \\ \vdots & \vdots & & \vdots & & \vdots \\ w_{p1} & w_{p2} & \cdots & w_{pi} & \cdots & w_{pp} \end{bmatrix} \tag{6-3}$$

步骤 4：确定出错-认知重要度。用矢量 w_e' 表示出错-认知重要度。

$$w_e' = W_r \times w_r = (w_{e1}, w_{e1}, \cdots, w_{ep})^{\mathrm{T}}$$

步骤 5：确定最终出错-认知。根据出错-认知的重要度排序，去掉不重要的出错-认知因子。当出错-认知重要度区分不显著时，采用（2）中的决策方法进行决策，得到最终的出错-认知 $R_E=\{r_{e1}, r_{e2}, \cdots, r_{em}\}$ 及对应的经归一化处理的出错-认知集的出错因子重要度矢量 $w_E=(w_1, w_1, \cdots, w_m)^{\mathrm{T}}$。

6.3.2 设计信息特征的关联属性分析

本章对复杂信息系统监控任务界面所呈现的信息方式和界面布局进行了分析，获得了信息呈现的设计信息和界面布局的设计信息，可以建立设计信息集。操作员按照监控任务（Task i）可分为监视/发觉、状态查询、响应计划和响应执行四个过程，每种任务过程所执行的信息搜索、信息认读、信息辨识、信息选择与判断，都与相关的设计信息 Design(i_1), Design(i_2), $\cdots$, Design(i_n)联系起来。设 $C_{Q0}=\{c_{q1}, c_{q2}, \cdots, c_{qn_1}\}$ 为出错-认知集。其中，c_{qi}(i=1, 2, $\cdots$, n_1）为出错因子，设 c_{qi}，$c_{qj} \in C_{Q0}$。

由于复杂信息系统的监控任务界面信息特征庞杂，不具有系统性，即存在一定的冗余，因此，需要对设计信息特征进行整理、筛选和分析。c_{qi} 和 c_{qj} 在包含内容上存在以下三种关系。

（1）包容关系。如果 c_{qi} 包含的信息特征是 c_{qj} 包含的信息特征的子集，则认为 c_{qi} 与 c_{qj} 是包容关系。

（2）交叉关系。如果 c_{qi} 包含的信息特征是 c_{qj} 包含的信息特征存在交集，则

认为 c_{qi} 与 c_{qj} 是交叉关系。

（3）独立关系。对于 c_{qi} 和 c_{qj} 的关系均表示为独立关系，即如果 c_{qi} 包含的信息特征与 c_{qj} 包含的信息特征无关，则认为 r_{ei} 与 c_{qj} 是独立关系。

经筛选后的设计信息集为 $C'_Q=\{c_{q1}, c_{q2}, \cdots, c_{qp}\}$，其中，$c_{qi}(i=1, 2, \cdots, p\}$ 为信息特征。去除冗余后的设计信息特征，在相关性方面同样存在互斥关系、不相关关系、互相冲突关系和相互协作关系。

接下来仍采用 ANP 法确定设计信息特征的重要度。首先确定信息特征的权重以及确定信息特征间的相互关系，从而得到互相关关系矩阵 Q：

$$Q=\begin{bmatrix} q_{11} & q_{12} & \cdots & q_{1p} \\ q_{21} & q_{22} & \cdots & q_{2p} \\ \vdots & \vdots & & \vdots \\ q_{p1} & q_{p2} & \cdots & q_{pp} \end{bmatrix} \tag{6-4}$$

通过分析互相关矩阵 Q 可以得到有关各信息特征的相关性信息。与出错-认知集的方法相同，以信息特征 c_{qi} 为例，分别得到正相关数 C_{pi}、负相关数 C_{ni}，正相关度 C_{spi}，负相关度 C_{sni}，平均相关度 $C'_{\text{avi}}=\dfrac{1}{p}\sum\limits_{j=1}^{p}q_{ij}$。

然后，确定信息特征间的重要度关系 W_c。以信息特征 c_{qi} 为例，利用 ANP 法求得信息特征间的相对重要度矢量 $w_i=(w_{1i}, w_{2i}, \cdots, w_{ii}, \cdots, w_{pi},)^{\mathrm{T}}$，其中，$\sum\limits_{j=1}^{p}w_{ji}=1$。可求得设计信息的重要度关系矩阵 W_c：

$$W_c=\begin{bmatrix} w_{11} & w_{12} & \cdots & w_{1i} & \cdots & w_{1p} \\ w_{21} & w_{22} & \cdots & w_{2i} & & w_{2p} \\ \vdots & \vdots & & \vdots & & \vdots \\ w_{i1} & w_{i2} & \cdots & w_{ii} & \cdots & w_{ip} \\ \vdots & \vdots & & \vdots & & \vdots \\ w_{p1} & w_{p2} & \cdots & w_{pi} & \cdots & w_{pp} \end{bmatrix} \tag{6-5}$$

最后，确定设计信息的重要度 $w'_q=W_c\times w_c=(w_{q1}, w_{q2}, \cdots, w_{qp})^{\mathrm{T}}$。得到最终的设计信息 $C_Q=\{c_{q1}, c_{q2}, \cdots, c_{qn}\}$ 及对应的经归一化处理的设计信息重要度矢量 $w_Q=(w_1, w_2, \cdots, w_n)^{\mathrm{T}}$。

6.3.3 出错-认知到设计信息的映射

1. 出错-认知与设计信息域的对应关系

出错-认知域与设计信息域可能存在以下三种对应关系。

（1）一对一映射。出错-认知集 R 中的一个元素与设计信息集 C 中的某一个元素相对应。

（2）多对一映射。出错-认知集 R 中的多个元素与设计信息集 C 中某一个元素相对应。

（3）多对多映射。出错-认知集子集 AF 中的多个元素与设计信息集 C 中的多个元素相对应。

2. 出错-认知与设计信息间重要度分析

出错-认知与设计信息间的重要度关系用 W_{qe} 来表示。确定出错-认知与设计信息间的重要度关系时，假设各设计信息不相关，针对每一项出错因子对设计信息进行相互比较得到一个与该项出错因子相关的设计信息间的重要度关系矩阵；再利用 ANP 法求得关于该出错因子的各设计信息的重要度矢量 $w_{qe}=(w_{1i}, w_{2i}, \cdots, w_{ii}, \cdots, w_{pi},)^{\mathrm{T}}$；由关于各出错因子的设计信息间的重要度矢量组成出错-认知与设计信息间的重要度关系矩阵 W_{qe}：

$$W_{qe}=\begin{bmatrix} w_{11} & w_{12} & \cdots & w_{1i} & \cdots & w_{1p} \\ w_{21} & w_{22} & \cdots & w_{2i} & \cdots & w_{2p} \\ \vdots & \vdots & & \vdots & & \vdots \\ w_{i1} & w_{i2} & \cdots & w_{ii} & \cdots & w_{ip} \\ \vdots & \vdots & & \vdots & & \vdots \\ w_{p1} & w_{p2} & \cdots & w_{pi} & \cdots & w_{pp} \end{bmatrix} \tag{6-6}$$

由矩阵 W_{qe} 和 W_q 得到考虑了设计信息间相关性的出错-认知与设计信息间重要度关系矩阵：

$$W_{QE}=W_q\times(W_{qe})^{\mathrm{T}} \tag{6-7}$$

综合考虑出错-认知重要度对设计信息的影响，得到设计信息的重要度矢量：

$$W_Q=W_{QE}\times w_E \tag{6-8}$$

6.3.4 界面布局的目标约束

由于出错因子导向的设计优化方法是从出错-认知集到设计信息的映射，获得设计优化信息，因此，在确定信息呈现的优化内容时，除了考虑设计信息特征的重要度外，还需要考虑信息特征在界面布局中的合理性，可根据目标规划方法，建立界面布局中设计信息特征优化和决策的数学模型。

目标规划（胡运权等，1998）通过引入目标值和正、负偏差变量，可将目标函数转化为目标约束。所谓目标值是预先给定的某个目标的一个期望值。实现值或决策值是当决策变量 $x_j(j=1,2,\cdots,n)$ 选定以后，目标函数的对应值。显然，实现值和目标值之间会有一定的差异，这种差异称为偏差量（事先无法确定的未知量）。正偏差量表示实现超过目标值的部分，记为 d^+；负偏差量表示实现值未达到目标值部分，记为 d^-。因为在一次决策中，实现值不可能既超过目标值，同时未达到目标值，所以有 $d^+ \times d^- = 0$，并规定 $d^+ \geqslant 0, d^- \geqslant 0$。在引入了目标值和正、负偏差量后，可以将原目标函数加上负偏差量 d^-，减去正偏差量 d^+，并令其等于目标值，这样形成一个新的函数方程，把它作为一个新的约束条件，加入原问题中，称这种新的约束条件为目标约束。

按照目标规划的要求，从以下几个方面确定设计信息特征的目标约束。

（1）界面区域内的信息容量。根据复杂信息系统的特征可知，信息越庞杂，界面布局难度越大。因此，界面中信息的多少，即信息容量是设计优化需要考虑的一个因素。

在 3.3 节中，信息量可以通过比特（bit）定量，可根据信息在界面区域出现的概率，计算出不同界面区域中容量的大小：

$$H_{\text{ave}} = \sum_{i=1}^{n} p_i[\log_2(1/p_i)] \tag{6-9}$$

为了作为一种约束条件，设定各种信息特征对应的执行任务可能发生的事件概率，并计算出这些信息特征的平均信息量。

（2）界面信息的视觉流向。操作员的视觉行为会在界面形成一定的视觉流向，这是设计优化的第二个因素。

（3）信息功能的关联程度。根据功能的不同，信息间形成了一种内部的图元关系，将组成界面中相对集中的信息块，这是设计优化的第三个因素。

（4）根据重要程度进行任务分区。界面布局中还需要考虑的是任务重要程度，依据不同的任务，需要对界面进行任务分区，因此任务程度是界面布局中最关键的因素。

（5）目标规划的数学模型及建模步骤。

综合以上分析，将信息容量、视觉流向、图元关系和任务程度四个因素当做约束处理，分为定量约束（信息容量）和定性约束（视觉流向、图元关系和任务程度）两类。采用加权的多目标规划法求得最优的设计优化信息特征集，可以写出目标规划的一般数学模型如下：

$$\begin{aligned} &\min \omega_1(d_1^-) + \sum_{i=2}^{k} \omega_1 \left(\frac{d_i^-}{R_i} + \frac{d_i^+}{R_i} \right) + \sum_{i=k+1}^{m} \omega_i(d_i^-) \\ &\text{s.t.} \sum_{j=1}^{n} w_{Dj} x_j + d_1^- - d_1^+ = 1 \end{aligned} \tag{6-10}$$

$$\sum_{j=1}^{n} r_{ij} x_j + d_i^- - d_i^+ = R_i \text{，} \quad i=1, 2, \cdots, s$$

$$\sum_{j=1}^{n} w_{ij} x_j + d_i^- - d_i^+ = 1 \text{，} \quad i=s+1, \cdots, m$$

式中，ω_i 为目标权重（i=1, 2, ⋯, m）；d_i^- 为与第 i 项目标的负偏差量；d_i^+ 为与第 i 项目标的正偏差量；x_j 为 0～1 的变量，代表第 j 项设计信息特征（j=1, 2, ⋯, n）；w_{Dj} 为第 j 项设计信息特征的重要度；r_{ij} 为第 j 项设计信息特征使用第 i 种定量约束的数量；R_i 为第 i 种定量约束限制；w_{ij} 为第 j 项设计信息特征关于第 i 项定性约束目标的权重。

6.4 本 章 小 结

（1）通过设计因素、信息元提取、信息元解释、信息呈现格式以及呈现属性对复杂监控任务界面的设计信息进行表征，建立了信息呈现的设计信息：图符、指示符、线符、字符、数据符、图形、组合符；通过布局抽象，进行信息结构提取，建立了界面布局的设计信息表征：信息块、功能分区、任务分区、视觉流向。

（2）提出由出错-认知机理到设计信息映射的方法。采用矩阵描述的映射方法，分别对出错-认知集合、设计信息集进行关联属性分析，采用决策工具——ANP 法分别获得出错-认知集和设计信息集各自要素间的相对重要度；根据出错-认知域与设计信息域存在的一对一、多对一和多对多映射关系，展开出错-认知与设计信息间的互相关关系分析，得到设计信息间相关性的出错-认知与设计信息间重要度的关系矩阵 $W_{QE}=W_q \times (W_{qe})^{\mathrm{T}}$；并考虑到各种不同的约束条件，通过界面布局的目标约束使其映射关系更具合理性。

第 7 章　基于出错-认知机理的复杂信息任务界面设计方法及应用

在复杂信息系统的监控任务界面中，信息呈现和布局是至关重要的，通过图符、字符以及颜色所表达的信息呈现方式，与有效展开复杂信息的监控有直接的联系。对于信息呈现与布局的研究，特别是航战显示系统界面，国内外为了寻求合理的信息显示方式，一直致力于信息编码和布局的研究。

出错-认知机理是优化监控任务界面复杂性、降低操作者任务执行的认知困难、减少复杂信息系统操作失误的关键突破点，形成以操作员信息的认知加工为中心，从出错因子到设计信息转化的系统性分析方法。因此，本章将建立一套由出错-认知到信息特征映射的复杂信息界面设计方法，对信息量大、信息结构关系错综复杂的任务界面进行信息呈现和界面布局优化，以达到系统性能的全面发挥和精准实施。

7.1　由出错-认知到信息特征映射的设计方法

本章提出一种由出错-认知到信息特征映射的信息交互界面设计方法，可分析信息系统交互界面的出错问题，为设计改良提供一种可靠的分析方法。根据出错-认知集，获得出错-认知的关联属性；分析信息特征的设计因素，建立设计信息集，获得设计信息特征的关联属性；建立出错-认知到设计信息映射的求解过程；对现有的实际信息界面进行出错因子提取，从而通过设计因素的出错-认知实验，根据视觉认知实验数据获得出错因子-信息特征反应链；从而进一步获得出错-认知到信息特征映射的求解方案；该方法可为信息交互界面提供可行的设计方法，为信息界面的设计改良提供依据。主要包括如下八个步骤。

（1）获取复杂信息界面的出错类型。通过出错汇集再分类的方法，对复杂信息界面的出错归类，获得出错类型。

（2）建立出错到认知的映射。通过出错集和认知集的描述，建立一对多、多对一、多对多映射关系。

（3）建立出错因子的认知分层模型。基于认知加工理论，从视觉感知、选择性注意、记忆加工和思维过程建立错误感知、注意失效、知觉混淆、记忆失误和疏忽的认知分层模型。

（4）对出错因子进行行为和生理反应实验分析。根据行为和生理反应的出错因子实验分析方法，通过出错因子提取、选择实验范式和出错因子实验设计三个环节展开出错因子-信息特征的行为和生理反应实验，获得出错因子-设计信息反应链。

（5）出错-认知的关联属性分析。根据出错-认知集的矩阵描述，采用 ANP 法确定出错-认知间的重要度和重要度矢量。

（6）设计信息的关联属性分析。与出错-认知关联属性分析方法相同。

（7）出错-认知到设计信息的映射。根据出错-认知间的重要度和设计信息间的重要度，解析出出错认知和设计信息间的关系矩阵，并根据界面布局的目标约束，获得求解结果。

（8）复杂信息界面优化设计。按照出错-认知到设计信息映射的求解结果，展开复杂信息界面的信息呈现和布局设计。

出错-认知到信息特征映射的信息界面设计方法如图 7-1 所示。

7.2 典型航战显示系统任务界面设计案例

本节将按照出错-认知到信息特征映射的复杂信息界面设计方法开展典型航战显示系统界面的设计过程。主要围绕该方法的八个步骤，验证该方法的可行性和有效性。

鉴于第 3 章展开出错采集分类的对象为典型航战显示系统界面，建立的出错-认知类型和出错因子认知分层模型均适用于典型航战显示系统界面，因此以下内容将从步骤（4）（出错因子提取）开始逐步展开设计过程。

7.2.1 典型航战显示系统界面的出错因子提取

为了验证由出错-认知到设计信息映射的设计方法的合理性，将复杂信息系统的监控任务界面作为例证进行应用。本章实例研究中，仍然采用第 5 章的出错-认知实验一中的实际案例，如图 7-2～图 7-4 所示。

在第 5 章中，实验一分析了某航战显示系统的监控任务界面的信息特征，实验二～实验四提取了典型的出错因子（出错频率高），展开了出错因子的视觉认知实验，得到了错误感知子集中的 MP-D2 遗漏、MP-D4 误读和 MP-D5 误判，注意失效子集中的 AF-D1 忽略和 AF-D3 错过，知觉混淆子集中的 PC-D6 错误理解、PC-D8 混淆和 PC-D14 错误匹配等出错因子的视觉行为和生理反应机理。下面将针对这些典型出错-认知集的出错因子，按照出错-认知到设计信息的映射

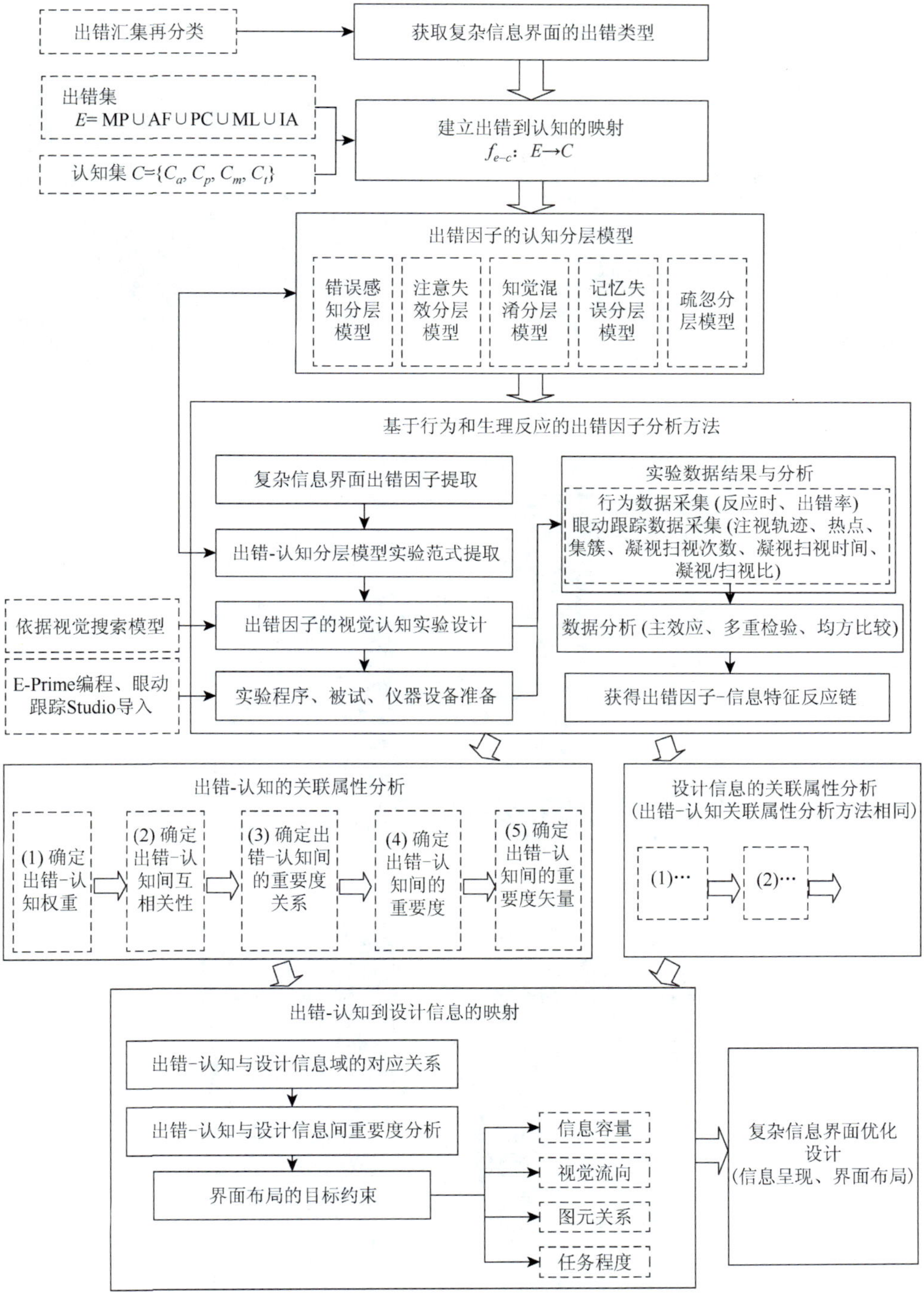

图 7-1　由出错-认知到信息特征映射的信息界面设计方法

方法进行监控任务界面的设计优化。

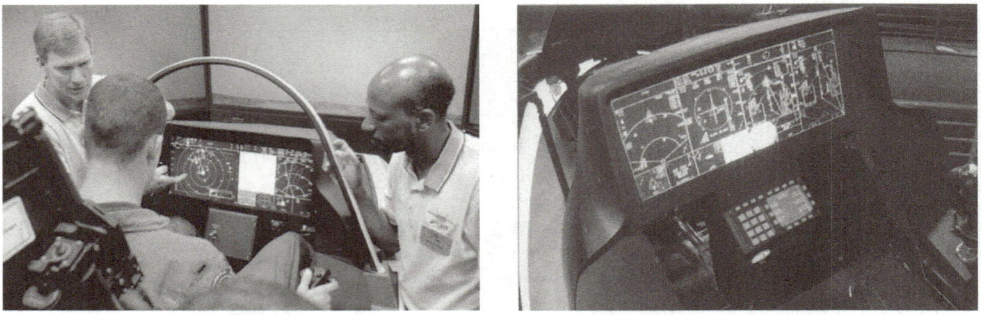

(a) (b)

图 7-2 典型航战显示系统界面

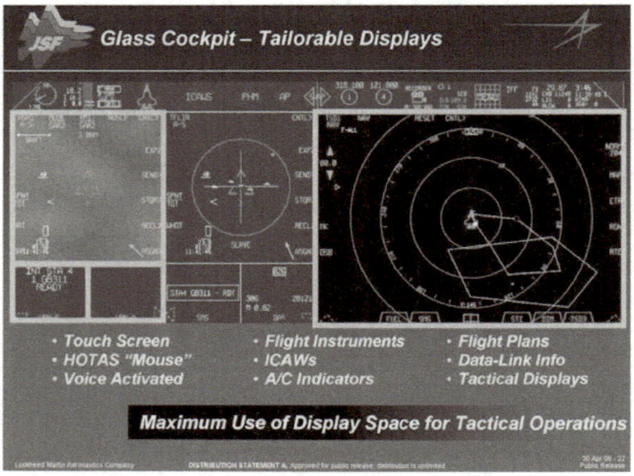

图 7-3 监控任务模式一

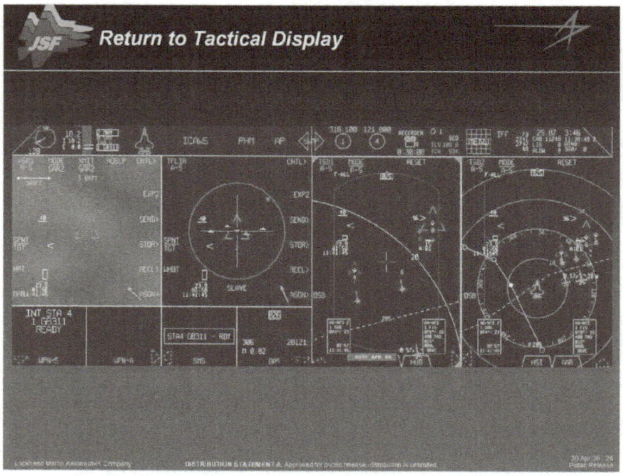

图 7-4 监控任务模式二

把以上出错因子作为出错-认知集进行描述，确定以下六项出错因子：

（1）视觉局限-遗漏（r_{e1}）；

（2）视错-误读/误判（r_{e2}）；

（3）视觉干扰-忽略（r_{e3}）；

（4）注意转移分散-错过（r_{e4}）；

（5）认知偏差-错误理解（r_{e5}）；

（6）不合理匹配-混淆（r_{e6}）。

7.2.2　典型航战显示系统界面的出错因子-信息特征链

根据实验一～实验四的出错因子行为和生理反应分析结果，这些出错因子实验获得了三种与信息特征相关的反应链，分别是“任务-界面布局-视觉流向”反应链、“信息间距-位置-视觉轨迹”反应链和“信息特征-信息容量-视觉轨迹”反应链，这些信息特征均与以上六项出错因子具有相关性。

根据六项出错因子，设计人员针对操作员执行的监控任务（第 3 章已详细描述，在此略），结合设计信息特征，确定了以下七项设计信息特征：

（1）信息特征方位（c_{q1}）；

（2）信息特征的可视范围（c_{q2}）；

（3）信息特征间距（c_{q3}）；

（4）信息符号的视觉注意强弱（c_{q4}）；

（5）信息图符的识别性（c_{q5}）；

（6）信息图符的简洁程度（c_{q6}）；

（7）信息图符间的差别性（c_{q7}）。

下面将针对这些典型出错-认知集的六项出错因子和操作员执行的监控任务提取的七项设计信息特征，按照反应链逐一分析。

对视觉注意强弱角度的优化，主要是线符、字符、线符与字符等结合的组合符，色彩的调配、线框符号等显著影响了视觉注意的强弱，相关设计信息符号如图 7-5、图 7-6 所示。

从信息图符的识别性和差别性角度优化，主要是图符的理解性、认知程度、相似性等方面，相关设计信息符号如图 7-7～图 7-9 所示。

根据 6.1.3 节界面布局的设计因子表征方法，通过抽象布局可以提取界面的信息结构。因此，对原界面的信息进行布局分析，获得了各个子界面的布局抽象如图 7-10 所示。

从界面的信息结构可以看出，该布局分为四个视觉区域，并平分了视觉面积，其中缺少视觉搜索行为的考虑，需要考虑到的信息布局因素为信息特征方位

（c_{q1}）、信息特征的可视范围（c_{q2}）和信息特征间距（c_{q3}）。

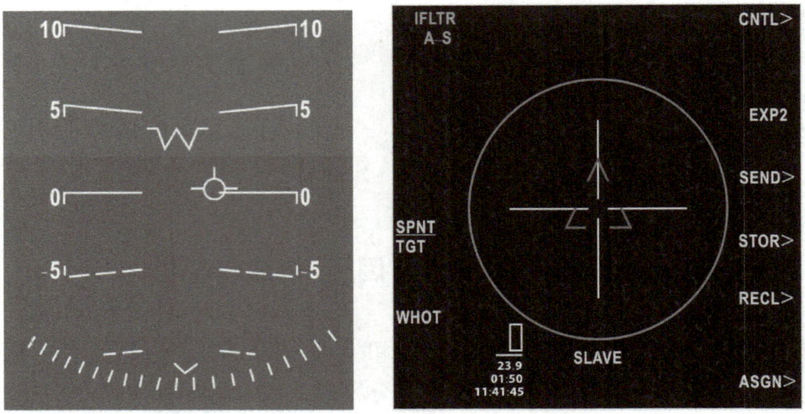

(a) (b)

图 7-5　视觉注意较弱的信息块（一）

(a) (b) (c) (d)

图 7-6　视觉注意较弱的信息块（二）

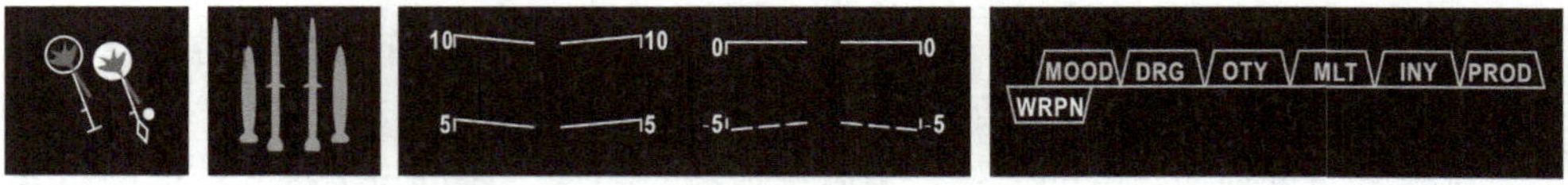

(a) (b) (c) (d)

图 7-7　信息图符的差别性

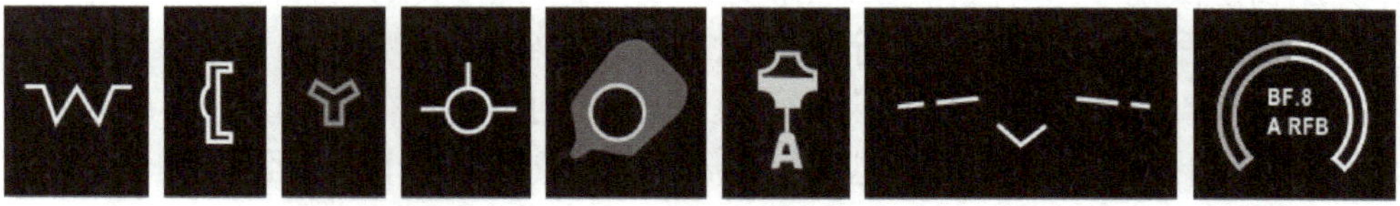

(a) (b) (c) (d) (e) (f) (g) (h)

图 7-8　信息图符的识别性

(a) (b) (c) (d) (e) (f) (g) (h) (i) (j)

图 7-9　信息字符和线符组合的识别性

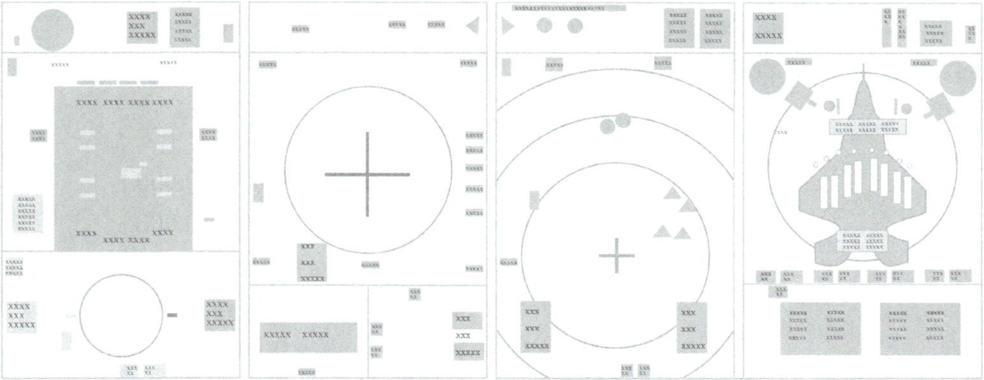
(a) 飞行数据显示　(b) 水平位置显示　(c) 雷达态势　(d) 武器挂载

图 7-10　监控任务界面的信息布局

7.2.3　出错-认知到设计信息的映射

在综合考虑的同时，按照出错-认知到设计信息的映射确定最终在优化设计时考虑的设计信息特征。需要依次确定出错-认知相对权重、出错-认知与设计信息特征间的重要度关系矩阵、设计信息间重要度关系矩阵以及计算出错-认知权重与设计信息特征重要度矢量。依照出错-认知向设计信息特征映射的方法，获得最优化设计信息集的过程如下。

（1）确定出错-认知的出错因子相对权重。假设出错因子不相关，采用 1～9 数值序列表示，对 5 项出错因子进行比较，得到（r_{e1}，r_{e2}，r_{e3}，r_{e4}，r_{e5}，r_{e6}）=（3，7，5，3，9，1），归一化处理后得到出错因子相对权重矢量 $w_{r=}$[0.107，0.250，0.179，0.107，0.321，0.036]^{T}。

（2）确定出错因子间重要度关系矩阵：

$$W_r=\begin{bmatrix} 0.652 & 0.000 & 0.148 & 0.183 & 0.016 & 0.000 \\ 0.000 & 0.619 & 0.000 & 0.016 & 0.127 & 0.239 \\ 0.148 & 0.000 & 0.503 & 0.309 & 0.023 & 0.019 \\ 0.184 & 0.015 & 0.309 & 0.492 & 0.000 & 0.000 \\ 0.016 & 0.127 & 0.023 & 0.000 & 0.577 & 0.255 \\ 0.000 & 0.239 & 0.017 & 0.000 & 0.257 & 0.487 \end{bmatrix}$$

（3）确定出错因子与设计信息特征间重要度关系矩阵：

$$W_{qe}=\begin{bmatrix} 0.538 & 0.327 & 0.106 & 0.029 & 0.000 & 0.000 & 0.000 \\ 0.123 & 0.109 & 0.012 & 0.286 & 0.242 & 0.011 & 0.217 \\ 0.107 & 0.077 & 0.118 & 0.497 & 0.000 & 0.000 & 0.201 \\ 0.271 & 0.108 & 0.015 & 0.606 & 0.000 & 0.000 & 0.000 \\ 0.000 & 0.000 & 0.000 & 0.000 & 0.579 & 0.138 & 0.283 \\ 0.000 & 0.000 & 0.000 & 0.000 & 0.202 & 0.126 & 0.672 \end{bmatrix}$$

（4）确定设计信息特征间重要度关系矩阵：

$$W_{q}=\begin{bmatrix} 0.723 & 0.234 & 0.029 & 0.000 & 0.014 & 0.000 & 0.000 \\ 0.234 & 0.527 & 0.135 & 0.104 & 0.000 & 0.000 & 0.000 \\ 0.029 & 0.135 & 0.660 & 0.049 & 0.116 & 0.011 & 0.000 \\ 0.000 & 0.104 & 0.049 & 0.548 & 0.012 & 0.129 & 0.158 \\ 0.014 & 0.000 & 0.116 & 0.012 & 0.546 & 0.197 & 0.115 \\ 0.000 & 0.000 & 0.011 & 0.129 & 0.197 & 0.506 & 0.157 \\ 0.000 & 0.000 & 0.000 & 0.158 & 0.115 & 0.157 & 0.570 \end{bmatrix}$$

（5）计算出错因子权重 w_E：

$$w_e'=W_r\times w_r=[0.1181\ 0.2058\ 0.1470\ 0.1314\ 0.2320\ 0.1628]^{\mathrm{T}}$$

$$R_E=\{3，7，5，3，9，1\}$$

$$w_E=[0.107，0.250，0.179，0.107，0.321，0.036]^{\mathrm{T}}$$

（6）计算设计信息特征重要度矢量 w_Q：

$$W_{QE}=W_q\times(W_{qe})^{\mathrm{T}}=\begin{bmatrix} 0.4734 & 0.1193 & 0.0998 & 0.2241 & 0.0081 & 0.0028 \\ 0.3155 & 0.1176 & 0.1332 & 0.1854 & 0.0000 & 0.0000 \\ 0.1311 & 0.0684 & 0.1157 & 0.0620 & 0.0687 & 0.0248 \\ 0.0551 & 0.2073 & 0.3179 & 0.3441 & 0.0695 & 0.1249 \\ 0.0202 & 0.1658 & 0.0443 & 0.0128 & 0.3759 & 0.2124 \\ 0.0049 & 0.1243 & 0.0970 & 0.0783 & 0.2283 & 0.2091 \\ 0.0046 & 0.0868 & 0.0895 & 0.0951 & 0.1044 & 0.0813 \end{bmatrix}$$

$$W_Q=W_{QE}\times w_E=[0.1365\ 0.0876\ 0.0371\ 0.2284\ 0.2536\ 0.0516\ 0.2053]^{\mathrm{T}}$$

（7）考虑定量目标约束。在信息特征的目标约束中将信息容量作为定量约束条件。在 3.3 节中，一般在多维综合情况下，传输速率可以提高，但也都在 10bit/s 以下。超过了人的信息传输速率这个限度，信息就不能完全被接收（丁玉兰，2004）。在复杂信息界面中，信息的传输速率受到界面中的图符大小、色彩、位置、连接线符等多种因素的影响，这些因素被称为刺激维度。对操作员来说，不存在一个固定不变的信息传输速率，其将会随着复杂信息界面中各种不同信息图符的特征、维数以及执行的不同任务而变化。

在本案例中，操作员根据执行不同任务的视觉认知过程，从监视/发觉、状态查询、响应计划到响应执行，一般在 30～180s，超过这个时间有可能会错过任务执行的最佳时刻。因此，可估算在信息界面中同时进行信息处理的信息容量在 300～1800bit，否则操作员难以对主要信息任务进行执行。在本案例中，将 c_{q1}, c_{q2}, c_{q3}, c_{q4}, c_{q5}, c_{q6}, c_{q7} 七种信息特征分别对应为可能执行的任务过程，如表 7-1 所示。

表 7-1　信息特征对应可能执行的任务发生概率 p_i

信息特征	A 监视/发觉	B 状态查询	C 响应计划	D 响应执行
c_{q1}	0.55	0.25	0.125	0.175
c_{q2}	0.35	0.45	0.08	0.12
c_{q3}	0.25	0.55	0.175	0.025
c_{q4}	0.35	0.35	0.125	0.175
c_{q5}	0.25	0.25	0.375	0.175
c_{q6}	0.125	0.225	0.35	0.3
c_{q7}	0.375	0.325	0.155	0.145

可以根据平均信息量的计算公式（3-2）进行计算，如表 7-2 所示。

表 7-2　信息特征对应可能执行的任务发生概率

信息特征 c_{q1}	A 监视/发觉	B 状态查询	C 响应计划	D 响应执行
p_i	0.55	0.25	0.125	0.175
$\frac{1}{p_i}$	1.82	4.00	8.00	5.71
$\log_2\frac{1}{p_i}$	0.86	2.00	3.00	2.51

计算 c_{q1} 得

$$\sum p_i[\log_2(1/p_i)]=0.473+0.5+0.375+0.439=1.787(\text{bit})$$

同理，通过计算公式 $\sum p_i[\log_2(1/p_i)]$，求得 c_{q2}，c_{q3}，c_{q4}，c_{q5}，c_{q6}，c_{q7} 的相对信息量如表 7-3 所示。

表 7-3　信息特征的信息容量大小

信息特征	c_{q1}	c_{q2}	c_{q3}	c_{q4}	c_{q5}	c_{q6}	c_{q7}
信息容量	1.787	1.586	1.545	1.878	1.972	1.917	1.883

表 7-3 所示的信息容量并没有考虑同类信息特征的数量，监控任务界面的不同信息特征数量在 1～100 不等。例如，字符在 20～80 个，同类图符一般在 3～15 个。因此，七种信息特征均不超过 200bit，那么，总体信息容量能够控制在 300～1800bit。

考虑到信息特征间的相关性，可获得信息特征的信息容量 v 为

$$w'_V = W_q \times v = [1.7355\ 1.6579\ 1.6275\ 1.8383\ 0.9286\ 1.9134\ 1.8978]^{\mathrm{T}}$$

（8）考虑定性目标约束。在信息特征的目标约束中考虑了设计信息特征需要进行界面布局时考虑的信息容量、视觉流向、图元关系和任务程度四方面约束。为了充分考虑设计信息在界面布局方面的优化，需将定性目标量化。采用“捉对比较”的方法，对七项信息特征进行比较，得到各设计信息特征在界面布局中考虑的信息容量、视觉流向、图元关系和任务程度四方面的权重矢量，分别记为 w_Q、w_R、w_T。

$$w_Q = [0.327,\ 0.195,\ 0.155,\ 0.254,\ 0.037,\ 0.011,\ 0.021]^{\mathrm{T}}$$

$$w_R = [0.321,\ 0.114,\ 0.216,\ 0.103,\ 0.215,\ 0.013,\ 0.018]^{\mathrm{T}}$$

$$w_T = [0.328,\ 0.187,\ 0.073,\ 0.373,\ 0.011,\ 0.011,\ 0.017]^{\mathrm{T}}$$

$$w'_Q = W_q \times w_Q = [0.2900\ 0.2266\ 0.1550\ 0.1722\ 0.0504\ 0.0506\ 0.0471]^{\mathrm{T}}$$

$$w'_R = W_q \times w_R = [0.2709\ 0.1751\ 0.1974\ 0.0860\ 0.1528\ 0.0674\ 0.0440]^{\mathrm{T}}$$

$$w'_T = W_q \times w_T = [\ 0.2861\ 0.2239\ 0.1026\ 0.2317\ 0.0277\ 0.0593\ 0.0625]^{\mathrm{T}}$$

（9）确定目标约束相对权重。采用“捉对比较”的方法得到结果如表 7-4 所示，其中，RMC 代表由出错-认知映射到设计信息这一目标项。

表 7-4　各项目标约束的相对权重

项目	RMC	信息容量 v/%	视觉流向 f/%	图元关系 r/%	任务程度 t/%	相对权重 w_r
RMC	1	3	2	1/2	1/3	0.170
信息容量	1/3	1	1/2	1/3	1/5	0.068
视觉流向	1/2	2	1	1/2	1/3	0.118
图元关系	2	3	2	1	1/2	0.237
任务程度	3	5	3	2	1	0.407

（10）利用上述步骤的结果构建加权多目标规划模型。具体规划模型如下：

$$\min 0.17(d_1^-)+\frac{0.068}{1800}(d_2^+)+0.118(d_3^+)+0.237(d_4^-)+0.407(d_5^-)$$

$$\text{s.t. } 0.1365x_1+0.0876x_2+0.0371x_3+0.2284x_4+0.2536x_5+0.0516x_6+0.2053x_7+d_1^- - d_1^+=1$$

$$1.7355x_1+1.6579x_2+1.6275x_3+1.8383x_4+0.9286x_5+1.9134x_6+1.8978x_7+d_2^- - d_2^+=1$$

$$0.2900x_1+0.2266x_2+0.1550x_3+0.1722x_4+0.0504x_5+0.0506x_6+0.0471x_7+d_3^- - d_3^+=1$$

$$0.2709x_1+0.1751x_2+0.1971x_3+0.0860x_4+0.1528x_5+0.0674x_6+0.0440x_7+d_4^- - d_4^+=1$$

$$0.3861x_1+0.2239x_2+0.1026x_3+0.2317x_4+0.0277x_5+0.0593x_6+0.0625x_7+d_5^- - d_5^+=1$$

$$x_j\in\{0,1\},\quad j=1,2,\cdots,7,\quad d_i^+,d_i^-\geqslant 0,\quad i=1,2,\cdots,6$$

上述多目标规划利用 Lingo 求解，过程如下。

一级偏差：

```
sets:
variable/1..7/: x; S_Con_Num/1..5/: g, dplus, dminus;
S_con (S_Con_Num, Variable) : c;
endsets
data:
g=1 1 1 1 1;
 c=0.1365 0.0876 0.0371 0.228 0.2536 0.0516 0.2053 1.7355 1.6579
   1.6275 1.8383 0.9286 1.9134 1.8978 0.2900 0.2266 0.1550 0.1722
   0.0504 0.0506 0.0471 0.2709 0.1751 0.1971 0.0860 0.1528 0.0674
   0.0440 0.3861 0.2239 0.1026 0.2317 0.0277 0.0593 0.0625;
enddata
min=0.178*dminus (1) ;
@for (S_Con_Num (i) : @sum (Variable (j) : c (i, j) *x (j) ) +dminus
(i) -dplus (i
) =g (i) ) ;
end
```

求得 dminus（1）=0，即一级偏差为 0。

二级偏差：

```
sets:
```

```
variable/1..7/: x; S_Con_Num/1..5/: g, dplus, dminus;
S_con (S_Con_Num, Variable) : c;
endsets
data:
g=1 1 1 1 1;
 c=0.1365 0.0876 0.0371 0.228 0.2536 0.0516 0.2053 1.7355 1.6579
   1.6275 1.8383 0.9286 1.9134 1.8978 0.2900 0.2266 0.1550 0.1722
   0.0504 0.0506 0.0471 0.2709 0.1751 0.1971 0.0860 0.1528 0.0674
   0.0440 0.3861 0.2239 0.1026 0.2317 0.0277 0.0593 0.0625;
enddata
min=0.000037*dplus (2) ;
dminus (1) =0;
@for (S_Con_Num (i) : @sum (Variable (j) : c (i, j) *x (j) ) +dminus
(i) -dplus (i
) =g (i) ) ;
End
```

求得

0.000037*dplus (2) =0.9848186^-4 dplus (2) =2.661672

三级偏差：

```
sets:
variable/1..7/: x; S_Con_Num/1..5/: g, dplus, dminus;
S_con (S_Con_Num, Variable) : c;
endsets
data:
g=1 1 1 1 1;
 c=0.1365 0.0876 0.0371 0.228 0.2536 0.0516 0.2053 1.7355 1.6579
   1.6275 1.8383 0.9286 1.9134 1.8978 0.2900 0.2266 0.1550 0.1722
   0.0504 0.0506 0.0471 0.2709 0.1751 0.1971 0.0860 0.1528 0.0674
   0.0440 0.3861 0.2239 0.1026 0.2317 0.0277 0.0593 0.0625;
enddata
min=0.118*dplus (3) ;
@for (S_Con_Num (i) : @sum (Variable (j) : c (i, j) *x (j) ) +dminus
(i) -dplus (i
) =g (i) ) ;
dminus (1) =0;
```

```
0.000037*dplus (2) =0.9848186^-4;
end
```

求得

```
0.118*dplus (3) =0
```

四级偏差:

```
sets:
variable/1..7/: x; S_Con_Num/1..5/: g, dplus, dminus;
S_con (S_Con_Num, Variable) : c;
endsets
data:
g=1 1 1 1 1;
 c=0.1365 0.0876 0.0371 0.228 0.2536 0.0516 0.2053 1.7355 1.6579
   1.6275 1.8383 0.9286 1.9134 1.8978 0.2900 0.2266 0.1550 0.1722
   0.0504 0.0506 0.0471 0.2709 0.1751 0.1971 0.0860 0.1528 0.0674
   0.0440 0.3861 0.2239 0.1026 0.2317 0.0277 0.0593 0.0625;
enddata
min=0.237*dminus (4) ;
@for (S_Con_Num (i) : @sum (Variable (j) : c (i, j) *x (j) ) +dminus
(i) -dplus (i
) =g (i) ) ;
dminus (1) =0;
0.000037*dplus (2) =0.9848186^-4;
0.118*dplus (3) =0;
end
```

求得

```
dminus (4) =0
```

五级偏差:

```
sets:
variable/1..7/: x; S_Con_Num/1..5/: g, dplus, dminus;
S_con (S_Con_Num, Variable) : c;
endsets
data:
g=1 1 1 1 1;
 c=0.1365 0.0876 0.0371 0.228 0.2536 0.0516 0.2053 1.7355 1.6579
   1.6275 1.8383 0.9286 1.9134 1.8978 0.2900 0.2266 0.1550 0.1722
```

```
  0.0504 0.0506 0.0471 0.2709 0.1751 0.1971 0.0860 0.1528 0.0674
  0.0440 0.3861 0.2239 0.1026 0.2317 0.0277 0.0593 0.0625;
enddata
min=0.407*dminus (5) ;
@for (S_Con_Num (i) : @sum (Variable (j) : c (i, j) *x (j) ) +dminus
(i) -dplus (i
) =g (i) ) ;
dminus (1) =0;
0.000037*dplus (2) =0.9848186^-4;
0.118*dplus (3) =0;
0.237*dminus (4) =0; end
```

求得

```
dminus (5) =0
Variable            Value        Reduced Cost
                    X (1)         0.2140290
                    X (2)         3.182047
                    X (3)         0.000000
                    X (4)         0.6253195
                    X (5)         2.166659
                    X (6)         0.000000
                    X (7)         0.000000
```

根据 Lingo 的多目标规划求解过程，可得 $c_{q1}, c_{q2}, \cdots, c_{q7}$ 求解结果如表 7-5 所示。

表 7-5　多目标规划求解结果

c_{q1}	c_{q2}	c_{q3}	c_{q4}	c_{q5}	c_{q6}	c_{q7}
0.2140	3.1820	0	0.6253	2.1667	0	0

根据多目标规划求解结果，将信息特征的可视范围（c_{q2}）、信息图符的识别性（c_{q5}）、信息符号的视觉注意强弱（c_{q4}）、信息特征方位（c_{q1}）四个主要信息特征作为该监控任务界面的主要优化设计对象。

7.2.4　典型航战显示系统界面的优化设计过程

根据多目标规划求解结果，信息特征的可视范围（c_{q2}）、信息图符的识别性（c_{q5}）、信息符号的视觉注意强弱（c_{q4}）、信息特征方位（c_{q1}）成为了改善该航战显示系统界面的关键设计信息。下面将通过实验一划分的 9 个信息区域：信息栏（INFO 1、INFO 2）、飞行数据显示子界面（INFO 3）、水平位置显示子界面（INFO 4）、雷达态势子界面（INFO 5）、武器挂载子界面（INFO 6）、飞行数据状态栏（INFO 7）、水平位置显示状态栏（INFO 8）和武器挂载状态信息栏（INFO 9），进行相信的界面设计。

1. 监控任务界面的信息区域布局

根据出错-认知到信息特征的映射关系，求解结果中信息特征的可视范围（c_{q2}）、信息特征方位（c_{q1}）属于信息布局，需要从界面布局角度进行优化。需要对容易引起视觉局限的信息特征进行位置调整，按照视觉特性对边缘以及下部的信息特征调整至可视范围，并调整相关信息的间距与不相关信息的间距，特别是以信息块为组合的间距。

根据视觉行为特性和视觉搜索模型，人眼习惯由左至右，由上至下的规律，习惯按照左上、右上、左下和右下依次顺序的视觉规律。如图 7-11 所示，将界面划分为主要任务执行区（最佳视区）、预备任务执行区（次级视区）以及预备任务执行区（第三视区），并扩大主要任务执行区，隐藏不执行的任务区。在界面布局中，上部为导航区和次级导航区，下部为数据辅助查看和辅助预备任务的相关信息。这样可以从方位、可视范围角度调整不同信息块的布局。

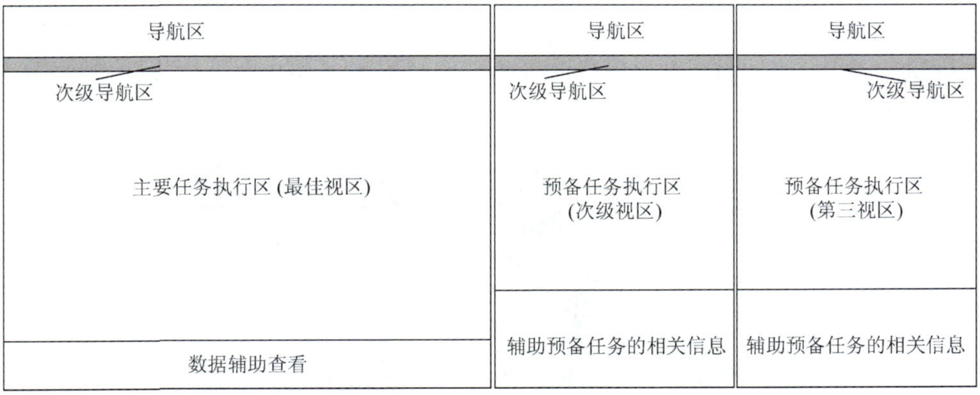

图 7-11　监控任务界面的优化分区

在优化的界面布局中，需要以导航的形式引导不同任务的信息呈现模式。在导航区设置主要的任务类别，在次级导航区设置不同模式的任务设置。例如，图 7-12 所示的次级导航区设计，WRPN 表示当前执行模式为武器选择（被选中状态），MOOD、DRG、OTY、MLT 等任务模式不是当前模式。

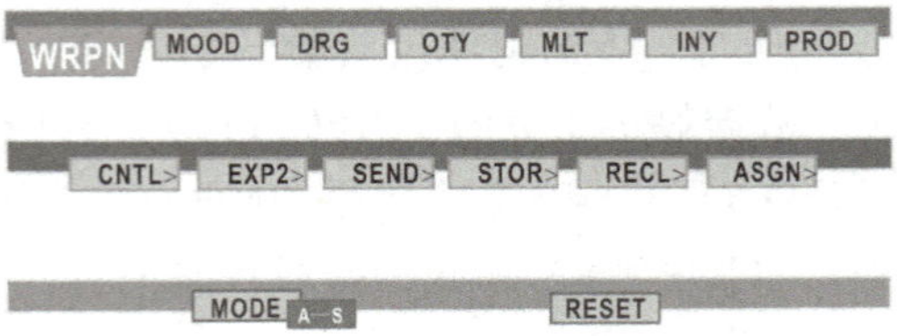

图 7-12　监控任务界面的次级导航区设计

在界面中的信息布局需要调整信息间距，如图 7-13 所示，可以通过层级关系调整信息间距。采用色块组合的形式完成不同层级的任务命令，并按照不同级别间距进行了设置。

图 7-13　通过层级关系调整信息间距

2. 监控任务界面的信息特征设计

根据出错-认知到信息特征的映射关系，求解结果中信息图符的识别性（c_{q5}）、视觉注意强弱（c_{q4}）属于信息符号设计，下面将从三个方面对相关符号进行设计。

（1）对视觉注意强弱角度的优化，可通过色块与背景的对比，以提高视觉注意。如图 7-14 所示，航速和空速的表达利用明度差别、饱和度差别和对比度差别进行优化；图 7-15 采用误读率低的半圆仪表形式代替圆形仪表，以提高注意的强度。

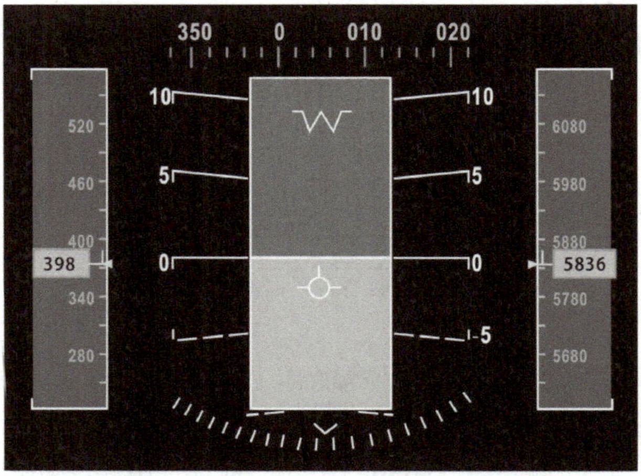

图 7-14　视觉注意角度的优化

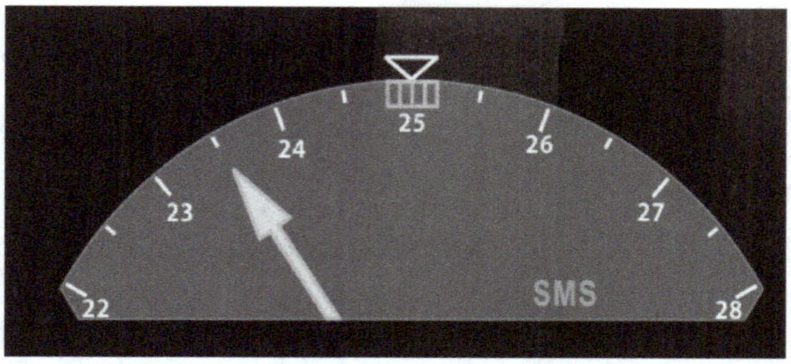

图 7-15　仪表形式的变化

（2）从信息图符的识别性和差别性角度优化，可以通过信息编码改变图符的知觉理解，主要包括大小编码、形状编码、颜色编码等，如图 7-16 所示，将仪表形式改编为环状色圈，通过色彩变化能够认知到数值的变化。

图 7-16　仪表图符的理解性

（3）如图 7-17 所示，武器与编号尽量在对应位置上，从而达到位置的相合性，并将已选武器的编号和图符进行差别显示，以表达差异性。

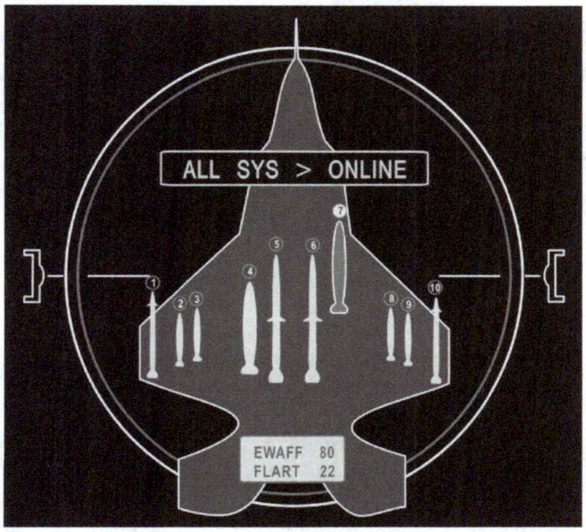

图 7-17　武器选择图符的识别性

3. 监控任务界面设计方案

根据出错因子的提取、出错因子的视觉行为和生理反应实验分析、出错因子到信息特征的映射获得出错因子-信息特征反应链以及目标规划求解结果，按照四项信息特征的优化要求进行信息符号设计和界面优化布局，得到三种模式的设计方案，分别如图 7-18～图 7-20 所示。

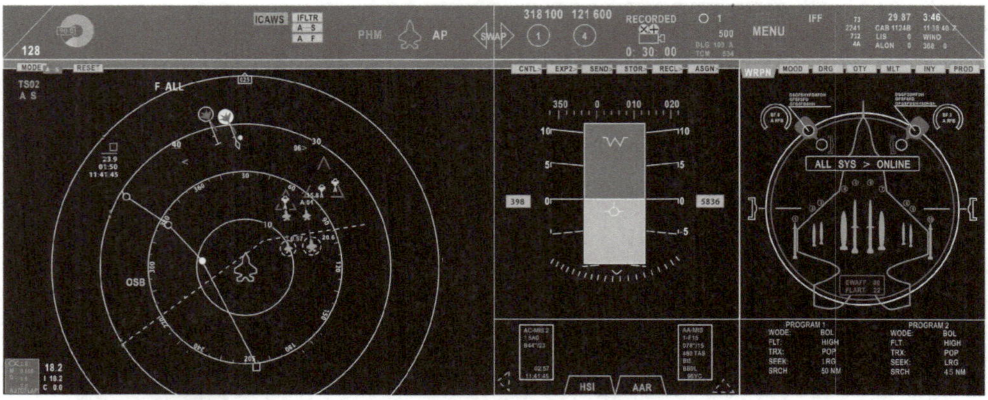

图 7-18　由出错-认知到信息特征映射的典型监控任务界面设计优化方案（模式一）

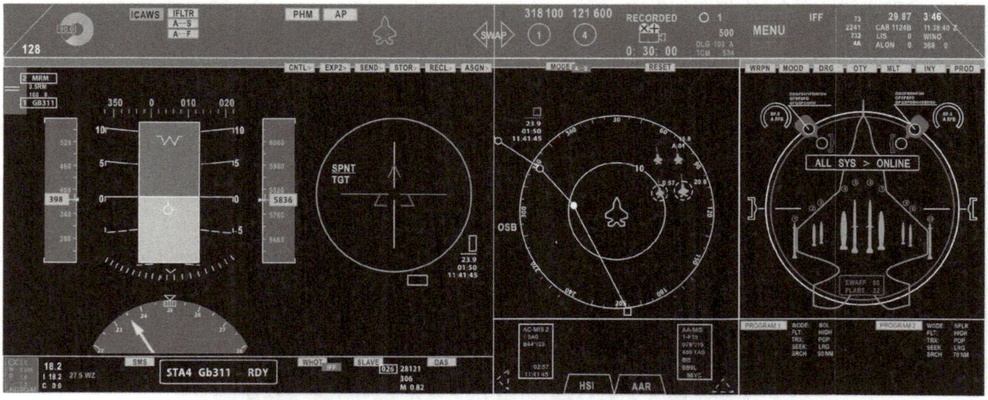

图 7-19　由出错-认知到信息特征映射的典型监控任务界面设计优化方案（模式二）

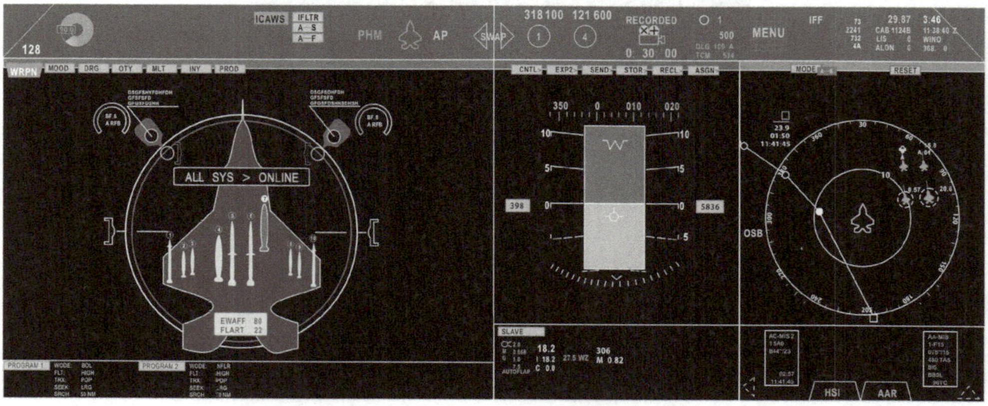

图 7-20　由出错-认知到信息特征映射的典型监控任务界面设计优化方案（模式三）

7.3　本 章 小 结

（1）建立一种由出错-认知到信息特征映射的复杂信息界面设计方法。根据出错-认知集，获得出错-认知的关联属性；分析信息特征的设计因素，建立设计信息集，获得设计信息特征的关联属性；建立出错-认知到设计信息映射的求解过程；对现有的实际信息界面进行出错因子提取，从而通过设计因素的出错-认知实验，根据视觉认知实验数据获得出错因子-信息特征反应链；从而进一步获得出错-认知到信息特征映射的求解方案。

（2）将出错-认知到信息特征映射的复杂信息界面设计方法应用到典型航战显示系统，根据出错因子与设计信息特征的映射关系，对该界面的四项设计内容进行改进，从而获得了该监控任务界面的新方案，验证了基于出错-认知机理的信息界面设计方法的有效性。

参 考 文 献

戴汝为. 2004. 系统控制与复杂性科学[C]. "系统、控制与复杂性科学"科学会议，北京

丁亚平，刘宝善，曹步平. 1994. 模拟军用直升机座舱仪表板各视区视觉效果的研究 [J]. 中华航空医学杂志，5（2）：108-111

丁玉兰. 2004. 人机工程学[M]. 北京：北京理工大学出版社

冯晓文，黄安祥，高申玉，等. 2011. 导控系统人机界面合理化设计[J]. 系统仿真学报，（1）：102-105

歌德·吉戈伦尔. 2002. 适应性思维[M]. 刘永芳，译. 上海：华东师范大学出版社

郝芳，傅小兰. 2006. 视觉标记：一种优先选择机制[J]. 心理科学进展，14（1）：7-11

胡运权，郭耀煌. 1998. 运筹学教程[M]. 北京：清华大学出版社

蒋英杰，孙志强. 2011. 人为差错概率量化方法综述[J].科技导报，29（5）：74-79

金涛，薛澄岐，等. 2014. 数字图形界面态势感知的评测方法研究[J]. 工程设计学报，21（1）：87-91.

李晶. 2015. 均衡认知负荷的人机界面信息编码方法[D]. 南京：东南大学

李晶，薛澄岐，等. 2012. 基于信息多维属性的信息可视化结构[J]. 东南大学学报（自然科学版），42（6）：1094-1099

李晶，薛澄岐，等. 2013. 均衡时间压力的人机界面信息编码[J]. 计算机辅助设计与图形学学报，25（7）：1022-1028

李乐山. 2001. 工业设计思想基础[M]. 北京：中国建筑工业出版社

李乐山. 2004. 人机界面设计[M]. 北京：科学出版社

李良明. 1984. 歼八飞机座舱仪表的工程心理学调查[J]. 航空军医，（1）：60-61

刘宝善. 1987. 模拟歼击机主仪表板各视区视觉效果的研究 [J]. 心理学报，（1）：86-91

刘青. 2012. 航电系统显示界面设计和评估方法研究 [D]. 南京：东南大学

刘伟，袁修干，等. 2011. 生物视觉与计算机视觉的比较[J]. 航天医学与医学工程，14（4）：303-307

柳忠起，袁修干，刘伟，等. 2006. 飞行员注意力分配的定量测量方法的研究[J].北京航空航天大学学报，32（5）：518-520

牛亚峰. 2015. 基于脑电技术的数字界面可用性评价方法研究[D]. 南京：东南大学

钱学森. 1986. 关于思维科学[M]. 上海：上海人民出版社

任延涛. 2006. 视觉搜索中的空间位置效应[D]. 大连：辽宁师范大学

邵将. 2016. 基于视觉认知理论的头盔显示界面信息编码方法研究[D]. 南京：东南大学

邵将，薛澄岐，王海燕，等. 2015. 基于图标特征的头盔显示界面布局实验研究[J]. 东南大学学报（自然科学版），45（5）：865-870

沈模卫，高涛，刘利得，等. 2004. 内源性眼跳前的空间注意转移[J]. 心理学报，36（6）：663-670

沈祖培，王瑶，高佳. 2009. 人的失误认知模型的理论及管理应用研究[M]. 北京：清华大学

孙瑞山，赵青. 2012. 航空人为差错事故/事件分析（ECAR）模型研究[J]. 中国安全科学学报，22（2）：17-22

孙志强，史秀建. 人为差错成因方法研究[J]. 2008. 中国安全科学学报，18（6）：21-27

王海燕，黄雅梅，陈默，等. 2016. 图标视觉搜索行为的 ACT-R 认知模型分析[J]. 计算机辅助设计与图形学学报，28（10）：1740-2749

威肯斯 C D，霍兰兹 J G. 2003. 工程心理学与人的作业[M]. 上海：华东师范大学出版社

吴晓莉. 2013. 设计认知——设计心理与用户研究[M]. 南京：东南大学出版社

吴晓莉. 2015. 复杂信息任务界面的出错-认知机理研究[D]. 南京：东南大学

吴晓莉，薛澄岐，汤文成，等. 2014. 雷达态势界面中目标搜索的视觉局限实验研究[J]. 东南大学学报（自然科学版），44（6）：1166-1170

吴晓莉，薛澄岐，王海燕，等. 2014. 复杂系统人机交互界面的 E-C 映射模型[J].机械工程学报，50（12）：206-212

吴增红. 2011. 个性化地图服务理论与方法研究[D]. 郑州：解放军信息工程大学，2011

夏春艳，颜声远，李庆芬，等. 2008. 核电厂主控室人机界面评价实验研究[J]. 中国安全科学学报，18（8）：109-114

薛澄岐. 2015. 复杂信息系统人机交互数字界面设计方法及应用[M]. 南京：东南大学出版社

周蕾. 2015. 基于信息流的数字界面信息布局方法研究[D]. 南京：东南大学

周蕾，薛澄岐，等. 2013. 界面元素布局设计的美度评价方法[J]. 计算机辅助设计与图形学学报，25（5）：758-766

周勇，张力. 2011. 应激状态下核电厂操纵员认知控制模式及失误分析[J].心智与计算，5（1）：1-14

Solso R L，Maclin M K，Maclin O H. 2008a. 认知心理学[M]. 邵志芳，等，译. 上海：上海人民出版社

Ahlstrom U，Friedman-Berg F J. 2006. Using eye movement activity as a correlate of cognitive workload. International Journal of Industrial Ergonomics，36：623-636

Annie R，Robert B，Peter B. 2012. A comparison of two contemporary types of in-car multifunctional interfaces[J]. Applied Ergonomics，43（3）：507-514

Anokhin A N，Marshall E C. 2009. The practice of main control room ergonomics assessment and validation using simulation tools [C]//Proceeding of 6th American Nuclear Society International Topical Meeting on Nuclear Plant Instrumentation，Control，and Human-Machine Interface Technologies. Knoxville：American Nuclear Society：2472-2483

Atkinson R C，Shiffrin R M. 1968. The Psychology of Learning and Motivation：Advances in Research and Theory[M] . New York：Academic Press：89-195

Baddeley A D，Hitch G. 1974. The Psychology of Learning and Motivation [M]. New York：Academic Press：47-90

Baddeley A D. 1986. Workingmemory[M]. Oxford：Oxford University Press

Bauerly M，Liu Y. 2006. Computational modeling and experimental investigation of effects of compositional elements on interface and design aesthetics [J]. International Journal of Human——Computer Studies，64：670-682

Biederman I. 1985. Human image understanding：Recent research and a theory [J]. Computer Vision，

Graphics and Image Processing，31：29-73

Biederman I. 1987. Recognition by components：A theory of human image understanding[J]. Psychologyical Review，94：1150147

Bjorklund D F. 2003. Children's Thinking[M]. 4th ed. Belmont：Wadsworth/Thomson Learning：119-140，142-145，162-163，343-344

Boring R L，Gertaman D I. 2004. Human error and available time in SPAR-H [R].Idaho Falls，Idaho

Broadbent D E. 1958. Perception and Communication [M]. London and New York：Pergamon Press

Broadbent D E. 1981. Selective and control processes[J]. Congition，10：53-58

Burns C M，Skraaning Jr G，Jamieson G A. et al. 2008. Evaluation of ecological interface design for nuclear process control：Situation awareness effects [J]. Human Factors，50（4）：663-679

Carrasco M，Chang I. 1995. The interaction of objective and subjective organizations in a localization task[J]. Perception and Psychophysics，57（8）：1134-1150

Carvalho P V R，dos Santos I L，Gomes J O，et al. 2008. Human factors approach for evaluation and redesign of human-system interfaces of a nuclear power plant simulator [J]. Displays，29：273-284

Conrad R. 1963. Acoustic confusions and memory span for words [J]. Nature，197：1029-1030

Conrad R. 1964. Acoustic confusions in immediate memory [J]. British Journal of Psychology，55：75-84

Cooper S E，Ramey-Smith A M，Wreathall J. 1996. A Technique for Human Error Analysis[R]. Washington：NUREG/CR-6350，USNRC

Craig A. 1981. Monitoring for on kind of signal in the presence of another [J]. Human Factors，23：191-198

Desimone R，Duncan J. 1995. Neural mechanisms of selective visual attention [J]. Annual Review of Neuroscience，18：193-222

Donk M，Theeuwes J. 2001. Visual marking beside the mark：Prioritizing selection by abrupt onsets[J]. Perception & Psychophysics，63（5）：891-900

Drury C G，Clement M R. 1978. The effect of area，density，and number of background characters on visual search [J]. Human Factors，20：597-602

Drury C. 1975. Inspection of sheet metal：Model and data[J]. Human Factors，17：257-265

Drury C. 1982. Handbook of Industrial Engineering[M]. New York：Wiley

Dukic T，Hanson L，Falkmer T. 2006. Effect of drivers'age and push button locations on visual time off road，steering wheel deviation and safety perception [J]. Ergonomics，49（1）：78-92

Dukic T，Hanson L，Holmqvist K，et al. 2005. Effect of button location on driver's visual behaviour and safety perception[J]. Ergonomics，48（4）：399-410

Eimer M，Forster B，Jose V V，et al. 2005. Covert manual response preparation triggers attentional shifts：ERP evidence for the premotor theory of attention [J]. Neuropsychologia，43（6）：957-966

Embrey D E. 1986. SLIM-MAUD：A computer-based technique for human reliability assessment[J]. International Journal of Quality & Reliability Management，3（1）：5-12

Fick A D，Oransky N A，Skedsvold P R. 1988. Examination of the role of "higherorder" consistency in skill development [J]. Human Factors，30：567-582

Fleetwood M D，Byrne M D. 2002. Modeling icon search in ACT-R/PM [J]. Cognitive Systems Research，3：25-33

Fleetwood M D，Byrne M D. 2006. Modeling the visual search of displays：A revised ACT-R/PM model of icon search based on eye-tracking and experimental data [J].Human-Computer Interaction，21（2）：153-197

Friedhelm N，Peter N，Inga M. 2006. Human factors in process control systems：The design of human-machine interfaces[J]. Safety Science，44（1）：5-26

Geisler W S，Chou K. 1995. Separation of low-level and high-level factors in complextasks：Visual search [J]. Psychological Review，102：356-378

Gero J S. 1996. Creativity，emergence and evolution in design[J]. Knowledge-Based System，9（7）：435-448

Gertman D，Blackman H，Marble J，et al. 2005. The SPAR-H Human Reliability Analysis Method [R]. Washington：Nuclear Regulatory Commission

Girelli M，Luck S J. 1997. Are the same attentional mechanism used to detect visual search targets defined by color，orientation，and motion [J] . Cognitive Neuroscience，9：238-258

Glenstrup A J，Engell-Niesen T. 1995. Eye controlled media：present and future state[EB/OL]. http：//www. diku.dk/～panic/eyegaze/article. html

Goldberg J H，Kotval X P. 1999. Computer interface evaluation using sys ovements：Methods and constructs [J]. International Journal of Industrial Ergonomics，24：631-645

Gordon R，Flin R，Mearns K. 2005. Designing and evaluating a human factors investigation tool（HFIT）for accident analysis [J]. Safety Science，43（3）：147-171

Ha J S，Baek J，Seong P H，et al. 2016. Method for inference of operator's thought with eye movement data in nuclear power plants[J]. Nuclear Engineering and Technology，48（1）：129-143

Habuchi T H，Kitajima M. 2006. Web browsing experienced viewpoint：An eye-tracking study[C]//The 28th Annual International Conference on Cognitive Science. Vancouver：Lawrence Erlbaum：101-102

Hassnert M，Allwood C M. 2002. Development context and ease of use of three programs for self-registration of unemployed people[J]. Computers in Human Behavior，18：191-221

Herrmmann D J. 1987. Task appropriateness of mnemonic techniques [J]. Perceptual and Motor Skills，64：171-178

Hewett，Baecker，Card，et al. 1992. ACM SIGCHI curricula for human-computer interaction [EB/OL].http：//old.sigchi.org/cdg/cdg2.html

Hicks J L，Marsh R L. 2001. False recognition occurs more frequently during source identification than during old-new recognition[J]. Journal of Experimental Psychology：Learning，Memory，and Cognition，27（2）：375-383

Hicks J L，Starns J J. 2006a. Remembering source evidence from associatively related items：explanations from a global matching model[J]. Journal of Experimental Psychology：Learning，Memory，and Cognition，32：1164-1173

Hicks J L，Starns J J. 2006b. The roles of associative strength and source memorability in the

contextualization of false memory[J]. Journal of Memory and Language，54（1）：39-53
Hidekazu Y，Wei W. 1999. An experimental study on estimating human error probability（HEP）parameters for PSA/HRA by using human model simulation [J]. Ergonomics，42（11）：1588-1595
Hollnagel E. 1996. Reliability analysis and operator modeling[J]. Reliablity Engi & Syst Safety，52（3）：327-337
Hollnagel E. 1998. Cognitive Reliability and Error Analysis Method[M]. Oxford：Elsevier Science Ltd
James W. 1890. Primciples of Psychology [M]. New York：Holt
Jaydeep B，Cheng C，Wong K. 2003. A user friendly Facility layout optimization[J]. Computers & Operations Research，30（11）：1625-1641
Jin T，Xue C. 2013. A new method of building an evaluation model for User Interface[C]. MMSE，744：605-609
Kirwan B. 1997. The development of a nuclear chemical plant human reliability management approach：HRMS and JHEDI[J]. Reliability Engineering and System Safety，56（2）：107-133
Kirwan B. 1998. Human error identification techniques for risk assessment of high risk systems-Part 2：Towards a frame work approach[J]. Applied Ergonomics，29（5）：299-318
Kontogiannis T. 1997. A framework for the analysis of cognitive reliability in complex systems：A recovery centred approach[J]. Reliability Engineering and System Safety，58（3）：233-248
Krokos K J，Baker D P. 2007. Preface to the special section on classifying and understanding human error[J].Human Factors，49（2）：175-176
LaBerge D. 1980. Nebraska Symposium on Motivation[M]. Lincoln：University of Nebraska Press：53-71
Lavie N，Hirst A，de Fockert J，et al. 2004. Load theory of selective attention and cognitive control [J]. Journal of Experimental Psychology：General，133：339-354
Lavie N. 2005. Distracted and confused? Selective attention under load [J]. Trends in Cognitive Sciences，9：75-82
Lee D. 2009. The effect of visualizing the flow of multimedia content among and inside devices[J]. Applied Ergonomics，40（3）：440-447
Lee J W，Kim S H. 2000. Using analytic network process and goal programming for interdependent information system project selection[J]. Computer &Operation Research，27：367-382
Li J，Xue C，Tang W，et al. 2014. Color saliency research on visual perceptual layering method[C]. Engineering Psychology and Cognitive Ergonomics-11th International Conference，Crete：86-97
Mackworth N H. 1976. Ways of recording line of sight[C]//Eye Movements and Psychological Processing. Hillsdale：Erlbaum
Maxion R A，Reeder R W. 2005. Improving user-interface dependability through mitigation of human error[J]. International Journal of Human-Computer Studies，63（1/2）：25-50
Megaw E D，Richardson J. 1979. Target uncertainty and visual scanning strategies[J]. Human Factors，21：303-316
Michelle Y，Wickens C D. 2001. Attentional filtering in the design of electronic map displays：A

comparison of color coding，intensity coding，and decluttering techniques [J]. Human Factors，43（4）：543-562

Miller G A. 1956. The magical number seven，plus or minus two：Some limits on our capacity for processing information[J]. Psychological Review，63：81-97

MIL-STD-1787B（USAF）. 1996. Aircraft Display Symbology [S]. New York：The Department of Defense of United States of America

MontgomeryD A，SorkinK D. 1996. Observer sensitivity to element reliability in a mult-i element visual display[J].Human Factors，38（3）：484-494

Nagy A L，Sanchez R R. 1992. Chromaticity and luminance as coding dimensions in visual search [J].Human Factors，34：601-614

Neisser U，Novick R，Lazar R. 1964. Searching for novel targets [J]. Perceptual and Motor Skills，19：427-432

Neissier U. 1967. Cognitive Psychology [M]. New York：Appleton-Century-Crofts

Neyedli H F，Hollands J G，Jamieson G A. 2011. Beyond identity：Incorporating system reliability information into an automated combat indentification system [J]. Human Factors：The Journal of the Human Factors and Ergonoimics Society，53（4）：338-355

Nielsen J，Mack R L. 1994. Usability Inspection Methods [M]. New York：Wiley

Niu Y，Xue C et al. 2014. Icon memory research under different time pressures and icon quantities based on event-related potential [J]. Journal of Southeast University（English Edition），30（1）：45-50

Norman D A. 1981. Categorisation of action slips [J]. Psychology Review，88：1-15

Norman D A. 1988. The Psychology of Everyday Things [M]. New York：Basic Books

Norman D A. 2010. Living with Complexity[M]. Massachusetts：MIT Press

Paas F G W C，van Merrienboer J J G. 1994. Veriability of worked examples and transfer of geometrical problem solving skills：A cognitive-load aproah [J]. Jomalof Edueational Psychology，86（1）：122-133

Pahl G，Beitz W. 1996. Engineering Design：A Systematic Approach[M]. London：Springer-Verlag

Palmer S E. 1975. The effects of comtextual scenes on the identification of objects[J]. Memory and Cognition，3：519-526

Palmer S E. 1975. Visual Perception and World Knowledge：Motes on a Model of Sensory Cognitive Interaction[M]. San Francisco：Freeman

Parasuraman R. 1986. Handbook of Perception and Human Performance[M]. New York：Wiley

Parry G W. 1995. Suggestions for an improved HRA method for use in PSA[J]. Reliability Engineering and System Safety，49（1）：1-12

Parsons P，Sedig K. 2014. Adjustable properties of visual representations：Improving the quality of human-information interaction [J]. Journal of the Association for Information Science and Technology，65（3）：455-482

Patrick M. 2003. Redundant coding assessed in a visual search task [J]. Displays，24（1）：49-55

Paul S，Nazareth D. 2010. Input information complexity，perceived time pressure，and information processing in GSS-based work groups：An experimental investigation using a decision schema to alleviate information overload conditions [J]. Decision Support Systems，49（1）：31-40

Petty R E，Desteno D，Rueher D D. 2001. Handbook of Affect and Social Cognition Mahwah [M]. NJ：Lawrence Erlbaurn：212-229

Posner M I. 1969 . The Psychology of Learning and Motivation（Vol.3）[M]. New York：Academic Press

Posner M I. 1980. Orienting of attention [J]. Quart Experiment Psychol，32：3-25

Rasmussen J. 1983. Skill，rules，and knowledge，signals，signs，and symbols，and other distinctions in huma performance model[J]. IEEE Transaction on System，Man，and Cybernetics，SMA-13（3）

Rasmussen J. 1986. Informaiton Processing and Human Machine Interaction：An Approach to Cognitive Engineering [M]. Amsterdam：North-Holland

Reason J，Maddox M E. 1995. Human Error：Human Factors Guide for Aviation Maintenance [M]. Washington：Department of Transportation

Reason J. 1987. A Framework for Classifying Errors：New Technology and Human Error. New Technology and Work[M]. Chichester：Wiley

Reason J. 1990. Human Error [M]. New York：Cambridge University Press

Reason J. 2000. Human error：Models and management[J]. British Medical Journal，320：768-770

Roediger H L，Jacoby J D，McDermott K B. 1996. Misinformation effects in recall：Creating false memories through repeated retrieval [J]. Journal of Memory and Language，35（2）：300-318

Roediger H L，McDermott K B. 1995. Creating false memories：Remembering words not presented in lists[J]. Journal of Experimental Psychology：Learning，Memory，and Cognition，21（4）：803-814

Salman Y B，Cheng H，Patterson P E. 2012. Icon and user interface design for emergency medical information systems：A case study [J]. International Journal of Medical Informatics，81（1）：29-35

Salvucci D D，Goldberg J H. 2000. Eye movement clustering [C]. ACM，New York

Santella A，Decarlo D. 2004. Robust clustering of eye movement recordings for quantification of visual interest[C]. Proceedings of the 2004 Sysposium on Eye Tracking Research & Applications，New York

Schum D A. 1991. The weighting of testimony in judicial proceeding from sources having reduced credibility [J]. Human Factors，33（2）：172-182

Shannon C E，Weaver W. 1949. The Mathematical Theory of Communications [M]. Urbana：University of Illinois Press

Shappell S，Detwiler C，Holcomb K. 2007. Human error and commercial aviation accidents：An analysis using the human factors analysis and classification system [J]. Human Factors，49（2）：227-242

Shappell S，Wiegmann D A. 2001. Applying reason：The human factors analysis and classification system（HFACS）[J].Human factors and Aerospace Safety，1（1）：59-86

Shorrkck S，Kirwan B. 2002. Development and application of a human error identification tool for air traffic control[J]. Applied ergonomics，33（4）：319-336

Shryane N M，Westerman S J，Crawshaw C M，et al. 1998. Task analysis for the investigation of human error in safety critical software design：A convergent methods approach [J]. Ergonomics，41（11）：1719-1736

Solso R L，Maclin O H，Maclin M K. 2008b. Cognitive Psychology[M]. 8th ed. San Antonio：Pearson Education Inc.

Solso R L，McCarthy J E. 1981. Prototype formation of faces：A case of pseudomemory[J]. British Journal of Psychology，72：499-503

Solso R L，Short B A. 1979. Color recognition [J]. Bulletin of the Psychonomic Society，14：275-277

Sternberg S. 1966. High speed scanning in human memory [J]. Science，153：652-654

Sternberg S. 1967. Two operations in character recognition：Some evidence form RT measurements [J]. Perception and Psychophysics，2：45-53

Sternberg S. 1969. Memory scannint：Mental processes revealed by reaction time experiments [J]. American Scientist，57：421-457

Sträter O. 2000. Evaluation of Human Reliability on the Basis of Operational Experience [D]. Munich：The Technical University of Munich

Suh N P. 2000. Axiomatic Design Advances and Applications[M]. Oxford：Oxford University Press

Swain A D，Guttmann H E. 1983. Handbook of human reliability analysis with emphasis on nuclear power plant applications[R]. NUREG/CR-1278，US Nuclear Regulatory Commission，Washington

Sweller J. 1988. Cognitive load during problem solving：Effects on leaming[J].Cognitive Seienee，12（2）：257-285

Sweller J. 2005. The Cambrige Hankbook of Multimedia Learning [M]. New York：Cambridge University Press：19-30

Theeuwes J，Itti L，Fecteau J. 2005. Top-down and bottom-up control of visual selection[C]. Proceedings of the 12th Annnual Meeting of the Cognitive-Neuroscience-Society，New York：4-5

Theeuwes J. 2010. Top-down and bottom-up control of visual selection [J]. Acta Psychologica，135（2）：77-99

Treisman A M，Gelade G. 1980. A feature-intergration theory of attention [J]. Cognitive Psychology，12：97-136

Treisman A M，Riley J. 1969. Is selective attention selective perception or selective response? A further test[J]. Journal of Experimental Psychology，79：27-34

Treisman A. 1969. Strategies and models of selective attention[J]. Psychological Review，76：242-299

TullisT S. 1981. An evaluation of alphanumeric，graphic，and color in-formation displays [J].Human Factors，23（5）：541-550

Tulving E. 1993. What is episodic memory? [J].Current Directions in Psychological Science，2（3）：67-70

Tversky A，Kahneman D. 1973. Availability：A heuristic for judging frequency and probability[J]. Cognitive Psychology，4：207-232

Watson D G，Humphreys G W. 1997. Visual marking：Prioritizing selection for new objects by top-down attentional inhibition[J]. Psychological Review，104（1）：90-122

Watson D G，Humphreys G W. 1998. Visual marking of moving objects：A role for top-down feature based inhibition in selection[J]. Journal of Experimental Psychology：Human，Perception and Performance，24（3）：946-962

Watson N C，Norman D A. 1965. Primary memory[J]. Psychological Review，72：89-104

Wertheimer M. 1958. Untersuchungen zur Lehre von der Gestalt [M]. Princeton：van Nostrand

Wickens C D，Andre A D. 1990. Proximity compatibility and information display：Effects of color，space，and object display on information integration[J]. Human Factors，32（1）：61-77

Williams D E，Reingold E M，Moscovitch M，et al. 1997. Patterns of eye movements during parallel ad serial visual search tasks [J]. Canandian Journal of Experimental Psychology，51：151-164

Wu C，Liu Y. 2009. Development and evaluation of an ergonomic software package for predicting multiple-task human performance and mental workload in human-machine interface design and evaluation[J]. Computer & Industrial Engineering，56：323-333

Wu X，Chen Y，Zhou F. 2016. An interface analysis method of complex information system by introducing error factors[C]. 13th International Conference on Engineering Psychology and Cognitive Ergonomics，EPCE 2016 and Held as Part of 18th International Conference on Human-Computer Interaction，HCI International 2016，Toronto：116-124

Wu X，Xi T，ChenY. 2016. Study on design principle of touch screen with an example of Chinese-pinyin 10 key input method in iPhone[C]. Advances in Ergonomics in Design-Proceedings of the AHFE 2016 International Conference on Ergonomics in Design，Part VII，Florida：639-650

Wu X，Xue C，Tang W. 2014. Study on eye movement of information omission misjudgment in radar situation-interface[C]. Engineering Psychology and Cognitive Ergonomics-11th International Conference，Crete：407-418

Wu X，Xue C，Zhou F. 2014. Misperception model-based analytic method of visual interface design factors[C]. Engineering Psychology and Cognitive Ergonomics-11th International Conference，Crete：284-292

Wu X，Xue C，Zhou F. 2015. An experimental study on visual search factors of information features in a task monitoring interface[C]. Human-Computer Interaction-17th International Conference，HCI International 2015，Proceedings，Part III，Los Angeles：525-536

Xue C，Wu X，Niu Y. 2015. Brain mechanism research on visual information cognition of digital human computer interface[C]. Communications in Computer an Information Science – HCI International 2015 - Posters' Extended Abstracts，PT1，Los Angeles：144-149

Yantis S，Hillstrom A P. 1994. Stimulus-driven attentional capture：Evidence from equiluminant visual objects[J]. Journal of Experimental Psychology：Human Perception & Performance，20：95-107

Yantis S，Jonides J C. 1984. Abrupt visual onests and selective attention：Evidence from visual search[J]. Journal of Experimental Psychology：Human Perception & Performance，10：601-621

Yarbus A L. 1967. Eye Movements and Vision[M]. New York：Plenum

Zhou L，Xue C，et al. 2013. Research of interface composition design optimization based on visual balance[C]. The 2013 International Conference on Intelligent Systems and Knowledge Engineering（ISKE2013），Shenzhen：20-23

索　引

T

W

X

Y

Z

其他